Educando Positivamente

Volume I

Conheça como educadores e pais podem construir uma nova geração com a Psicologia Positiva!

Da Educação Infantil à Pós-Graduação

Coordenação Editorial: Andréia Roma
Organização: Andréa Perez

1ª edição

Editora Leader

São Paulo, 2018

Copyright© 2018 by Editora Leader
Todos os direitos da primeira edição são reservados à **Editora Leader**

Diretora de projetos: Andréia Roma
Diretor executivo: Alessandro Roma
Marketing editorial: Gabriella Pires
Gerente comercial: Liliana Araujo
Atendimento: Rosângela Barbosa

Diagramação: Roberta Regato
Capa: Vanessa De Bonis
Revisão: Miriam Franco Novaes

Dados Internacionais de Catalogação na Publicação (CIP)
Bibliotecária responsável: Aline Graziele Benitez CRB8/9922

E67	Educando positivamente: volume 1 / [Coord.] Andréa Perez, Andréia Roma. – 1.ed. – São Paulo: Leader, 2018.
	ISBN: 978-85-5474-056-6
	1. Educação. 2. Psicologia positiva. I. Perez, Andréa. II. Roma, Andréia. III. Título.
	CDD 370

Índice para catálogo sistemático:
1. Educação
2. Psicologia positiva

EDITORA LEADER
Rua Nuto Santana, 65, 2º andar, sala 3
02970-000, Jardim São José, São Paulo - SP
(11) 3991-6136 / contato@editoraleader.com.br

Dedicamos esta obra a todos os educadores, pais ou professores, que acolhem o chamado de dar de si ao outro, ofertando seu conhecimento e amor, e acreditando que o ensinar e o aprender acontecem, simultaneamente e construtivamente, para o favorecimento da vida do outro, e tornando-se melhores à medida que entendem que dividir o que têm de melhor é, na verdade, multiplicar-se através do outro.

Andréa Perez & Andréia Roma

Prólogo
Helena Águeda Marujo

"Um livro não é um ser isolado; é um relacionamento, um eixo de inúmeros relacionamentos", dizia-nos o ensaísta Jorge Luis Borges. É esse o pulsar ritmado e vivo desta obra, que se faz relação de tantos com tantos - pessoas, ideias, propostas, visões, dados científicos, *praxis* - e transmuta a ciência da Psicologia Positiva em verdadeira capacidade realizadora no complexo espaço da educação.

Uma sala de aula, uma escola, um processo de aprendizagem e descoberta... são demasiado complexos para os tratarmos de forma monolítica, reproduzindo um saber herdado, repetitivo, fedorentamente circunspeto.

Denunciando à sua maneira a separação estanque de disciplinas, e fazendo emergir novas epistemologias e diálogos, esta obra lança-se assim vitoriosa no amanhã da educação. Desmonta a rigidez e a obediência aos velhos métodos e arrisca-se, de forma não subserviente, pelo futuro positivo.

Voltando a Borges, que nos disse que sempre imaginou "que o paraíso seria algum tipo de biblioteca", reiteramos: esta obra e esta biblioteca são pedaços concretos do paraíso. Por isso só faz sentido abraçá-las com o coração e dar-lhes asas nas nossas práticas. Porque a Educação é o melhor que temos para elevar a humanidade.

Profa. dra. Helena Águeda Marujo - Coordenadora da Cátedra Unesco de Educação para a Paz Global Sustentável, coordenadora-adjunta da Unidade de Coordenação de Gestão de Recursos Humanos, investigadora do Centro de Administração e Políticas Públicas – CAPP, coordenadora executiva da Pós-Graduação em Psicologia Positiva Aplicada, coordenadora executiva da Pós-Graduação em Educação para a Paz Global Sustentável, coordenadora do ISCSP-Wellbeing Instituto Superior de Ciências Sociais e Políticas Universidade de Lisboa e membro do Conselho Consultivo da International Positive Psychology Association - IPP.

Agradecimentos

Andréia Roma

Como Editora fico honrada com o conteúdo aqui abordado de maneira prática. A educação para mim é algo muito importante, pois descobri aos meus 12 anos o significado de ter um educador sem motivação no meio educacional. Com essa idade, eu tinha uma professora muito querida, que em todas as suas conversas com outra professora dizia que queria ser aposentada, que esse era seu sonho. Quando tinha 15 anos, minha mãe me pergunta o que eu queria ser na vida e eu respondi feliz que queria ser aposentada. Minha mãe se espantou e perguntou o motivo. E eu disse: "Minha professora fala isso o tempo inteiro e eu quero ser como ela".

Aos 40 anos, quando olho para trás e me lembro disso, penso o quanto de missão e propósito faltou naquela educadora da qual eu era fã.

Resolvi neste agradecimento falar sobre isso porque através da minha parceira, amiga e avaliadora crítica das obras de Psicologia Positiva da Editora Leader, Andréa Perez, muitos educadores terão a chance de se descobrir. Este livro nasceu do coração de uma estudiosa chamada Andréa Perez e é com muito carinho que esta semente está florescendo, por meio da Editora Leader.

Que esta obra floresça no coração de todos os educadores do Brasil e que nossa Educação venha a adotar esta obra e desenvolver-se através dos ensinamentos aqui descritos, contribuindo para um mundo melhor.

Parabéns a todos os convidados e a você, leitor, que decidiu iniciar esta jornada.

Um livro muda tudo!

Agradecimentos

Andréa Perez

Esse é sempre o momento mais emocionante para mim em todas as obras, pois, simplesmente, em tudo que faço, reconheço os méritos de inúmeras pessoas e suas concessões ao meu trabalho e à minha vida pessoal. Quem já me conhece há mais tempo sabe da minha crença de que Juntos Somos Melhores, e, na minha vida com a Psicologia Positiva, isso não fica só num papinho piegas ou num "mimimi". É real mesmo, é vivido.

Há pessoas que nem imaginam que me inspiram, e nas quais eu acabo pensando quando estou imersa na construção dos textos, na organização dos capítulos, na elaboração da obra, na escrita de cada parte, nas revisões de cada palavra, de cada linha, de cada referência. Essas pessoas circulam em minha vida de uma forma tão precisa, ajustada e incentivadora, que acredito que algo maior, definitivamente, arquitetou para que estivessem por ali, transeuntes amáveis, fiéis no carinho, acolhedoras no colo, suaves nos momentos de tensões, compreensivas na correria, compassivas nas ausências; sempre ali, por perto, mesmo que sem saber, me ajudando a todo tempo.

É claro que tudo começa na família, na minha casa, na qual mais repercute toda essa dinâmica avassaladora de trabalho que é organizar e publicar uma obra, fora todo o resto. Por isso, agradeço imensamente a minha mãe, que, com carinho, resolve tudo para que as coisas corram da maneira melhor possível em termos de infraestrutura doméstica, e que me mima, acarinha, apoia, incentiva em todos os momentos, para que eu esteja bem e com saúde. A meus filhos, Lucas e Gabriel, megaparceiros, amigos para toda hora, incentivadores de minha carreira, apoiadores de meus projetos, críticos precisos e analíticos, que reservam uma humanidade ética e de amor, no cuidar de mim e ao estarem atentos se estou bem e segura. Não poderia deixar de agradecer a duas superamigas, daquelas para a vida toda, que há anos trabalham em minha casa e que são peças-chaves nos momentos em que mais precisamos, com sua bondade e prontidão, para fazer com que tudo seja mais fácil, confortável e seguro, que são Carmem Lúcia Gomes da Silva e Rodrigues e Márcia Estevão Rodrigues.

Já chegando aos amigos, nesse último ano, em especial - que isso fique claro aos que possam vir a se sentir esquecidos, pois não é caso - algumas pessoas representaram muito mais que uma relação de trocas, segredos, cumplicidades que as amizades trazem. Elas significaram muito com sua presença, palavras, carinho, generosidade, apoio, e muito, muito, muito amor; daqueles sem medida, sabe? Pessoas com que dividi neste ano as minhas alegrias e tristezas, meus espantos, minhas indignações, minhas realizações e conquistas, minhas fortalezas e fraquezas, minhas agonias e alegrias, meus prazeres e desprazeres. Pessoas que surgiram nas interseções da vida, e que me deram as mãos e, assim, temos seguido juntos. Sem entrar em detalhes pessoais sobre cada uma, apenas as nomeio em ordem alfabética: Christiane Barros, Gilmar Carneiro, Márcia Fernandes, Rita Amorim e Selma Fernandes.

Uma pessoa que, da mesma forma, carrega toda essa bagagem dos amigos e que assume, ainda, muito fortemente nossas trocas profissionais em todas as obras, é Andréia Roma, presidente da Editora Leader. Um ser humano dinâmico, corajoso, vibrante, acolhedor, incentivador, o qual me proporciona inúmeras melhores experiências de vida, à medida que me conduz com segurança em tudo que idealizo, prospecto e desejo em termos de trabalhos editoriais e outros mais. Com ela sei que posso sempre contar, me apoiar e o melhor: dar as melhores gargalhadas, com sua forma leve de levar a vida, com otimismo, esperança e garra. E ao lado dela, a alguém que sempre está ali por perto, com a mesma postura e apoio, que é Alessandro, diretor Financeiro da Editora e marido de Andréia, também o meu agradecimento. Devemos tudo isso a você! Também gostaria de agradecer à equipe da Editora Leader que a todo tempo, com imensa cordialidade, atende com primor a todas as solicitações da melhor forma possível.

Gostaria ainda de agradecer a todo o *staff* que vem me ajudando a produzir mais projetos, de forma confortável, com rapidez, qualidade, confiança, simpatia, generosidade e delicadeza, que se dedica sempre a fazer o seu melhor, para me entender e atender nas necessidades e urgências, mesmo que em outros projetos que não são da editora, pois com eles por perto, realizando tudo que peço, tenho tranquilidade e a certeza de que tudo está sendo acompanhado por ótimas mãos. São eles: Christiane Barros, minha *Head of Logistics*, e Gilmar Carneiro, meu *Head of Marketing and Digital*, do Positive Meeting; Elaine Maria Costa, da Experts Web, minha analista de *marketing* digital; Mariana Camargo e Mariele Cyriaco de Camargo, do Mundo Má, minhas programadoras de tecnologias; Rafael Davi Vasconcelos e Jéssica Ribeiro Sanches Vasconcelos, meus analistas de marcas e patentes; Thais Pereira, da Cereja Design, minha artista de mídias eletrônicas e logomarcas; Valdir Maciel Júnior, na atuação de *background* dos eventos; e Vitor Albuquerque, meu *videomaker* de incríveis tomadas. Com vocês, tudo fica melhor. Eu fico melhor!

Tenho que agradecer, grandiosamente, a todos os coautores que participam desta obra, que foram muito generosos e pacientes, ao viver comigo e compreender a trajetória para chegarmos até aqui. Agradeço pela abertura nas nossas trocas de ideias sobre os temas ou detalhes, sempre acreditando que era para fazermos o melhor. Suas contribuições a este livro são de elevada qualidade, pelos trabalhos que realizam com a Psicologia Positiva em diversas áreas. Esta obra só existe porque vocês confiaram em mim, e, a vocês, o meu sincero muito obrigado e o meu desejo de termos novas oportunidades de trabalharmos juntos.

Quase terminando, divido a minha emoção em construir a Coleção Educando Positivamente com Helena Marujo, da Universidade de Lisboa, que traz no prólogo a sua impressão sobre este Volume 1. O encontro que a vida me proporcionou com essa profissional, de tanta relevância na Psicologia Positiva, mas, acima de tudo, com esse ser humano que transborda generosidade, empatia, colaboração, humildade e amor a todos e a tudo, foi definitivamente um presente que recebi nesse caminhar com a Psicologia Positiva. Ter alguém, por perto, como Helena, que coaduna de forma tão sensível, com um olhar mais social e humano da aplicação dessa ciência da felicidade, é me fortalecer na crença de que podemos fazer muito pela vida humana e o bem-estar de todos. Obrigada por tudo, minha querida.

E finalmente, como sempre guiada e conduzida por minha espiritualidade e conexão, agradeço mais uma vez a toda inspiração, intuição, energia, apoio, mensagens e doutrinas de seres espirituais que fazem com que minha jornada terrena esteja cada vez mais próxima de minha razão de existir, alicerçando-me na minha fé e na crença da bondade do Divino. E que eu possa sempre seguir em minha crença de que todos somos a mesma centelha divina e que respeitar o outro é respeitar a nós mesmos.

Índice

Coletânea Biblioteca Positiva e Coleção Educando Positivamente 17

Introdução 21

PARTE 1 - Conhecendo a Psicologia Positiva
e a sua aplicação na Educação 27
Andréa Perez

Capítulo 1 - Cenário da Educação Global 32
Andréa Perez

Capítulo 2 - Breve Descrição da Psicologia Positiva 46
Andréa Perez

Capítulo 3 - Educação com Psicologia Positiva 64
Andréa Perez

PARTE 2 - Instituições Educacionais Positivas 79
Andréa Perez

**Capitulo 4 - A implementação dos conceitos da
Escolarização Positiva no Colégio Eduardo Guimarães – RJ** 88
Maria Aparecida Mussi

Capítulo 5 - Andragogia Positiva 98
Carmen Silvia Neves Carvalho

**Capítulo 6 - Gratidão nas escolas:
um possível caminho para ensinar a ser feliz** 110
Mariana David

PARTE 3 - Promoção do bem-estar e treinamento
de professores, educadores e multiplicadores 119
Andréa Perez

**Capítulo 7 - Educadores Plenos –
Coaching com Psicologia Positiva aplicado a educadores** 130
Gilmar Carneiro

**Capítulo 8 - Educação Positiva: bem-estar psicológico,
satisfação com o trabalho e bem-estar afetivo no
trabalho de professores escolares** 142
Clarisse Lourenço Cintra e Valeschka Martins Guerra

PARTE 4 - Potencialização de alunos da Educação
Infantil à Pós-Graduação 151
Andréa Perez

Capítulo 9 - Educação Positiva na Maturidade 160
Gabriele de Oliveira Ribas e Juliana Vieira de Araújo Sandri

**Capítulo 10 - Empatia e aprendizagem socioemocional
para crianças e adolescentes** 170
Helder Kamei

**Capítulo 11 - Positive Scholar –
Favorecendo resultados acadêmicos com Psicologia Positiva** 180
Andréa Perez

PARTE 5 - Ferramentas, metodologias e
didática com Psicologia Positiva na Educação 191
Andréa Perez

**Capítulo 12 - Flow em sala de aula na Educação
de adultos: uma realidade possível** 198
Gláucia Yoshida

Capítulo 13 - Mindfulness em ambientes educacionais 208
Rodrigo Siqueira

Capítulo 14 - Mindfulness nas escolas: uma intervenção breve 218
Renata Gomes

Capítulo 15 - Storytelling Positivo 228
Daniel Vieira

PARTE 6 – Outras iniciativas Educando Positivamente 239
Andréa Perez

Capítulo 16 – Afrorresiliência – Contributos da resiliência
na mobilidade educacional de mulheres afrodescendentes 242
Lucienia Libania Pinheiro Martins e Francis Musa Boakari

Capítulo 17 – Educação Continuada para Líderes: como aplicar o
capital psicológico positivo na gestão de equipes, potencializando
os talentos e pontos fortes no perfil de liderança 252
Ana Carla Conforto

Capítulo 18 - Educação Emocional Positiva – saber lidar com as
emoções é uma importante lição. Programa psicoeducacional 262
Miriam Rodrigues

Capítulo 19 - Educação e trabalho:
contribuições do Coaching Vocacional Positivo 270
Renata Livramento

Capítulo 20 - Felicidade infantil: o que faz nossas crianças felizes? 280
Claudia Hofheinz Giacomoni

CONCLUSÃO 288
Andréa Perez

SOBRE OS AUTORES 292

REFERÊNCIAS BIBLIOGRÁFICAS 302

Coletânea Biblioteca Positiva

A **Coletânea Biblioteca Positiva - Temas da Psicologia Positiva em Livros**, idealização de Andréa Perez Corrêa e da Editora Leader, que é dirigida por Andréia Roma, tem como proposta publicar obras com pesquisas, estudos e trabalhos que estão sendo desenvolvidos por profissionais brasileiros no campo da Psicologia Positiva.

Com respeito às teorias originadas em pesquisas científicas, os livros trarão o melhor da prática desses profissionais, para contribuir com a disseminação da Psicologia Positiva, no Brasil e no exterior, além de fomentar a integração desses estudiosos.

Além de autores nacionais, a Coletânea Biblioteca Positiva pretende abraçar projetos também de outros países, publicando obras estrangeiras em território nacional.

Cada projeto de livro apresenta um formato editorial distinto, com um autor ou um grupo de coautores, sendo lançado em cidades do Brasil e em congressos, conferências, simpósios e outros eventos de vulto nacional e internacional.

Todos são organizados por Andréa Perez Corrêa, que assume, com exclusividade, na Editora Leader e no mercado de publicações do Brasil, o papel de: *"positive writer hunter"*, ou seja, caçadora de escritores positivos, profissionais cujos trabalhos observa e para os quais vislumbra a possibilidade de gerar artigos de relevância para inclusão nas obras da Coletânea Biblioteca Positiva.

Com a Coordenação Editorial de Andréia Roma, as obras podem contar ainda com outros organizadores convidados, que sejam *experts* na área ou tema do livro, que juntos estruturam e executam o projeto, o qual conta com toda a qualidade e dedicação editorial e divulgação e distribuição em inúmeros canais de venda.

Cada projeto, considerando a sua formatação editorial, é acessível a convidados, bem como a empreendedores que desejam ter ou participar de uma obra literária sobre a Psicologia Positiva.

Quem sempre desejou publicar um capítulo ou livro sobre a Psicologia Positiva pode ser abraçado pela Coletânea Biblioteca Positiva, após análise e aprovação de proposta pela idealizadora e pela editora.

A organizadora e a coordenação editorial oferecem todo o suporte para você participar de um projeto, auxiliando-o tecnicamente sobre o alinhamento dos temas e a construção textual editorial.

Os interessados em participar de projetos da Coletânea Biblioteca Positiva, nas categorias especificadas, podem entrar em contato diretamente com a Editora ou a organizadora.

Coleção Educando Positivamente

A Coleção Educando Positivamente nasceu do projeto original de um livro, trazendo a temática da Educação com aplicação da Psicologia Positiva, com diversos autores, que estão realizando suas iniciativas no campo educacional com temas da Psicologia Positiva em colégios, universidades, organizações, entre outros.

Conforme a nossa *positive writer hunter*, Andréa Perez, avançava na reunião de trabalhos que comporiam a obra original, deparou-se com um imenso leque de profissionais interessados em trazer para o público suas experiências com a Psicologia Positiva nos contextos educacionais.

Diante de tamanha vastidão de trabalhos interessantes, o número de autores foi avolumando-se e ainda não param de surgir novos.

Com isso, a Editora Leader optou por transformar o livro em coleção, a qual apresenta neste exemplar seu Volume 1, já estando fechado o Volume 2, e já em captação de novos autores o Volume 3.

Além dos capítulos sobre as experiências vivenciadas por cada autor com a Psicologia Positiva na Educação, a organizadora traz em cada volume dados sobre a Educação e a Psicologia Positiva, mantendo nosso público atualizado sobre o que está acontecendo no Brasil e no mundo nesses segmentos.

Caso você seja um profissional de Psicologia Positiva que, de alguma forma, tem feito pesquisas ou aplicado seus temas no campo da Educação, da infância à terceira idade, entre em contato conosco, que será um prazer conhecer o seu trabalho e apresentar nosso projeto editorial.

Introdução

Andréa Perez

Ao começar a traçar estas primeiras linhas, é inevitável fazer a pergunta que avassala todas as pessoas que buscam nutrir suas vidas com algum tipo de significado: "Por que de tudo isso?" Sempre pautei a minha existência na busca e, creio que por conexão, no encontro do significado do que eu realizava em cada momento de vida. Logicamente que eu não tinha as respostas, de forma tão precisa, quando os fatos se desenrolavam na peregrinação de cotidianos apressados e, por muitas vezes, automáticos. Muitas das conclusões de sentido apareciam só depois, mas nunca tardiamente ou inadvertidamente. Na verdade, o momento de emergirem as respostas sempre foi exato. A alguém com minhas crenças, verossimilmente, esse momento de publicação desta obra seria mais um daqueles, controlados por um cronômetro pessoal, que o universo deve recarregar para que não paremos no trilhar da nossa existência humana. Até porque, entender tudo que nos acontece, no passo a passo de nossa vivência, é, por muitas vezes, tarefa das mais difíceis, à medida que ainda não adivinhamos o nosso futuro, apesar de alguns tentarem.

Com essa obra, e, acredito, com o que ainda não consigo imaginar, a história se deu desta maneira: viver muitas coisas primeiramente, para depois começar a entender a razão de chegar até aqui. Estou vivendo com esta obra um momento de emersão de sentido, com relação a algumas coisas que vivi. Talvez a minha razão seja similar a alguns que têm em mãos agora esta obra, que, por impulso ou busca por aprendizado, de alguma forma chegou até vocês.

Minha razão de organizar uma obra com temáticas da Educação com Psicologia Positiva alicerça-se em uma trajetória significativa, tanto de conhecimento factual como empírico.

Introdução

Para começar logo na origem, nasci, coincidentemente ou não, no dia 15 de outubro, Dia do Mestre. Logicamente, isso não dá a ninguém qualquer tipo de convicção de escrever um livro com temas de Educação ou atuar na área, mas alinhado a outros fatos acaba parecendo, no mínimo, curioso. Deixando o nascimento um pouco de lado, na época árdua de definição de curso de graduação, chego ao último ano do Ensino Médio sem nenhuma definição do que fazer na faculdade. Até que, inspirada por um professor, decido, no pré-vestibular, que iria fazer Letras. Bingo! Alguma coisa começava a tomar forma. Apaixonada, ainda me lembro das disciplinas de Pedagogia, que me alicerçavam na licenciatura, para a condução didática favorecedora do ensino e da aprendizagem.

Só que a vida nos leva por caminhos que, às vezes, não planejamos, e acabei acolhendo uma oportunidade de emprego numa empresa, o que, temporariamente, me retardaria estar em sala de aula. Assim eu pensava! Logo, poucos anos mais à frente, fui alocada na área de desenvolvimento humano, mais especificamente, em treinamento de adultos, experiências de Andragogia que me nutriram a satisfação, nesse momento, em especial, ainda de estruturação, planejamento e execução nesse segmento. E, até hoje e sempre que possível, estar em sala de aula, em treinamento, em condução de adultos, em *workshops*, é o que busco oportunizar em 32 anos de trabalho em organizações.

Nessa jornada profissional, paralelamente, nutria-me, na vida pessoal, pela vivência da maternidade, dedicando-me, em meus horários fora do trabalho, à criação de meus dois filhos, Lucas e Gabriel, reservando estudo, atenção e dedicação, com uma parentalidade, guiada pelo exemplo, pelo amor, pela disciplina, pela dedicação, de quem deseja estar apta a favorecer o desenvolvimento dos indivíduos que gerou.

Mas apesar dos dias já praticamente tomados, de alguma forma, somente isso não bastava. Foi quando encontrei a Psicologia Positiva ou ela me encontrou, o que acabou me trazendo, mais uma vez, a sala de aula, a plenária de palestras, a condução de eventos de treinamento, as mentorias, a docência na pós-graduação, as orientações de trabalhos acadêmicos, a organização e contribuição a eventos acadêmicos, projetos na área de educação, o mestrado, enfim... Como pano de fundo, ou, na verdade, como o sentido e a razão de parte de minha existência.

Assim chego até aqui! Só que somente isso não me bastaria, é claro.

Com a Psicologia Positiva, vieram também inúmeros profissionais maravilhosos que reservam, em suas vidas, assim como eu, uma parcela do tempo para favorecer a educação e o bem-estar de crianças, professores, educadores, escolas, instituições de ensino superior, filhos, adolescentes, idosos, adultos, líderes e muito mais.

Esses profissionais - estudiosos, empreendedores, pesquisadores, professores, consultores, pedagogos, *coaches*, terapeutas, pais – constroem ao meu lado esta obra, com seus conteúdos técnicos, conceituais e suas práticas e ferramentas para o desenvolvimento de suas ações na Educação com Psicologia Positiva. Mas, acima de tudo, todos eles trazem - no olhar - uma visão de futuro otimista da Educação no Brasil - nas atitudes -, transbordam um idealismo de que podemos favorecer o desenvolvimento humano - na postura e na ética -, transparecem o seu respeito ao direito ao aprendizado - e no acolhimento -, inundam pessoas e inundam-se com amor pelo que fazem. A atuação na Educação como "um chamado", de cada um desses profissionais, é o que de mais valoroso você, leitor, irá encontrar nesta obra.

E, tantos foram os profissionais com os quais tive a oportunidade de encontrar ao longo do caminho, que o projeto do livro "Educando Positivamente" transformou-se em uma Coleção da Coletânea Biblioteca Positiva da Editora Leader. Isso mesmo. O livro que você tem nas mãos é o Volume 1 da Coleção Educando Positivamente, e muitos outros volumes virão.

Neste Volume 1, a obra foi dividida em seis partes, a saber:

PARTE 1 - Conhecendo a Psicologia Positiva e a sua aplicação na Educação

PARTE 2 – Instituições Educacionais Positivas

PARTE 3 – Promoção do Bem-Estar e Treinamento de Professores, Educadores e Multiplicadores

PARTE 4 – Potencialização de Alunos da Educação Infantil à Pós-Graduação

PARTE 5 – Ferramentas, Metodologias e Didática com Psicologia Positiva na Educação

PARTE 6 – Outras Iniciativas Educando Positivamente

Em cada uma das partes, foram distribuídos os 20 capítulos, construídos, individualmente ou em pares, por nossos 20 autores, baseados em pesquisas acadêmicas, estudos de casos e propostas de aplicação em sala de aula, sobre temáticas da Psicologia Positiva, aplicadas à Educação, seja em escolas, universidades, organizações, lares; e da infância à terceira idade.

Um aspecto importante sobre a obra é que, apesar de toda a utilização de conceitos, teorias e pesquisas, com indicação referencial normatizada nos padrões requeridos de citações e direitos autorais, em minhas obras da Coletânea Biblioteca Positiva você não recebe apenas um catálogo de artigos ou pesquisas, publicados em conjunto sobre um tema, no qual não encontra início, meio e fim, como são as propostas de obras mais acadêmicas, as quais estão na formatação adequada a seu campo. À primeira vista, olhando tantas referências nessas páginas, até parece um *journal* ou uma publicação acadêmica indexada, mas não é. Tenho o cuidado de construir as obras, primeiramente, preocupada com o aprendizado do leitor; com o intuito de favorecer não só a sua vida profissional, mas que você aprenda sobre o tema. Ao lado das teorias e pesquisas utilizadas para embasar a aplicabilidade dos temas, você encontra a apresentação das práticas de quem está realizando trabalhos, profissionalmente, ou construindo novas formas de aplicação. Em todas as partes da obra, você encontrará introduções aos temas a serem contemplados, dando ao leitor a base para seu entendimento no decorrer da obra. A proposta é, ainda, de as obras prestarem-se a servir como material didático de cursos de formação, aperfeiçoamento e pós-graduação das temáticas foco dos livros. E reservo imenso cuidado na construção e formatação da obra com linearidade textual, gerando uma leitura fluida e, espero, agradável, além de, na medida do possível, não deixar que conceitos sejam usados repetidas vezes pelos autores, já que constroem seus textos individualmente.

Ao planejar a obra, ative-me à definição da Educação Positiva com base em Oades, Robinson, Green e Spence (2011), que a definem de uma forma bastante abrangente, e que, inclusive, foi inspiração para a definição do título da coleção. Eles afirmam simplesmente que a Educação Positiva é: "A Psicologia Positiva aplicada à Educação" (p.16).

E é exatamente isso que você irá encontrar ao longo deste volume e dos demais da Coleção Educando Positivamente: inúmeros temas da Psicologia Positiva aplicados de distintas formas, em diversos contextos educacionais, das temáticas alternativas, das artes, dos esportes, do ensino convencional, com respeito aos arcabouços teóricos e à cientificidade, mas construídos e apresentados a partir da prática dos autores ou de seus estudos, o que é um padrão das obras da Coletânea Biblioteca Positiva.

Meu objetivo com esta obra é disseminar a reflexão sobre uma possível mudança de paradigma em ambientes de Educação, sejam institucionais ou familiares, no Brasil, nos quais o desenvolvimento humano e a construção de nossa educação formal não sejam promovidos apenas com o que pretendemos, externamente, oferecer de conteúdos, informações, dados, técnicas, conhecimentos factuais, mas que a Educação comece com o conhecimento e conteúdo que cada indivíduo traz dentro de si, com o que constrói sobre si mesmo ao longo de sua vida, desde a infância. Toda essa iniciativa, logicamente, não é novidade aos que já atuam com a Psicologia Positiva na área da Educação. Como afirmam White e Murray (2015), a Educação Positiva tem um olhar, em especial, sobre o desenvolvimento de habilidades de bem-estar, não apenas em crianças, mas em todos os partícipes diretos da Educação, como pais, professores, educadores, alunos e instituições de ensino.

Como praticante da Psicologia Positiva e não apenas alguém que estuda suas temáticas ou empreenda com elas, sempre me portei diante de iniciativas que favorecessem ações de bem comum, nutridas do ímpeto de disseminar a Psicologia Positiva ao maior número de pessoas, como uma responsabilidade imputada pelo fato de deter um conhecimento que poderia favorecer muitos indivíduos. Nesse sentido, esta obra contribui para capacitar mais profissionais, instituições de ensino e pais, em particular, educadores, para que façamos mais pela Educação Positiva do Brasil, acreditando que podemos agir, no sentido de estreitar o percurso para "espalhar o bem-estar em todo o planeta" (SELIGMAN, 2011, p. 107), assim como prospectam grandes autores da Psicologia Positiva.

A proposta da Coleção Educando Positivamente chega para o favorecimento do bem-estar dos indivíduos nos contextos educacionais - a condutores e a conduzidos - a fim de que possamos ser educados também para sermos felizes em nossas vidas, germinando sementes de florescimento humano, fazendo escolhas que geram realização, reconhecendo-nos como seres únicos e valorosos em nossas qualidades humanas positivas, identificando o sentido maior de nossas vidas e valorizando as relações humanas com respeito, empatia e amor.

Espero que seja isso que você procura, pois é o que você irá encontrar nas próximas páginas.

Boa leitura!

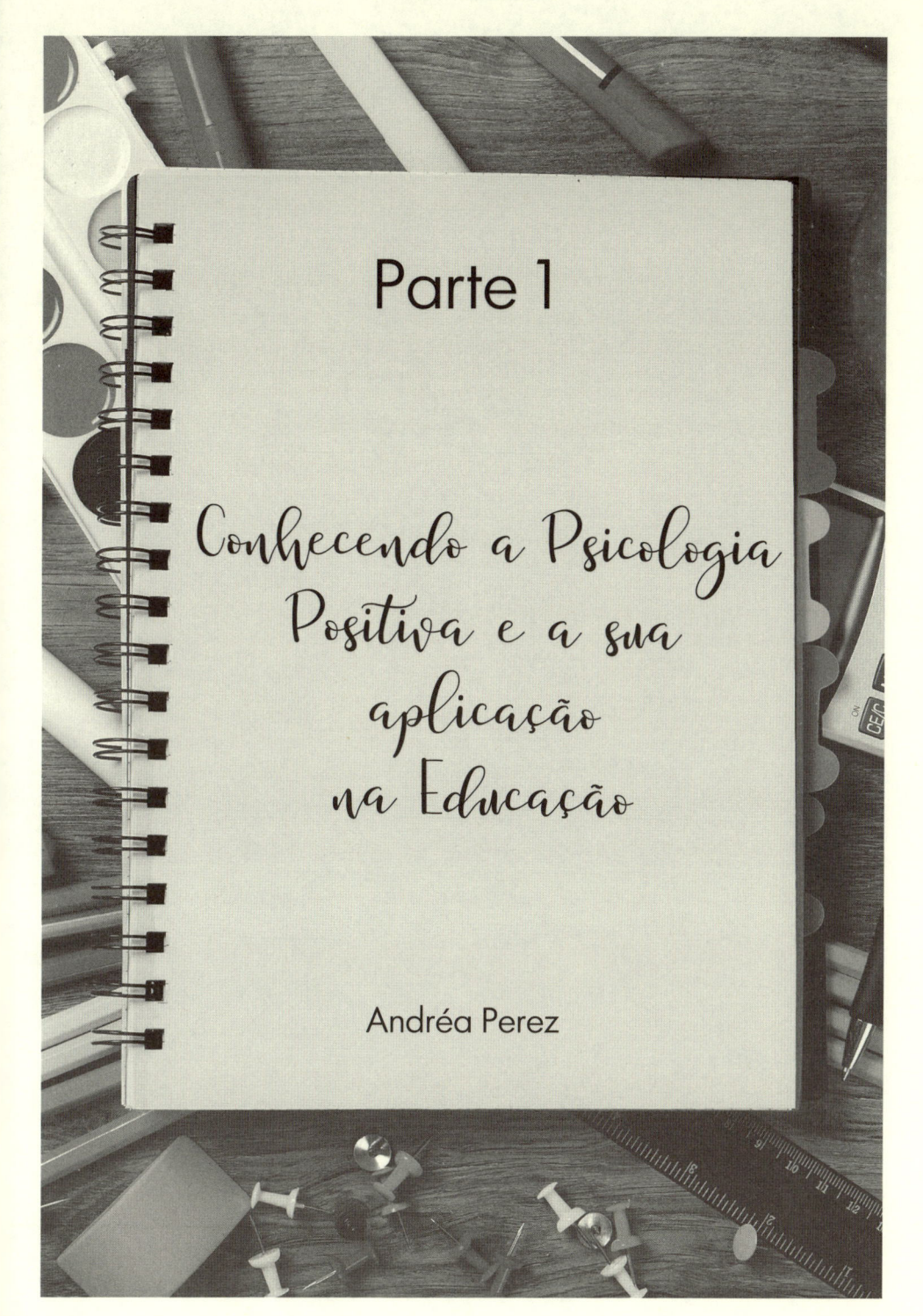

Parte 1

Conhecendo a Psicologia Positiva e a sua aplicação na Educação

Andréa Perez

Para abrir uma obra que faz um alinhamento entre a Educação e a Psicologia Positiva e seus temas, nada mais adequado que apresentar algumas informações que possibilitem uma leitura com entendimento básico desde as primeiras páginas.

Logicamente, não há a pretensão de esgotar os temas da Educação e da Psicologia Positiva, uma vez que seus cenários e complexidades teóricas e práticas são campo de muitas discussões, arcabouços diversos e uma dimensão sem tamanho.

A proposta é apenas construir um painel de informações mais direcionado ao entendimento do que será apontado pelos autores em seus capítulos, escapando da armadilha de repetir informações que serão encontradas nas temáticas desenvolvidas. Como podemos dizer que a Psicologia Positiva é ainda um campo de pouco conhecimento da maioria das pessoas, reservar uma explicação mais detalhada sobre seus temas e da Educação Positiva, com certeza, tornará você mais apto à leitura.

E entenda que isso não acontece por estar sendo abordado o tema da Educação, mas porque nós, ainda, não estamos acostumados com uma linguagem, uma forma de pensar, com comportamentos ou atitudes que sejam voltados aos aspectos positivos do humano ou sobre a nossa felicidade; temas esses centrais da Psicologia Positiva. Definitivamente, temos como hábito voltar nossa atenção aos deficits, aos defeitos, ao que falta e ao que não vai bem. E acabamos, nem mesmo, desenvolvendo uma forma de expressão ou de reflexão que nos propicie pensar e sentir as coisas da vida de forma positiva com mais frequência.

Dessa forma, essa parte irá auxiliar no sentido de trazer você para esse "universo" da Psicologia Positiva, que nada tem a ver com "País das Maravilhas", no qual a realidade é inusitada, incrédula ou fantasiosa.

Muito pelo contrário. A Psicologia Positiva vem revelar um mundo interior e exterior de possibilidades, que nos tornam ajustados a nossas dimensões como seres humanos, nas facetas positivas e negativas do nosso pensar, do nosso sentir e do como nos comportamos, tornando-nos mais completos e integrais, ofertando-nos uma completude que muitos, às vezes, passam por toda uma vida sem encontrar. Além disso, como seres sociais e relacionais - condição humana que nos favoreceu perpetuarmo-nos como espécie – temos, com a Psicologia Positiva, um manancial de reflexões e estudos que nos favorece enxergar os outros em suas particularidades, destrezas e unicidades, que cativa em nós a crença na potencialidade humana, na complementaridade mútua, nas condições inatas de aprendizagem, as quais tanto se coadunam com aspectos salutares do campo da Educação.

Entender reciprocamente nossos cenários internos e externos, interagindo simbioticamente entre eles, a partir do que a ciência da Psicologia Positiva elucida, hoje, acredito que se coaduna com o que afirma Paulo Freire: "Ninguém educa ninguém, ninguém educa a si mesmo, os homens se educam entre si, mediatizados pelo mundo".

Sejam bem-vindos ao universo da Psicologia Positiva com a Educação.

Cenário da Educação Global

Andréa Perez

Neste Volume 1 da Coleção Educando Positivamente, tomei a decisão de abordar a situação e as diretrizes mundiais sobre a Educação, no lugar de mapear o quadro da situação no Brasil apenas, o que faz parte do Volume 2 desta coleção. A ideia é dar, ao leitor, uma percepção das dinâmicas mundiais relacionadas à Educação por organismos políticos, econômicos e sociais e como vislumbram possibilidades de um melhor tratamento desse campo. Optei, ainda, por reservar a atenção desse cenário no que tange à Educação formal, mais especificamente, mas não estritamente, aos segmentos da Educação infantil, do ensino fundamental e ensino médio, e suas equivalências mundiais.

Para compreender a importância da Educação no mundo, é preciso recorrer a dados estatísticos que delineiam a dimensão dos profissionais, dos alunos, dos pais, das instituições de ensino e de outros aspectos, como diretrizes para a Educação, políticas públicas coordenadas entre nações, advindas de organismos internacionais.

Visualizar de forma sistêmica esse cenário é que permite vislumbrar o quanto já foi feito e o quanto ainda está por se fazer, para que a Educação alcance patamares ideais ao desenvolvimento dos indivíduos e às consequentes contribuições que uma Educação mais bem estruturada podem gerar para uma vida mais comprometida com a coletividade, mais sustentável e, acima de tudo, mais feliz.

Talvez os dados que se apresentam a seguir possam gerar algum tipo de incômodo ao leitor, que buscou uma obra que, supostamente, fala de coisas "positivas". Mas, assim como é a Psicologia Positiva, que de forma alguma deixa de lado ou negligencia os aspectos negativos dos indivíduos ou as adversidades da vida (CSIKSZENTHMIHALYI & SELIGMAN, 2000), assim também não devemos ignorar os problemas sobre a Educação global, que, em alguns casos, apresenta melhorias, mas, em muitos outros, assombra por suas dimensões estarrecedoras.

Minha intenção ao situar o leitor com essas informações, em hipótese alguma, é gerar espanto ou desconforto. Talvez, apenas produzir algum pequeno entendimento sobre a importância de nos envolvermos em iniciativas que favoreçam a melhoria da Educação, não apenas com a nossa ou a de nossos filhos, da nossa cidade, do nosso país, mas, em especial – e por que não? - dos menos favorecidos, daqueles atingidos por adversidades e catástrofes humanas, cuja condição de atuação possa vir a ser menor que a nossa.

Tomo a decisão por esse tratamento, ainda mais, no caso, logicamente, de leitores que buscam essa obra, que conhecem ou dominam as temáticas da Psicologia Positiva, que pode sim "fazer a diferença" na Educação. Cada pequena ação, quando somada a milhares de outras pequenas ações, pode significar muito mais que imaginamos.

Esta obra é uma pequena ação nessa direção e você estar lendo este livro já é uma adição a essa conta.

Agenda 2030

A Organização das Nações Unidas (ONU), em sua Assembleia Geral do dia 25 de setembro de 2015, com os chefes de Estado e altos representantes de diversas nações, instituiu a Agenda 2030 para o Desenvolvimento Sustentável, na qual incluiu 17 Objetivos de Desenvolvimento Sustentável – ODS (Sustainable Development Goals – SDG), com 169 metas, numa ambição universal de instituir um plano de ações que possibilite o favorecimento da paz mundial, da erradicação da pobreza, da proteção do planeta, dos direitos humanos para todos, da igualdade de gêneros e do desenvolvimento sustentável em suas três dimensões: social, econômica e ambiental. (AGNU, 2015; ONU, 2018a)

Os ODS constituem uma agenda - um plano de ação para as pessoas, o planeta e a prosperidade - a ser cumprida, com empenho, até o ano de 2030, numa força-tarefa conjunta de países, em prol do atingimento de todas as metas, tendo a erradicação da pobreza, em todas as suas formas, como o grande desafio global. (AGNU, 2015)

A leitura da Resolução A/RES/70/1 (AGNU, 2015), da Assembleia Geral de 25 de setembro de 2015, é inspiradora, para que, de alguma forma, cada cidadão do planeta se sinta sensibilizado em contribuir com alguma ação, para que os rumos de nossa existência humana se reconfigurem de forma mais positiva, visando o bem maior de todos e de nosso *habitat*, não apenas para o momento presente, mas para as próximas gerações, o que configura uma real preocupação com a tríplice do desenvolvimento sustentável.

Dentre os 17 Objetivos de Desenvolvimento Sustentável (AGNU, 2015), destaco dois de extrema importância para o aporte desta obra:

Objetivo 3 (ODS 3) – Assegurar uma vida saudável e promover o bem-estar para todos em todas as idades;

Objetivo 4 (ODS 4) – Assegurar a Educação inclusiva e equitativa e de qualidade, e promover oportunidades de aprendizagem ao longo da vida para todos.

Retomaremos o Objetivo 3 ao falarmos da Educação Positiva no Capítulo 3 – Educação com Psicologia Positiva, atentando nesta parte a entender melhor o que vêm a ser as iniciativas e a importância do ODS 4 na Agenda 2030.

ODS 4 da Agenda 2030

Com uma perspectiva de atingimento de dez metas até 2030, o ODS 4 tem grandiosa importância à medida que a Educação é considerada uma chave que permitirá o atingimento, até mesmo, dos demais ODSs definidos, já que dar acesso à Educação de qualidade permite quebrar o ciclo da pobreza, reduzir desigualdades entre gêneros, raças e crenças religiosas, fomentando, ainda, a tolerância para a paz mundial. (ONU, 2018a)

A *Incheon Declaration for Education 2030*, elaborada no *World Education Forum* de 2015 em Incheon, na Korea, de 19 a 22 de maio de 2015, contando com mais de 1.600 participantes de 160 países do mundo, definiu uma nova visão para a Educação para os 15 anos seguintes, totalmente formatada para o ODS 4. (WEF, 2015)

Dados Alarmantes

- ***Crianças e Jovens Fora da Sala de Aula***

A preocupação com a Educação concentra-se em índices alarmantes levantados em diversas localidades do mundo. De acordo com a Unesco Institute for Statistics (UIS Data Centre), entre 2000 e 2012, apesar de ter havido um crescimento de 91% na permanência de crianças na escola primária em países desenvolvidos, houve um decréscimo de 40% a 22% em regiões da África e de 20% a 6% no Sul da Ásia. Atualmente, mais de 265 milhões de crianças estão fora da escola e, dessas, 22% (57 milhões) estão na idade da escola primária. Além disso, 50% das crianças de escola primária que estão fora da escola encontram-se em áreas de conflito e 617 milhões de jovens no mundo não têm conhecimentos básicos de matemática e alfabetização. (ONU, 2018b)

E o momento que vivemos em diversas regiões do mundo faz com que as estatísticas sejam ainda mais espantosas, em especial, no que tange a refugiados, que não apenas se afastam das escolas, mas de suas famílias.

Dados sobre a situação de refugiados – cuja quantidade tem crescido aterrorizantemente, ao longo dos últimos anos - trazem números assustadores em relação às crianças. Mais de meio milhão de crianças refugiadas ficou fora da escola em 2017, conforme aponta o relatório *Global Trends Forced Displacement in 2017,* de 30 de agosto de 2018, do Alto Comissariado das Nações Unidas para Refugiados (*United Nations High Commissioner for Reefugees).* Ainda segundo o mesmo relatório, "se as tendências atuais continuarem, centenas de milhares de crianças refugiadas serão adicionadas a estas estatísticas perturbadoras, a menos que o investimento urgente seja feito". (ACNUR, 2018, p. 4)

Os novos dados mostram que apenas 61% das crianças refugiadas frequentam a escola primária, em comparação a 92% das crianças no mundo. Isso deixa quatro milhões de crianças refugiadas fora da escola. Além disso, dos 61% de crianças refugiadas que entram na escola primária, apenas 23% chegam ao nível secundário e somente 1% chega ao nível superior. Comparativamente a crianças de todo o mundo, os dados respectivamente são: 92% chegam à escola primária, desses, 84% chegam à escola secundária e 37% ao nível superior. (ACNUR, 2018a, p. 13; 14; 25)

Em consonância com a descrição do ODS 4, na Declaração para Refugiados e Migrantes, adotada pela Assembleia Geral das Nações Unidas em 2016, governos se comprometeram a compartilhar a responsabilidade pelos refugiados do mundo e melhorar o acesso à Educação para crianças refugiadas. (AGNU, 2016)

▪ *Crianças e Jovens e suas famílias*

Outro aspecto relevante sobre a Educação diz respeito ao âmbito das famílias.

Nos lares, são assustadores os dados sobre maus-tratos por pais e cuidadores, segundo o United Nations International Children's Emergency Fund (Unicef). Cerca de 300 milhões, ou ¾ das crianças de dois a quatro anos de idade sofrem agressão psicológica ou física pelos próprios cuidadores, segundo dados de relatório de novembro de 2017. (ONU, 2018b)

No que tange às crianças refugiadas em termos de terem progenitores que conduzam a sua Educação, os dados são muito piores. Segundo o relatório, 173.800 crianças, as quais representam 52% dos refugiados, estão desacompanhadas ou afastadas de seus pais, em dados de 2017. (ACNUR, 2018b)

▪ *Violência e Instabilidade Emocional de Crianças e Jovens*

A instabilidade relacional e emocional no contexto escolar também é alarmante. Segundo dados de relatório (Unicef) de junho de 2018, cerca de 150 milhões de estudantes entre 13 e 15 anos de idade já foram vítimas de seus colegas, seja dentro ou fora da escola, representando 50% do público dessa faixa etária. Globalmente, no caso de *bullying*, o relatório revela que um de cada três alunos dessa faixa etária já faz parte das estatísticas. (ONUBr, 2018)

Mesmo em países desenvolvidos, as taxas de *bullying* são grandiosas. Em 39 países ricos, de cada dez estudantes, três afirmam que, em algum momento, já praticaram *bullying* contra algum colega. (ONUBr, 2018)

Com relação ao gênero, as meninas passam por mais situações de violência psicológica, enquanto os meninos por mais agressões físicas e ameaças. (ONUBr, 2018)

Um dado ainda mais alarmante diz respeito ao fato de que quase 720 milhões de crianças e adolescentes em idade escolar vivem em países em que o castigo corporal não é totalmente proibido. (ONUBr, 2018) E estamos no século XXI. Pasmem!

E talvez por isso também, com o avanço tecnológico desta época, o relatório ainda aponta que o mundo digital acaba por disseminar a incitação à violência, com conteúdos ofensivos, agressivos e humilhantes. (ONUBr, 2018)

As causas que levam a essa falta de Educação com qualidade dizem respeito à falta de professores com Educação adequada, precariedade de instalações escolares e ausência de equidade quanto às oportunidades oferecidas às crianças do meio rural. (ONU, 2018b)

- *Crianças e Jovens com Deficiência*

Outro ponto de extrema relevância, e que se refere à equidade na Educação prevista no ODS 4, diz respeito às crianças e jovens com deficiência, cujos dados são bastante relevantes. Segundo o Relatório Mundial sobre Deficiência (OMS, 2011), quase um bilhão de pessoas estão vivendo com uma deficiência, sendo pelo menos uma criança a cada dez pessoas e 80% vivendo em países em desenvolvimento. O acesso à escola para crianças com deficiência é muitas vezes limitado pela falta de compreensão sobre as suas necessidades e falta de professores treinados, recursos de aprendizagem de apoio em sala de aula e instalações. (OMS, 2011)

Conforme aponta o relatório, negar às crianças com deficiência o seu direito à Educação tem um impacto para toda a vida para oportunidades de aprendizagem, realização e emprego, impedindo assim o seu potencial desenvolvimento econômico, social e humano. (OMS, 2011)

A situação é bastante séria, e quando pensamos em todos os avanços que já alcançamos no desenvolvimento da humanidade, é até inverossímil constatar que ainda pecamos tão negligentemente, em inúmeros segmentos, com as pessoas com essas dificuldades, sendo uma situação não só do Brasil, mas global. A Educação é apenas uma delas e de elevado transtorno.

Toda essa proposta da Agenda 2030 é grandiosa e precisa em sua configuração. Na ODS 4, essa precisão da proposta de equidade na Educação é valorosa e indispensável.

Há muito o que ser feito nessa área. Para garantir que todas as crianças, sem exceção, por uma condição diferenciada, desfrutem de seus direitos humanos básicos sem discriminação, a inclusão de políticas e planos para pessoas com deficiência deve ser indispensável. E, logicamente, isso se aplica aos sistemas de Educação, os quais devem promover a inclusão, garantindo a presença, participação e realização de todas as crianças, incluindo crianças com deficiência.

- *Professores*

Outros dados também são percebidos como problemáticos para a implementação de maior qualidade na Educação mundial, quando o olhar se volta aos professores.

Muitos professores em áreas de conflito e situações de urgência necessitam, emergencialmente, receber apoio em relação ao seu trato pessoal, suas necessidades psicossociais e profissionais. (UNESCO, 2015)

Além disso, conforme apontado pela Organização das Nações Unidas para a Educação, Ciência e Cultura (Unesco), professores de todos os níveis e tipos de Educação devem ser capacitados, em termos do seu desenvolvimento profissional contínuo, incluindo o uso apropriado da tecnologia, aprendizagem entre pares, avaliação e trajetórias de carreira claras com incentivos intelectuais, reconhecimento social e autonomia profissional. (UNESCO, 2015)

A Organization for Economic Co-operation and Development (OECD), que tem como missão a promoção de políticas que irão melhorar o bem-estar econômico e social das pessoas no mundo, em seu relatório *Education at a Glance*, de 2018, que apresenta uma visão geral da Educação, com dados sobre estrutura, finanças e sistemas educacionais da OCDE e dos países parceiros, traz informações relevantes sobre os salários de professores no mundo. (OECD, 2018)

É imensa a disparidade dos salários pagos aos professores comparativamente entre países. Seja na Educação infantil ou no ensino médio, alguns salários de apenas um dia de um professor não será alcançado em toda uma carreira de professores em países mais desfavorecidos. (OECD, 2018)

Outro dado discrepante diz respeito à quantidade de professores para atender as crianças que necessitam estar em sala de aula. Shapiro (2016), em reportagem da *Forbes*, destaca alguns dados apresentados pela Unesco. Enquanto, em alguns países, salas de aula contam com dez alunos, para um professor, em outros países esse número de alunos sobe até para 80 por turma, como na República Centro-Africana, não havendo logicamente professores suficientes para atender à demanda de alunos da Educação infantil ao ensino médio. Fora isso, a capacitação das pessoas que estão em sala de aula conduzindo turmas de alunos é ainda muito baixa em muitos países. Em Gana, segundo dados do Ministério da Educação do país, 45% (63.000) dos 138.928 "professores" da escola secundária não são treinados. (SHAPIRO, 2016)

Verifica-se que muito há ainda a fazer para chegarmos ao ponto de realmente garantir às crianças o que determina a Declaração dos Direitos da Criança, instituída em 20 de novembro de 1959, pela Resolução A/RES/1386 (XIV), da Assembleia Geral das Organizações das Nações Unidas (ONU), em especial os seguintes princípios que são foco central desta obra:

1 – Direito à igualdade sem distinção de raça, cor, sexo, língua, religião, política ou outra opinião, origem social, nacionalidade, pobreza, nascimento ou outro *status*.

5 – Direito à educação e cuidados especiais a crianças deficientes física, mental e socialmente.

6 – Direito ao amor e à compreensão dos pais e da sociedade para o desenvolvimento harmonioso de sua personalidade.

7 – Direito à educação gratuita compulsória pelo menos até os níveis elementares, que promova sua cultura geral e permita, com oportunidades iguais, o desenvolvimento de suas habilidades, seu julgamento individual e seu senso de responsabilidade social, para que se torne um membro útil à sociedade.

(AGNU, 1959, p.20 – tradução livre da autora)

Diante desse cenário, os desafios mundiais com a Educação são imensos e extremamente desafiadores para cumprir a Agenda de 2030.

Desafios da Educação Mundial

Considerando o ODS 4 da Agenda 2030, são apontados os seguintes desafios pela Organização das Nações Unidas para a Educação, Ciência e Cultura - Unesco (2017):

- São necessários 69 milhões de novos professores;
- 758 milhões de pessoas, ou seja, 15% do total, não são alfabetizadas, sendo desse montante 2/3 de mulheres.
- US$ 39.000.000,00 é o valor da lacuna de financiamento anual necessário à Educação;
- 263 milhões de crianças e jovens estão fora da escola;
- 14% apenas de jovens e somente 1% de meninas pobres completam o ensino secundário em países de baixa renda;
- 35% de crianças fora da escola estão em áreas afetadas por conflitos.

Conforme aponta a ONU Brasil - ONUBr, quanto à situação de violência vivida por alunos nas escolas, a fim de extingui-la, o Unicef apresenta recomendações a serem acolhidas por governos e gestores da área da Educação, entre as quais estão:

• Implementar políticas e legislação para proteger os estudantes da violência nas escolas;

• Apelar às comunidades e aos indivíduos para que se unam aos estudantes quando falarem sobre violência e trabalharem para mudar a cultura das salas de aula e das comunidades;

• Fazer investimentos mais eficazes e direcionados em soluções comprovadas que ajudem os estudantes e as escolas a se manter seguros;

(ONUBr, 2018).

Força-Tarefa

Diante de tantos desafios - tendo citado apenas alguns -, como uma instituição Global, a Unesco, com uma rede de institutos e centros especializados em Educação, oferece serviços de suporte de primeira linha para planejadores educacionais, entre os quais estão:

- The Mahatma Gandhi Institute of Education for Peace and Sustainable Development;
- The International Institute for Higher Education in Latin American and Caribbean;
- The Unesco Institute for Lifelong Learning; e
- The International Bureau of Education.

Além desses centros, a Unesco conta com 53 escritórios de campo, nos quais são desenvolvidos programas, estratégias e atividades com autoridades e outros parceiros, sendo o do Brasil localizado em Brasília. (UNESCO, 2017)

Outras instituições grandiosas vêm colaborando e adotando a Agenda 2030 e o ODS 4, como a Global Partnership for Education (GPE). Trata-se do único fundo global dedicado exclusivamente à Educação nos países em desenvolvimento e é a única parceria que visa fortalecer os sistemas de Educação nos países em desenvolvimento, a fim de aumentar drasticamente o número de crianças que estão na escola e aprendendo.

Reúne países em desenvolvimento, doadores, organizações internacionais, sociedade civil, organizações de professores, setor privado e fundações. (GPE, 2018a) Para isso, a GPE já tem em execução o GPE 2020, que é o plano estratégico que abrange os anos 2016-2020, o qual alinha a visão e a missão da parceria aos Objetivos Globais para o Desenvolvimento Sustentável, e reconhece o papel essencial que a Educação desempenha na realização dos outros ODSs. Inclui três metas e cinco objetivos a serem perseguidos durante cinco anos, os quais descrevem o que deve ser feito para apoiar sistemas educacionais mais fortes e assegurar Educação inclusiva e de qualidade. (GPE 2018b)

Neste contexto mundial, outras iniciativas estão sendo promovidas em prol da Educação e a paz mundial, e em que muitos de nós brasileiros já tivemos a chance de participar de alguma forma.

Em março de 2018, foi realizado o I Simpósio Luso-Brasileiro de Psicologia Positiva e o III Congresso Português de Psicologia Positiva, com o tema Quotidianos Positivos e o Imperativo da Paz: Contributos da Psicologia Positiva de Língua Portuguesa.[1] Com realização do Instituto Superior de Ciências Sociais e Políticas da Universidade de Lisboa, sendo coordenado no Brasil por esta autora e, em Portugal, por Luis Miguel Neto e Helena Marujo, os eventos já fizeram parte de uma das iniciativas de Educação contida na Cátedra Unesco de Educação para a Paz Global Sustentável, que tem como líder a profa. dra. Helena Marujo. Com muita dedicação e empenho, ela conseguiu ter sua proposta aceita perante a Unesco para conduzir a Cátedra. No evento, tivemos a satisfação de contar com quase 40 palestrantes brasileiros com temas com a Psicologia Positiva que me acompanharam nesta jornada ao Atlântico Norte - como sempre apontam os queridos Helena e Luis Miguel –, contribuindo, imensamente, para os eventos, ao lado de muitos palestrantes portugueses notáveis, com a proposta de inserção da Psicologia Positiva numa iniciativa com repercussões importantes na Unesco. Tanto a Cátedra quanto os eventos tiveram o apoio da International Positive Psychology Association (Ippa).[2]

---

[1] Para conhecer o evento e suas apresentações e palestrantes acesse: http://psipositivabrpt.com/
[2] https://www.ippanetwork.org/2017/09/14/unesco-chair-on-education-for-global-peace-sustainability/
http://www.ippanetwork.org/2017/12/10/3rd-portuguese-congress-on-positive-psychology-1st-luso-brazilian-symposium-on-positive-psychology/

Algumas palavras finais

Logicamente, aqui não se intenciona apontar todos os problemas nem todas as iniciativas relacionadas à Educação numa perspectiva global, nem mesmo todos os organismos e normas regulatórias relacionadas ao tema. Longe disso!

O que nutro de grande esperança e de tentativas inesgotáveis é inspirar reflexões sobre a condição que temos de fazer algo pelas pessoas com a Psicologia Positiva e, neste livro, sobre o quanto podemos realizar, para colaborar com a melhoria da Educação, que, como vimos, encontra-se, atualmente, em situações graves e sensibilizantes, mas com iniciativas futuras, que prospectam possibilidades críveis se agirmos em conjunto e coletivamente.

Todos os problemas apontados e os desafios a serem ultrapassados podem servir de força motriz, para uma mobilização pelo bem maior da Educação com a Psicologia Positiva, como um pano de fundo de muita cientificidade, que vem agregar um valor imensurável: o do bem-estar e da potencialidade humana positiva, alinhados ao desenvolvimento pelo conhecimento factual de nossas crianças e todos nós.

E é sobre essa Psicologia Positiva que eu vou falar um pouco com vocês no Capítulo 2 – Breve Descrição da Psicologia Positiva.

Breve descrição da Psicologia Positiva

Andréa Perez

Depois de uma apresentação do Cenário da Educação Global no Capítulo 1, chegamos ao momento de começar a conhecer o que é a Psicologia Positiva, para que o leitor possa compreender o espelhamento que foi feito de suas temáticas para o campo da Educação.

É muito importante esclarecer logo esse assunto antes mesmo de começarmos a falar sobre a Psicologia Positiva. Isso porque o crescimento dessa vertente de estudo vem se infiltrando em inúmeras outras arenas do conhecimento humano, considerando a adequação de reprodução, de forma análoga, dos resultados de suas pesquisas, que se adequam a vários domínios, já que abordam temas que dizem respeito a aspectos que todos vivemos: a felicidade, o bem-estar, as emoções positivas e negativas, as qualidades humanas positivas. Logicamente, isso se adequa de forma ajustada e com resultados de sucesso à medida que se trata de um campo multidisciplinar, o que já é meio caminho andado para dar as mãos a outros campos fora da Psicologia, campo de ciência na qual nasceu e se estruturou.

Feitas essas primeiras considerações, ressalto que, neste Volume 1 da Coleção Educando Positivamente, a Psicologia Positiva será apresentada, a seguir, de forma breve em sua conceituação, trazendo, ainda, suas principais teorias, a fim de que o entendimento dos capítulos, os quais trarão o respectivo conhecimento do tema abordado, seja pleno e facilitado.

No volume 2 desta Coleção, já os leitores terão acesso a outros extratos de aspectos relacionados à Psicologia Positiva, de forma que, ao longo de todos os volumes, recebam uma quantidade significativa de dados interessantes a seus estudos e reveladores a suas curiosidades acerca da Psicologia Positiva.

Como surgiu a Psicologia Positiva

A Psicologia Positiva nasceu quando Martin Seligman, seu criador, foi eleito em 1998 como presidente da American Psychology Association (APA) e optou, em seu mandato, por trazer à pauta uma nova forma de estudar os aspectos humanos e uma nova perspectiva de estudo de como lidamos e vivemos a vida, para entender como e por quais caminhos podemos levar uma vida ótima. (SELIGMAN, 2002; CSIKSZENTMIHALYI & SELIGMAN, 2000)Empenhado em estruturar de forma adequada os estudos e pesquisas que englobariam ou que viriam a surgir sobre esse movimento, a que chamou de Psicologia Positiva - apesar de o termo já ter sido cunhado por Abraham Maslow, em 1954 (SNYDER & LOPEZ, 2009; LOPEZ & GALLAGHER, 2011) -, lançou em 2000, numa publicação acadêmica da APA, o arcabouço teórico básico da Psicologia Positiva, sob a sua edição e de Mihaly Csikszentmihalyi, apresentando os três pilares de estudo que alicerçariam suas pesquisas:

1. As emoções positivas dos indivíduos;
2. Seus aspectos e qualidades positivas;
3. E nas instituições positivas.

(CSIKSZENTMIHALYI & SELIGMAN, 2000)

Importante ressaltar o dito anteriormente "sobre estudos e pesquisas que englobariam ou que viriam a surgir sobre esse movimento". O que ocorreu é que Martin Seligman - diria eu -, com uma visão sistêmica bastante abrangente e com uma noção de perspectiva bastante significativa, muito adequadamente, percebeu que o estudo e as pesquisas sobre esses três pilares não apenas começariam a partir daquele momento. Apesar da alegação de que faltou aos humanistas, entre os quais se incluía Maslow, a dedicação a criteriosas pesquisas sobre seus estudos a respeito das coisas boas da vida e dos indivíduos, Seligman soube identificar que estudos teóricos já vinham sendo feitos há muitos anos por grandes pesquisadores. Estavam já avançados em teorias e pesquisas, que se correlacionavam, estreitamente, com a Psicologia Positiva proposta e temas como da autoeficácia (BANDURA, 1977; 1982; 1986; 1997), desenvolvido por Albert Bandura, do bem-estar subjetivo (DIENER, 2009) de Ed Diener, e do *flow*

(CSIKSZENTMIHALYI,1990; 1997) de Mihaly Csikszentmihalyi, para citar apenas alguns como exemplo.

Definido o arcabouço teórico básico, a Psicologia Positiva precisaria suprir pontos cegos da Psicologia, sobre o estudo científico das qualidades humanas e da vida boa, à medida que essa ciência tinha-se voltado, ao longo dos anos, à investigação mais concentrada nos transtornos e patologias dos indivíduos, considerando uma necessidade histórica do pós-Segunda Guerra Mundial, a qual deixou, entre suas heranças estarrecedoras, muitos ex-combatentes deficientes em saúde física, emocional e psíquica. (SELIGMAN, 2017; CSIKSZENTMIHALYI & SELIGMAN, 2000)

Tais pontos cegos, relacionados ao que originou trabalhos em Psicologia Positiva, referiam-se a: noção efetiva sobre felicidade e de bem-estar, considerando a possibilidade da existência de um viver acima do ponto zero; como as pessoas fazem as suas escolhas e tomam decisões em suas vidas e as noções da virtude humana, do bom caráter. Diante desses pontos cegos, a Psicologia Positiva necessitaria de um campo de estudos e pesquisas com rigorosos critérios científicos que permitissem a construção bem consubstanciada de teorias, medições e intervenções, relacionadas ao estudo da vida boa e dos aspectos humanos positivos, que, no campo da Psicologia, anteriormente, eram praticamente inexistentes. (SELIGMAN, 2017)

É preciso compreender outro aspecto importante, de que a Psicologia Positiva não pretende contrapor-se ou negar a concepção de estudos e pesquisas sobre as condições ou estados transitórios desfavoráveis, como os transtornos e as patologias, que foram ao longo da história da Psicologia concebidos de forma exemplar e produtiva à saúde emocional e psíquica. (CSIKSZENTMIHALYI & SELIGMAN, 2000)

O que Seligman (1998) aponta é que algumas qualidades humanas servem como "para-choque" contra doenças mentais: coragem, otimismo, habilidade interpessoal, ética no trabalho, esperança, honestidade e perseverança. E, nessa vertente, concebe com convicção uma nova ciência alicerçada nas qualidades e resiliência, apontando que com sua prática há o favorecimento da prevenção dos principais transtornos mentais. (SELIGMAN, 1998)

Outro ponto de relevância a ser abordado ao longo da história breve de apenas 20 anos da Psicologia Positiva até os dias atuais foi a aglutinação, considerada por alguns autores, sobre a funcionalidade das emoções negativas, sobre a dialética das emoções e não somente o foco nas emoções positivas, as quais sempre foram fruto de maior atenção das pesquisas consideradas neste campo, e, inclusive, por esse requisito também motivo de críticas.

Isso deu origem ao que se chama de *Second Wave*[1] (Segunda Onda, do Inglês) da Psicologia Positiva, que veio ao público com maior notoriedade em 2016 com a publicação **Second Wave Positive Psychology: Embrancing the Dark Side of Life,** de Itai Ivtzan, Tim Lomas, Kate Hefferson e Piers Worth, a qual traz a conotação às emoções negativas como sendo o *"dark side"* que perde a sua interpretação negativa e passa a ser estudado como possibilidade de gerar resultados positivos em nossas vidas. (IVTZAN, 2016) Outras publicações anteriores a essa, com temáticas que recaem sobre os aspectos negativos, mas também considerando as positivas, sem tendência à exclusão de uma ou de outra numa abordagem mais completa da Psicologia Positiva, já haviam surgido, como no artigo **Positive Psychology 2.0: Toward a Balanced Interactive Model of the Good Life,** de Wong (2011), e em outro exemplo que é o livro **The Upside of Your Dark Side Why Being Your Whole Self-Not Just Your "Good" Self – Drives Success and Fulfillment**, de Kashdan e Biswas-Diener (2014), que foca numa abordagem acerca de quais contribuições positivas as emoções negativas podem gerar, se deixarmos de negá-las, evitá-las e considerá-las como nocivas.

O leitor atento pode estar se perguntando: como incluir estudos sobre as emoções negativas se não há um pilar, originalmente, concebido nos pilares apontados, sendo que um deles, especificamente, trata de emoções positivas somente? Nessa hora, lembre-se de que uma das vertentes principais da Psicologia Positiva é o estudo da felicidade em todas as suas possibilidades, que até mesmo se inclui no pilar das emoções positivas. Nesse sentido, a proposta da Segunda Onda está em total consonân-

---
[1] O termo "segunda onda" havia sido cunhado por Barbara S. Held em 2004 no artigo *The Negative Side of Positive Psychology*.

cia com sua proposta. Além disso, é importante destacar que vivemos em nossa vida cotidiana tanto afetos positivos como negativos. Não se iluda achando que a Psicologia Positiva contempla fórmulas mágicas que eliminarão a vivência de adversidades e problemas que podem gerar tristeza, raiva, desconforto. O que ela oferece são mecanismos diversos que nos permitem levar a vida com ações intencionalmente produzidas por nós mesmos, que nos possibilitem viver mais emoções positivas que negativas. E essas últimas, quando vivenciadas, que sejam consideradas em sua funcionalidade positiva.

Com já destaquei na obra *Psicologia Positiva: Teoria e Prática*, da Coletânea Biblioteca Positiva, a expressão "*Second Wave*" ainda é muito recente para podermos vislumbrar o quanto esse momento realmente se perpetuará como uma marca divisória na construção da história da Psicologia Positiva". (CORRÊA, 2016, p. 52)

Desse ponto em diante, aguardemos os novos desdobramentos possíveis e sempre desejáveis - pois é assim que o conhecimento se expande - sobre os rumos teóricos que a Psicologia Positiva irá tomar ao longo do tempo.

Definindo a Psicologia Positiva

O leitor já deve imaginar o volume de definições já existentes sobre a Psicologia Positiva, mas o importante é captar, em cada uma delas, o substrato de suas raízes e aspectos que envolvem as suas objetivações.

Eu, pelo menos, sempre recorrendo à análise de pensamento crítico, acabo, frequentemente, buscando em definições aquelas que expressam o máximo de aspectos que representam o campo desse estudo. E, dessa forma, mas não sem antes refletir sobre diversas definições, acabei por construir a forma com que concebo uma descrição do que é a Psicologia Positiva, publicada na obra *Psicologia Positiva Aplicada à Psicologia Clínica*, que se segue:

"A Psicologia Positiva é a ciência da felicidade que contempla o estudo das características, aspectos e emoções humanos, com foco em teoria, medição, intervenções e práticas que potencializem, no âmbito individual e coletivo, o bem-estar." (**CORRÊA**, *2016*)

Como apontei, aspectos precisam ser considerados ao conceber uma conceituação, e, ao avaliar inúmeras definições, deixei-me influenciar por aquelas que traziam esses aspectos da concepção do estudo de forma bastante latente, que são as seguintes:

- Psicologia Positiva é "o estudo das condições e processos que contribuem para o florescimento e o funcionamento ótimo das pessoas, dos grupos e das instituições." **Gable e Haidt** (2005, p. 104); e

- A Psicologia Positiva é um ramo da Psicologia que foca no estudo empírico de certas coisas como emoções positivas, forças de caráter e instituições saudáveis e é definida como: "o estudo científico das forças e virtudes que permitem aos indivíduos e às comunidades prosperarem". E acrescentam ainda que:

> O campo se fundamenta na crença de que as pessoas querem conduzir uma vida significativa e de realizações, para cultivar o que há de melhor nelas mesmas e para elevar suas experiências de amor, trabalho e diversão. (**AUTHENTIC HAPPINESS**, 2013)

É importante que o leitor compreenda que, mais que saber de cor uma definição da Psicologia Positiva, o essencial é conhecer e compreender: a sua concepção teórica para a investigação científica; a forma como pode ser aplicada na prática na vida das pessoas e das organizações; e os benefícios que produzem suas intervenções quando aplicadas, as quais precisam ser verificadas e medidas com apoio do extenso campo de Psicometria, de escalas e *assessments*, hoje vastíssimo para inúmeros construtos.

Fora isso, tratando-se de um novo campo de ciência, se comparada a outras, precisamos desenvolver um senso crítico e reflexivo sobre suas definições, teorias e achados, já que há muito ainda o que ser investigado, comprovado e descoberto, em especial quanto a, digamos assim, "customizações" culturais e regionais, as quais precisam crescer em número de pesquisas, para que sejam legitimadas apropriadamente em novas amostras, na diversidade de povos em nações de todo o mundo.

E ainda muito, além disso, é essencial, para que você, leitor, decida arregaçar as mangas e estudar, se aprofundar e aplicar a Psicologia Positiva, que compreenda a sua importância em nossas vidas, como veremos a seguir.

Importância da Psicologia Positiva – aplicação e abrangência

Há menos de um mês, me pediram uma entrevista para um *blog*, e, dentre as perguntas da entrevistadora, estava uma sobre a qual todos os estudiosos e profissionais da Psicologia Positiva sabem a significância que tem, mas que, às vezes, não paramos para escrever, destacar ou traduzir, pois, na maioria das vezes, está nas entrelinhas textuais ou apenas no sentir de todo este estudo: "Qual é a importância da Psicologia Positiva?"

Adorei a pergunta para o *blog*, pois talvez a resposta a ela tenha sido a que sempre me guiou, acredito, em toda a minha jornada até aqui com a Psicologia Positiva. Por conta disso, sempre que posso, destaco sua importância não apenas em publicações, resenhas, entrevistas, mas também em palestras, aulas, em mentoria, em diálogos com amigos ou colegas de trabalho.

Para o *blog*, logicamente, fui breve e, aqui, precisarei também me forçar a isso, pois são tantos os aspectos relevantes dessa temática que ficaríamos aqui por muito tempo, capturando dezenas deles.

E a verdade é que a lista de aspectos importantes só cresce ao final da leitura de um artigo ou livro, a cada reflexão, a cada projeto construído e aplicado, a cada *feedback* recebido, a cada resultado de uma intervenção ou prática usada, ou mesmo depois de uma conversa com quem se assemelha a você no sentir a Psicologia Positiva.

De início, ensaio construir, sem detalhar, uma pequena e breve lista de aspectos e sua importância neste campo:

- O **tema da felicidade e do bem-estar** que conduzem as vidas de todas as pessoas; a felicidade é o que buscamos a todo tempo e é inerente, nato ao ser humano.

- Os **aspectos positivos dos indivíduos e das instituições** que geram uma mudança de paradigma no observar e desenvolver nas pessoas e nos processos organizacionais;

- A **multidisciplinaridade de aplicação e prática** que permeia o seu uso e de seus temas, à medida que concebe resultados positivos onde é aplicada, permitindo conceber as instituições positivas.

- A **cientificidade** que embasa de forma séria os resultados sobre temas que não haviam sido estudados com tamanha dimensão e com rigorosos critérios científicos;

- As **intervenções e práticas** que permitem aos indivíduos e às organizações tornarem-se agentes de sua construção e desenvolvimento humanos de forma legitimada e tomarem as rédeas de sua felicidade, deixando de lado a ideia tão insuflada pelo consumo de que o nosso bem-estar está fora de nós mesmos;

- As **pesquisas sobre os benefícios do aumento do bem-estar e da felicidade** que transformam, reconfiguram, projetam vidas a um patamar de melhorias contínuas e de qualidade; esses benefícios vêm chamando a atenção de segmentos diversos em todo o mundo, por conta do desdobramento em cascata que acabam gerando, às pessoas, às instituições e à sociedade.

- O **resgate da saúde física, emocional e psíquica** de muitas pessoas que são submetidas a suas intervenções, logicamente sem deixar de lado os modelos psicoterapêuticos e medicamentosos, usados nos tratamentos, quando necessários;

- A **disseminação de novas teorias em outras áreas do conhecimento** que espelham suas pesquisas, construindo novos conceitos, gerando uma renovação de abordagens arraigadas há anos;

- A **melhoria das relações humanas** na promoção de emoções, atitudes e comportamentos nutridos por construtos que geram amor, compaixão e generosidade, o que pode transformar positivamente as famílias, as relações sociais, as relações de trabalho, as relações de afeto.

- O **movimento esperançoso de disseminação mundial de iniciativas que promovam a democratização e generalização do florescimento humano**[2], tirando-a do suposto direito restritivo de poucos.

---
2 Neste ponto, refiro-me ao projeto apresentado por Seligman (2011), nomeado PERMA 51, o qual tem como proposta favorecer que 51% da população mundial em 2051 esteja em florescimento humano, com base nos elementos de sua Teoria do Bem-Estar que é apresentada mais à frente neste mesmo capítulo.

- O tornar as pessoas mais plenas e conscientes de sua valorosa humanidade, gerando empoderamento pessoal, ao contato com a identificação de sua essência no que tange às suas qualidades humanas positivas.

Talvez alguns de vocês olhem para essa lista e se perguntem: "De onde ela tirou tudo isso?" Outros podem, ao contrário, espantar-se e pensar: "Como ela sabia que era tudo que eu já percebia?"

Costumo dizer que, apesar de termos a responsabilidade e a seriedade de, a todo tempo, atentar para os aspectos científicos e teóricos da Psicologia Positiva – dos quais eu nunca me esqueço ou me afasto –, esse estudo, desde o primeiro contato que eu tive, foi, acima de tudo, um sentir latente e vibrante, que trouxe a certeza de que era preciso viver tudo isso de forma genuína e verdadeira.

Por isso, talvez, a lista seja longa, inesgotável, inacabada, a cada novo texto, a cada nova obra, a cada nova fase, a cada novo trilhar na vida, pois é o sentir e o "viver a Psicologia Positiva na veia", como digo a meus alunos, que vai, a meu ver, tornar estudiosos e profissionais mais dedicados ao desenvolvimento *com*, *pela* e *da* Psicologia Positiva, à medida que é no viver e no sentir que reconhecemos, verdadeiramente, a sua importância em nossas vidas e a possibilidade de benefícios para outras pessoas.

A importância da Psicologia Positiva pode até ser entendida na leitura de um artigo ou de um texto como esse ou na participação de um curso. Entretanto, para você, leitor, que talvez esteja chegando agora a esse tema ou tendo contato pela primeira vez, fica a sugestão de não apenas se contentar com o conhecimento factual sobre isso. Incentivo-o a construir o seu conhecimento empírico com a Psicologia Positiva, experimentando o viver com ela, percebendo-se, conscientemente, sobre o uso de seus temas, pois assim verá a sua real importância, pelos benefícios que agregará. E, acima de tudo, saberá distinguir-se daqueles que apenas discursam o saber sobre seus temas, e que nada aplicam a si mesmos, pois talvez não tenham ainda conseguido entender a real importância da Psicologia Positiva ao bem comum e ao seu próprio.

Outra coisa que me arrebatou, também, desde o início, em termos de sua importância, foi que eu deveria ter a responsabilidade de disseminar suas temáticas a todos os cantos do mundo, a qualquer custo, sem fronteiras, sem rostos, sem armaduras, sem tempo, sem restrições, para que mais pessoas pudessem ser beneficiadas por suas temáticas para melhoria da felicidade. De que adianta saber da importância disso tudo e guardar para si, não é mesmo? Os temas que a Psicologia Positiva aborda têm a ver não apenas conosco, mas, muito significativamente, ao outro; aos benefícios que gera em todos. Talvez descobrindo e entendendo a importância da Psicologia Positiva mais pessoas possam vir a ter a compreensão de que dividir o que sabemos, na verdade, nos multiplica.

Mas deixando de lado apenas o sentir e trazendo dados concretos a vocês, cabe detalhar um dos aspectos, o primeiro da lista, para a compreensão da dimensão que vem recebendo no campo da Psicologia Positiva: a felicidade e o bem-estar.

Merece destaque inevitável o fato de que a Psicologia Positiva aborda uma temática que contempla toda a vida humana: a felicidade e o bem-estar. Só por isso, já seria de extrema importância, já que todos nós, em tudo que realizamos, almejamos a nossa felicidade, como já apontei.

Apesar de a felicidade ser tema de abordagem que remonta à Era Clássica e ter perpassado, desses estudos filosóficos até a autoajuda, a relevância e reservas de pesquisas, nesse tema, desenvolvidas pela Psicologia Positiva, colocam esse estudo em um patamar de extrema importância em inúmeros domínios humanos.

O livro *Scientific Advances in Positive Psychology*, de 2017, organizado por Meg A. Warren e Stewart I. Donaldson, traz uma coletânea de artigos dos principais pesquisadores dos temas descritos, e foi construído com o propósito de identificar os avanços nos estudos da Psicologia Positiva, tomando como referência um *review*, publicado no *Journal of Positive Psychology* em 2015, com o título *Happiness, Excellence, and Optimal Functioning Reviewed: Examining the Peer-Reviewed Literature Linked to Positive Psychology*, de Donaldson, Dollwet e Rao (2015).

Nesse *review*, que contemplou os anos entre 1999-2013, ou seja, 14 anos, mais de 1.300 *peer-reviewed* originaram, neste livro, uma amostra dos temas mais abrangentes. Dentre os temas destacados, surge o bem-

-estar como o tópico mais estudado, seguido das forças de caráter e da gratidão. E ainda, com relação estreita com o tema, entre as intervenções mais populares, destaca-se o estudo dos afetos positivos nas abordagens voltadas à felicidade e às emoções positivas.

Nesse ponto, já dá para compreender a importância do tema da felicidade e do bem-estar. Mas é importante destacar que essa dimensão de pesquisas sobre a felicidade e temas correlatos também teve como grande contribuição a forma com que foram "tomadas de empréstimo" por vários outros campos de ciência, que acabaram reproduzindo e reformulando novas teorias e conceitos com base nesses estudos.

Warren e Donaldson (2017) destacam a orientação da Psicologia Positiva se estendendo longe da Psicologia, em campos díspares como: sociologia, filosofia, ciências políticas, engenharia, legislação, criminalidade, forças armadas, oncologia, farmacologia, epidemiologia, religião, antropologia, linguística, *design*, trabalho social, sem mencionar todos.

Como já deve ter dado para notar: a importância da Psicologia Positiva tem vultos grandiosos e valorosos, e será sempre uma temática inesgotável. Vamos torcer para isso!

Teorias da Psicologia Positiva

O campo da Psicologia Positiva é nutrido por inúmeras teorias sobre a felicidade e aspectos que a envolvem ou promovem. Algumas se delinearam ao longo de muitos anos e ainda assim sempre desencadeiam novas descobertas, o que favorece a sua abrangência e confiabilidade.

Dentre as existentes, destacam-se a seguir aquelas que são notoriamente representativas, e imensamente utilizadas em outros estudos, e cuja aplicabilidade tem sido foco de resultados positivos.

> ➢ **Teoria Ampliar-e-Construir**

Publicado em 2009, o livro *Positividade*, de Fredrickson, apresenta a Teoria Ampliar-e-Construir ao público, em geral, abordando a temática das emoções positivas e da positividade. (FREDRICKSON, 2009) A positividade, segundo Fredrickson (2009), é boa e é essa centelha de sentir-se bem que desperta a motivação para mudar; ela muda a forma como a sua mente trabalha; a positividade transforma o seu futuro. Enquanto as suas emoções positivas se acumulam, elas constroem reservas e a positividade coloca um freio na negatividade, funcionando como um botão de *"reset"* para a negatividade.

Partindo de um ponto de equilíbrio que cada pessoa possui, Fredrickson (2009) aborda as espirais: por um lado, a espiral descendente ocorre quando a negatividade puxa a razão entre as emoções positivas e negativas para baixo; e, do outro, a defendida em sua teoria, a espiral ascendente, quando decolamos numa espiral energizada pela positividade, quando vivenciamos mais emoções positivas que negativas.

Na teoria sobre a positividade, Fredrickson (2009) apresenta **dez formas de positividade: alegria, gratidão, serenidade, interesse, esperança, orgulho, diversão, inspiração, admiração e amor.** (FREDRICKSON, 2009)

É importante destacar que é bastante relevante a teoria **Ampliar-e--Construir** de Fredrickson para o campo da Psicologia Positiva, podendo afirmar que se trata de uma concepção de imensa contribuição para desdobramento de novos estudos, conceitos, pesquisas e teorias.

> ➢ **A Ciência da Felicidade**

Em 2007, a **Teoria da Ciência da Felicidade** foi divulgada ao público em geral pelo livro *A Ciência da Felicidade –* Como atingir a felicidade real e duradoura, de Sonja Lyubomirsky. Contudo essa concepção foi publicada com o artigo *Pursuing Happiness: The Architecture of Sustainable Change*, Sonja Lyubomirsky, Ken M. Sheldon e David Schkade (LYUBOMIRSKY *et al.*, 2005; LYUBOMIRSKY, 2008)

Na formatação desta Teoria da Ciência da Felicidade - já havendo algumas novas concepções sobre isso -, a felicidade está alicerçada, se assim podemos dizer, no que se chama de Solução dos 40%. Segundo os autores, as circunstâncias variam nossos níveis de felicidade em apenas 10% e o ponto decisivo, que se refere à nossa carga genética, definirá, num percentual de 50%, o quanto poderemos ser felizes ou não ao longo de nossas vidas. (LYUBOMIRSKY, 2008) Destacam os autores que se chegou à conclusão de que 40% de nossa felicidade está em nossas mãos, por meio da promoção de atividades intencionais que recaem em nosso comportamento, na nossa forma de agir e de pensar. (LYUBOMIRSKY, 2008)

Segundo Lyubomirsky (2008), dentre as ações intencionais identificadas nas pessoas felizes, estão as seguintes: Expressar gratidão; Cultivar o otimismo; Evitar cismar e fazer comparações sociais; Praticar gestos de cortesia; Cultivar as relações sociais; Desenvolver estratégias de superação de dificuldades; Aprender a perdoar; Aumentar a experiências de fluxo; Saborear as alegrias da vida; Comprometer-se com seus objetivos; Praticar a religião e a espiritualidade; e Cuidar do corpo e da alma.

O *"Positive-Activity Model"* (Modelo de Atividade Positiva), que tem como objetivo explicar como e porque realizar atividades positivas torna as pessoas mais felizes, é apresentado nesse artigo e se baseia em evidências teóricas e empíricas para descrever: uma visão global das características das atividades e das pessoas que tornam uma atividade positiva otimamente efetiva; e os mecanismos que fundamentam a melhoria do bem-estar das atividades positivas. Além disso, em que medida que qualquer característica de uma atividade positiva que gera sucesso depende da ligação entre a pessoa e as características da atividade, que representam ajuste pessoa-atividade. (LYUBOMIRSKY & LAYOUS, 2013) Acrescenta-se ainda que, por exemplo, a dosagem e variedade da atividade e a motivação e o esforço da pessoa influenciam o grau em que as atividades melhoram o bem-estar. Destaca-se ainda a identificação das condições em que as atividades positivas são mais eficazes e os processos pelos quais elas trabalham. (LYUBOMIRSKY & LAYOUS, 2013)

O *Positive-Activity Model,* apresentado em linhas gerais, já é parte de desdobramentos de estudos sobre a Solução 40%, com relação às ações intencionais que vêm sendo estudadas, empiricamente, em diversas pesquisas, que, com certeza, continuarão perpetuando inúmeros outros estudos.

> **Teoria Felicidade Autêntica**

Chega ao público em 2002 com a obra *Felicidade Autêntica - Usando a Psicologia Positiva para a Realização Permanente*, a teoria da Felicidade Autêntica, de autoria de Martin E. P. Seligman, o criador da Psicologia Positiva, como já vimos. Toda a investigação nessa teoria concentra-se na felicidade que é feita por meio de três elementos: Emoções Positivas; Engajamento *(flow)*; e Sentido. (SELIGMAN, 2002; SELIGMAN, 2011)

Como critérios para cada um dos três elementos, o autor destaca que escolhemos cada um por ele mesmo e esses podem ser definidos e devidamente medidos.

O **primeiro elemento**, a **emoção positiva**, representa o que sentimos: prazer, entusiasmo, êxtase, calor, conforto e sensações afins. Estão ligadas ao presente (prazeres físicos, prazeres maiores, como enlevo e conforto), ao passado (satisfação, contentamento, orgulho e serenidade) e ao futuro (otimismo, esperança, confiança e fé). Uma vida conduzida com êxito acerca desse elemento é o que Seligman chama de **"vida agradável"** *(pleasant life)*. (SELIGMAN, 2011)

O **segundo elemento, o engajamento**, está ligado a uma posição de entrega: entregar-se completamente sem se dar conta do tempo transcorrido, e ocorre quando se perde a consciência de si mesmo numa atividade envolvente. Destaca que, para esse engajamento, é essencial utilizarmos nossas forças pessoais[3]. As pessoas que vivem com esse objetivo, segundo o autor, têm o que chama de **"vida engajada"**[4] *(good life)*. (SELIGMAN, 2011)

O **terceiro elemento, o sentido**, significa que é essencial vivermos com sentido e propósito a fim de pertencer e servir a algo maior que nós mesmos, podendo ser vivenciado em algumas instituições criadas pela humanidade: a religião, o partido político, a família, movimento ecológico, entre outros. (SELIGMAN, 2011) Nesse sentido, Seligman (2009) define a **"vida significativa"** *(meaningful life)* como a "utilização das suas forças e virtudes pessoais a serviço de algo maior". (SELIGMAN, 2009, p. 384)

---
[3] Essa temática será abordada mais à frente nesta parte.
[4] Seligman (2009) também usa para este caso o termo "vida boa".

Na Teoria Felicidade Autêntica, o tema é a felicidade, o objetivo é aumentar a quantidade de felicidade na vida das pessoas e do planeta e o padrão de mensuração é a satisfação com a vida que é feita a partir de um relato subjetivo. (SELIGMAN, 2011)

Como nem tudo são flores, a obra, apesar do destaque que recebeu, também foi bombardeada por críticas.

Considerando o período entre 2002 e o ano de 2013, segundo Van Zyl (2013), foram produzidos mais de 7.600 artigos acadêmicos sobre a conceituação apresentada por Seligman na obra. Contudo destaca-se que muitas críticas foram feitas tanto por profissionais como por pesquisadores, apontando autores como Sheldon, Kashdan e Steger (2011) e Van Zyl e Rothmann (2012). São inúmeros artigos que relacionam as críticas e que abordam esse momento de transição até a teoria seguinte. Um exemplo é o artigo *Da Felicidade Autêntica ao Bem-estar: a Psicologia Positiva em Florescimento*, uma produção de estudiosos brasileiros e portugueses de Scorsolini-Comin, Fontaine, Koller e Santos, de 2013.

Depois de nove anos, Seligman reformula a Teoria Felicidade Autêntica e lança, em 2011, a Teoria do Bem-estar, a que você será apresentado a seguir.

➢ **Teoria do Bem-Estar**

Com a publicação do livro *Florescer* (*Flourish*) – Uma nova Compreensão sobre a Natureza da Felicidade e do Bem-Estar, a Teoria do Bem-Estar foi divulgada no ano de 2011, por Martin E. P. Seligman. Diferentemente da sua primeira teoria, na Teoria do Bem-Estar, o tema passou a ser o bem-estar e não mais a felicidade[5] (SELIGMAN, 2011) e esse é considerado um construto, sendo composto por diversos elementos, todos eles mensuráveis. Cada um desses elementos é real e contribui para o bem-estar, mas não o define. (SELIGMAN, 2011) O autor utiliza o acrônimo PERMA, formado pelas iniciais dos nomes dos cinco elementos que compõem a nova teoria:

---

[5] Ao longo desta obra, os termos felicidade e bem-estar serão descritos pelos autores, o que permitirá o entendimento sobre a diferença entre eles.

	Elementos da Teoria do Bem-Estar
P	Positive Emotion (Emoção Positiva)
E	Engagement (Engajamento)
R	Relationships (Relacionamentos)
M	Meaning (Significado)
A	Accomplishiment (Realização)

Adaptado do livro *Florescer* – Uma Nova Compreensão sobre a Natureza da Felicidade e do Bem-estar de Martin E. P. Seligman, de 2011

Segundo a Teoria do Bem-Estar, cada um dos elementos precisa apresentar as seguintes propriedades:

- Contribuição para a formação do bem-estar;
- Os indivíduos buscam pelo próprio elemento, e não apenas para obter algum dos outros quatro;
- É definido e mensurado independentemente dos outros. (SELIGMAN, 2011)

Para os elementos das emoções positivas, do engajamento e do sentido, Seligman (2011) não aponta diferenciações com relação ao que apresenta na Teoria Felicidade Autêntica, mas, logicamente, discorre sobre os dois novos elementos.

O quarto e novo elemento, a realização, consiste em perseguir o sucesso, a vitória, a conquista e o domínio por eles mesmos, ainda que não gere emoção positiva, sentido ou relacionamentos positivos. Seligman (2011) menciona o termo "vida realizadora" na forma ampliada da realização.

O quinto e novo elemento, os relacionamentos, refere-se ao fato de que as "outras pessoas são o melhor antídoto para os momentos ruins da vida e a fórmula mais confiável de bons momentos". (SELIGMAN, 2011, p. 31)

Na **Teoria de Bem-Estar,** o tema é o bem-estar, o objetivo é aumentar o florescimento humano pelo aumento das emoções positivas, do engajamento, do sentido, dos relacionamentos positivos e das realizações. E o padrão de mensuração é de cada um dos elementos separadamente. (SELIGMAN, 2011)

A obra em si e a teoria que apresenta acabaram não agradando a muitos leitores que esperavam uma obra semelhante à que apresentou a Teoria Felicidade Autêntica, a qual foi detalhada de forma mais ampla, mesmo tendo recebido crítica à época como já mencionado, mas que saciou os interessados quanto a entender seus elementos e objetivos. (GOODREADS, 2018)No discurso de alguns estudiosos, como Van Zyl (2013), a breve apresentação teórica nos três primeiros capítulos da obra fornece no máximo uma visão muito rasa de sua nova teoria e dos resultados previstos, e destaca que: "pouca evidência teórica e empírica é fornecida para comprovação da nova teoria proposta de bem-estar". Afirma que "*Florescer* é uma decepção como um manuscrito acadêmico e como um livro *pop* de psicologia", pois não traz contribuições para o corpo de conhecimento sobre o florescimento e também por não fornecer uma visão compreensível do conceito.

É importante destacar ao leitor que se depara com essas desconfortáveis "trocas de espinhos", inerentes ao campo acadêmico, que isso nada tem de ruim ou negativo. Pelo contrário, a construção do conhecimento se favorece e agradece, pois também dessa forma os estudos evoluem e os achados tornam-se cada vez mais apurados e válidos a generalizações aplicáveis a mais pessoas e contextos.

Sem terminar ou apenas começando…

Essas primeiras linhas sobre a Psicologia Positiva são apenas uma amostra do conhecimento básico que cerceia a ciência da felicidade, como também é chamada a Psicologia Positiva. É apenas uma porta de entrada a um universo extremamente rico de conceitos, pesquisas, teorias, intervenções, aplicações e práticas sobre os aspectos humanos positivos e o bem viver de forma ótima.

Que essa temática o apaixone, o cative, o conquiste e que promova o desejo de se juntar aos profissionais da Psicologia Positiva, como os dedicados autores desta obra!

Educação com Psicologia Positiva

Andréa Perez

De alguma maneira, o mundo, as pessoas, as instituições e os governos estão sintonizando-se, como nunca, com o papel essencial da Educação no curso da perpetuação da nossa existência para as próximas gerações. Na voz de Irna Bokova, que esteve à frente da Diretoria-Geral da Unesco de 2009 a 2017, isso fica bastante claro quando afirma: "Uma mudança fundamental é necessária na forma como pensar sobre o papel da educação no desenvolvimento global, porque tem um impacto catalisador no bem-estar dos indivíduos e do futuro do nosso planeta".

Por que não imaginar que a Psicologia Positiva pode contribuir como uma forma de instituir essa mudança na forma de pensar a Educação para o desenvolvimento global? Por que não utilizar todo esse manancial científico sobre o bem-estar humano de suas pesquisas, para mudar os rumos ao educar nossas crianças e jovens? Por que não disseminar de forma exponencial, começando por nossos lares, o incremento e potencialização das qualidades humanas positivas dos indivíduos em prol do desenvolvimento humano contínuo? Por que não se utilizar de práticas nos ambientes educacionais para promover o bem-estar?

A resposta a todas essas questões é SIM. Podemos, sim, usar a Psicologia Positiva aplicada à Educação para mudar o rumo da história, e, em muitos lugares no mundo, isso já está acontecendo, começando a trazer uma nova maneira de formar pessoas mais integradas a suas qualidades humanas, vivenciando vidas mais felizes e significativas e relacionando-se melhor com o outro e com si próprio.

Neste Volume 1 do *Educando Positivamente*, optei por delinear, conceitualmente, a Psicologia Positiva aplicada à Educação, como ela é concebida dentro de um contexto de urgência, quanto à importância de aumentar o bem-estar dos indivíduos, o que inclui crianças e jovens, e ainda um delineamento breve do que norteia a formatação de iniciativas de programas nessa área. Isso permitirá ao leitor ter as primeiras informações para o entendimento deste campo de aplicação que, atualmente, é inesgotável em termos de novos estudos e pesquisas. Torcemos para que isso não pare nunca!

O que é a Educação Positiva

Já apontamos na Introdução desta obra que a construção do projeto desta coleção baseou-se numa definição bem geral da Educação Positiva, como o uso da Psicologia Positiva na área da Educação, já que o desejo, aqui, é apontar inúmeras formas de aplicação em diversos contextos e idades. (OADES, ROBINSON, GREEN & SPENCE, 2011)Contudo, a maioria das definições aponta - assim como a maior parte dos dados sobre a Educação Global - para as crianças e os jovens nos contextos educacionais formais, até porque em outros segmentos também de Educação já são até usadas conceituações distintas, com desdobramentos, como no caso da: *Strengths-Based Pareting* (WATERS, 2017), da *Positive University* (OADES et al., 2013); *Strengths-Based Parenting* (RECKMEYER, 2016), *Well-Being Education* (BONNIWELL & RYAN), entre outros.

Segundo Ilona Boniwell (2013), a "Educação Positiva visa desenvolver habilidades de bem-estar, florescimento e funcionamento ótimo em crianças, adolescentes e estudantes, assim como em pais e instituições educacionais". (BONIWELL, 2013, p. 536 – tradução livre da autora) Aprecio muito essa definição, pois ela demonstra que é preciso dimensionar, de forma muito abrangente, o público que precisa ser atingido em iniciativas quando se fala de Educação, pois todos esses partícipes favorecem que os resultados sejam mais relevantes e positivos, como veremos.

Na voz de Adler (2017):

Educação Positiva apresenta um novo paradigma e enfatiza as emoções positivas, os traços de caráter positivos, o sentido e propósito de estudar, e a motivação personalizada para a promoção da aprendizagem, a fim de prover estudantes com ferramentas para uma vida realizada, dentro do ambiente acadêmico e além dele. (ADLER, 2017, p. 52)

Nessa afirmação, o leitor já pode perceber que, apesar da ênfase nos estudantes, o autor já traz os elementos contidos no desenvolvimento da Educação Positiva e não apenas uma conceituação mais geral, cabendo perceber que se incluem na definição elementos do florescimento humano, concebido por Seligman (2011) e as forças de caráter. (PETERSON & SELIGMAN, 2004)

Não podemos deixar de citar uma definição simples e que engloba de forma ajustada o campo da Educação formal com a Psicologia Positiva: a "Educação Positiva é definida como educação para ambas as habilidades tradicionais e para a felicidade" (SELIGMAN *et al.*, 2009, p.293) Essa definição deixa exata a condução da Educação Positiva, como aliando-se, favoravelmente, à educação formal e não querendo substituí-la apenas com o trato do bem-estar dos alunos. Muito, pelo contrário, alinha-se a essa tradicional, a fim de obterem-se melhores resultados para os alunos, escolas e sociedade, em contrapartida.

Mais uma definição que eu, particularmente, considero memorável é a que foi concebida no projeto da Geelong Grammar School, primeira iniciativa de *whole-school* com aplicação da Psicologia Positiva em toda a escola: "A Educação Positiva é a reunião da Psicologia Positiva com as melhores práticas de ensino, para encorajar e apoiar as escolas e indivíduos a florescer". (NORRISH, p. XXVIII; 19, 2015) O termo Educação Positiva foi cunhado no treinamento de nove semanas com cem professores em Geelong (NORRISH, 2015), devendo, por isso, a meu ver, ser considerado um marco, e ser avaliada a adequação do uso do termo Educação Positiva a tudo quando se fala em Educação. Particularmente, acabo sempre optando por usar e orientar a expressão Psicologia Positiva aplicada à Educação. *Whatever*! Preciosismos que acolho no trato das teorias e conceitos em meus projetos.

Independentemente da definição que o leitor escolha utilizar, é preciso destacar que, em se tratando de temática ligada à Psicologia Positiva, sua abordagem, necessariamente, precisa ser embasada em cientificidade, quanto a práticas com resultados verificados em evidências. Isso é expresso por Boniwell (2013) à medida que afirma que a "Educação Positiva é apoiada em princípios e métodos de validação empírica, o que a diferencia de outras iniciativas de autoajuda". (BONIWELL, 2013, 536)

Apresentadas essas conceituações, vamos refletir um pouco como é esse alinhamento entre a Psicologia Positiva e a Educação.

A Educação – uma das áreas da aplicação multidisciplinar da Psicologia Positiva

Como já vimos no Capítulo 2, a Psicologia Positiva pode ser aplicada em diversas áreas e com objetivos distintos, dependendo do foco e do campo do conhecimento em que esteja inserida.

Quando começamos a observar e a investigar como cada um desses inúmeros campos vem aplicando a Psicologia Positiva, o que observamos é uma reprodução, significativa, dos resultados das pesquisas do pilar das emoções positivas e do pilar dos aspectos positivos, uma vez que o pilar das instituições positivas acaba se constituindo com base substancial nos estudos dos dois outros que, inclusive, são os mais fortemente pesquisados ao longo da história da Psicologia Positiva. Por conta disso, a semelhança entre as aplicações em diferentes domínios chega a ser, espantosamente, simples e similar, mesmo em campos de atuação bastante distintos.

Na Educação, essa aplicação da mesma forma é e pode ser bastante simples, e nem por isso deixa de ser séria, científica e teórica, ou dispensa um profissional bem capacitação para a sua aplicação. Muito pelo contrário. Toda essa, digamos assim, aplicabilidade "confortável" necessita de alinhamento adequado aos temas, ao público, ao cenário e às propostas a serem desenvolvidas, para que não cometamos o erro de tornar o campo mais um segmento de autoajuda, no sentido de não ter embasamento criterioso de comprovação de resultados. Até porque, como já vimos no Capítulo 1, a Educação é um campo de seriedade imensa, e o cenário caótico da condição da Educação mundial requer responsabilidade e critério, não cabendo que percamos mais tempo com iniciativas que não venham a ter resultados produtivos. Por isso, todo cuidado é pouco.

Análises mostram que a Psicologia Positiva é aplicável à Educação. Pluskota (2014) aponta que "o objetivo da psicologia educacional é ajudar os jovens a encontrar autoestima, sentido da vida e ganhar autoconfiança". (p. 3) Considerando isso e o que propõe a Psicologia Positiva, há uma convergência significativa com o que os jovens precisam. A autora, ainda, aponta que existe a possibilidade de implementação da Psicologia Positiva em diversos contextos que coadunam com um conceito mais amplo de educação - o da aprendizagem ao longo da vida.

Iniciei o capítulo com algumas questões, e, nesse ponto, uso as perguntas de Alejandro Adler (2017) para dar prosseguimento a nossa temática: "Em que direção nós queremos transformar o indivíduo cognitivamente e emocionalmente durante o processo educacional?" ou "Qual é o propósito da Educação e qual pode ou deve ser a sua meta?" (p. 50)

Assim como Seligman (2011), Adler (2017) aponta que a Educação também precisa focar na melhoria do bem-estar das crianças e jovens, e não apenas na preocupação com o desenvolvimento intelectual individual, almejando prioritariamente o preparo para vidas produtivas, sem que sejam supridos com instrumentos que favoreçam uma vida saudável e com significado e propósito.

É necessário reconstruir o paradigma de que a Educação precisa apenas possibilitar que consigamos, na adultez, suprir nossas necessidades de dinheiro, sucesso e acúmulo de bens, sendo os jovens educados quase de forma automatizada para apenas buscar a melhor colocação nos Enems da vida, para, posteriormente, ter o melhor emprego, para ter, ter, ter.

Precisamos recuperar e intensificar o interesse de crianças e jovens, neste momento em que vivemos, sobre estar e desejar ir à escola. Diante de tantos atrativos que tiram a atenção dos jovens, o desejo de estar fora do ambiente educacional é imenso, ainda mais considerando todas as problemáticas que podem ocorrer nesses contextos, como o *bullying*, agressões, como destacado no Capítulo 2, e que se adicionam a regras escolares que geram um ambiente competitivo de estresse e angústia.

Numa pesquisa (SCHWARTZ *et al*., 2013), apontada por Adler (2017), a linguagem dos adolescentes em suas redes sociais quando falam sobre suas escolas, no Twitter e Facebook, demonstra o desagrado que os envolve, sendo os termos mais usuais: "chato", "estúpido" e "ódio".

Parece que a Educação acabou ficando parada no tempo, no sentido de compreender o que as pessoas buscam em suas vidas, o que realmente importa, o que é felicidade para elas. Em certo sentido, a Educação parece que, no que se refere ao que torna alguém pleno e feliz, parou na Era Industrial, em que a felicidade era concebida em bases materialistas, em conquistas de bens, diante de expectativas econômicas prospectadas, como apontam Snyder e Lopez (2009). A felicidade no século XXI, com uma concepção pós-Era Industrial, é interpretada como tendo valores pós-materialistas, merecendo valor e destaque o engajamento, a realização na vida dos indivíduos, e não somente o acúmulo de bens ou dinheiro. (SYNDER & LOPEZ, 2009)

Logicamente, o que se deseja não é eliminar esse preparo na Educação para o crescimento econômico. A proposta da Psicologia Positiva na área educacional é mesclar a construção dos indivíduos de forma a propiciar que vivam vidas produtivas e felizes com significado e propósito, já que não há como negar a necessidade de crescimento econômico em nível social de qualquer sociedade. Nesse sentido, o incremento de mecanismos educacionais que favoreçam a felicidade vem como algo a favorecer e não a ameaçar o desenvolvimento econômico. (ADLER, 2017; SELIGMAN, 2011)

À medida que são inúmeros os estudos que comprovam os benefícios de pessoas mais felizes, no nível individual, relacional, social, profissional, na saúde, que geram melhores resultados em aprendizado, *performance*, produtividade e muito mais, a economia será imensamente mais favorecida, quando as diretrizes escolares implementarem novas condutas junto a alunos professores e *staff*, com temas da Psicologia Positiva, sendo isso uma argumentação de estudiosos desse campo. (ADLER, 2017; SELIGMAN, 2011)

Como afirma Adler (2017):

Portanto, um sistema educacional que promove o bem-estar dos estudantes e de sua comunidade, enquanto promove ao mesmo tempo o progresso econômico tradicional, irá dar aos indivíduos as habilidades para usufruir vidas produtivas e realizadas. Essa é a base da Educação Positiva. (ADLER, 2017, p. 50, tradução livre da autora)

A Educação Positiva propõe que educar leve o indivíduo a uma realização geral que inatamente é desejada, independentemente de cultura ou época. Isso é possível uma vez que as pesquisas já mostraram que é possível e deve ser ensinado o bem-estar no campo da Educação, e mais importante, que as pessoas podem aprender a ser mais felizes, conhecendo e aplicando as práticas, ferramentas e intervenções disponíveis da Psicologia Positiva. (ADLER, 2017)

As pesquisas têm mostrado que uma boa escola deve encorajar o engajamento e a motivação dos estudantes sobre a aprendizagem. Alia-se a isso que o interesse pela Educação Positiva continua a crescer, em consonância com o crescente reconhecimento do papel importante das escolas na promoção do bem-estar, e a ligação entre bem-estar e sucesso acadêmico. (NORRISH *et al.*, 2013, p. 148)

O que temos visto acontecer é que o bem-estar se tornou uma agenda governamental em diversos países no mundo (BONIWELL & RYAN, 2012) e na educação global, como vimos Capítulo 2 desta obra. E a concentração de interesse sobre o bem-estar de alunos está ocorrendo, considerando o aumento significativo de casos de depressão que vem não apenas crescendo na infância e na adolescência, mas que tem diminuído a idade em que esses transtornos surgem.[1]

Vamos entender um pouco mais sobre o bem-estar de crianças e jovens?

O bem-estar das crianças e jovens com a Educação Positiva

Já apontei que esta obra não se limita à abordagem da Educação no segmento da infância e da adolescência, mas há de se concordar que essas

---
[1] Na parte 4 desta obra isso será apresentado com mais detalhes.

duas fases da Educação são emblemáticas e muito significativas, tanto na construção de uma base educacional, como sendo central de políticas e diretrizes na área. Considerando esse aspecto, vamos dedicar um pouco mais de detalhes a essas fases.

Adler (2017) aponta um *gap* significativo no que tange ao estudo sobre o bem-estar dos jovens, em comparação às diversas teorias e propostas que abordam esse construto em adultos, como o caso dos trabalhos de Ryff (1995), da Gallup (KAHNEMAN & DEATOON, 2010) ou mesmo de Seligman (2011) com a Teoria do Bem-Estar. Destaca que o foco na infância e na adolescência acabou se concentrando na área da psicopatologia e, no caso de bem-estar e progresso, suas medições quanto aos jovens são feitas em termos de notas e outras qualificações acadêmicas.

Como uma possibilidade de entendimento e definição do bem-estar de jovens e crianças, Kern[2], Benson, Steinberg e Steinberg, com o artigo, inicialmente manuscrito, The *EPOCH Measure of Adolescent Well-Being*, de 2014, desenvolvido na Robert Wood Johnson Foundation, maior instituição filantrópica voltada à saúde nos Estados Unidos (RWJF, 2018), apresentam uma abordagem que reflete os cinco elementos do PERMA, mas com outra caracterização, a qual chamam de *EPOCH Measure of Adolescent Well-being*.[3] Já tendo sido publicado pela American Psychology Association (APA), no artigo (KERN *et al.*, 2015), o EPOCH, literalmente, é um acrônimo, que inclui cinco características psicológicas positivas que podem promover o bem-estar, a saúde física e outros resultados positivos na adolescência: *Engagement* (engajamento), *Perseverance* (perseverança), *Optimism* (otimismo), *Connection to others* (conexão com outros) e *Happiness* (felicidade). Com essas características na juventude, os autores consideram que irá influenciar no PERMA na vida adulta. (KERN *et al.*, 2015)

Na construção de seu modelo teórico do EPOCH, os autores consideram o *Positive Youth Development* – PYD (Desenvolvimento Positivo de Jovens – DPJ), desenvolvido por Lener, Phelps, Forman & Bower em 2009,

---

[2] A título de curiosidade, a autora Margaret L. KERN é também desenvolvedora das avaliações PERMA Profiler e Workplace PERMA-Profiler.
[3] Pode ser feito o *download da medição do EPOCH gratuitamente em* Inglês desde que para uso sem fins lucrativos no caso de pesquisa ou para medição. Em caso de uso comercial os direitos são reservados à University of Pennsylvania Center for Technology Transfer.

no artigo *Positive Youth Development*, capítulo do *Handbook of Adolescent Psychology - Individual bases of adolescent development*, no qual é apresentada uma abordagem baseada em forças de desenvolvimento de processos, estratégias e sistemas que promovam uma avaliação do desenvolvimento positivo dos jovens, incluindo cinco aferições principais de ativos positivos, as quais chama de 5Cs: *competence* (competência), *confidence* (confiança), *character* (caráter), *caring* (cuidado) e *connection* (conexão). (KERN *et al.*, 2015)

Destacam a construção de sua proposta do EPOCH, considerando a perspectiva do DPJ e aglutinando com os elementos do PERMA de Seligman (2011) no que tange ao florescimento humano, como uma extensão aos adolescentes do PERMA. (KERN *et al.*, 2015) Para os autores, o EPOCH complementa o modelo e as medidas do DPJ, e apesar de haver uma sobreposição nos dois modelos, há algumas distinções significativas:

No artigo, os autores esperam que: "o engajamento do adolescente, perseverança, otimismo, conexão e a felicidade promoverão o PERMA, a saúde física e outros resultados positivos na idade adulta, e, portanto, são valiosos para medir e cultivar". (KERN *et al.*, 2015, p. 2, tradução livre da autora) Destacam ainda que não há muitos estudos que considerem especificamente os elementos do EPOCH como preditores de resultados positivos na vida adulta, ainda assim há estudos que dão suporte a seu valor. (KERN *et al.*, 2015) Outro ponto interessante que os autores destacam sobre a pesquisa que utilizou amostras, totalizando 4.480 adolescentes, é que, por mais que os 5Cs tenham uma natureza percebida como positiva, se forem utilizadas inadequadamente podem gerar resultados negativos.[4] (KERN *et al.*, 2015)

Como pode ser verificado, o tema do bem-estar é *sine qua non* quando se aborda a temática da Educação Positiva, assim como também acontece em outros domínios de aplicação da Psicologia Positiva. Só que apenas refletir sobre essa necessidade não leva a nada, se não forem concebidas ações que permitam a melhoria do bem-estar de crianças, jovens e pro-

---

[4] Isso é bem próximo às considerações relacionadas ao *overuse* e *underuse* das forças de caráter, as quais perdem a sua "denominação de forças", quando usadas de forma inadequada, apesar de sua concepção ser também de origem positiva quando com uso ideal em nossas vidas. (NIEMIEC, 2017)

fessores nesses contextos. Diante disso, vamos entender um pouco alguns aspectos que envolvem a construção de programas, práticas e estratégias na área da Educação com a Psicologia Positiva.

Concepção de Programas na Educação com Psicologia Positiva

Segundo Seligman e colegas (2009), podemos considerar os seguintes argumentos para termos programas de bem-estar nas escolas:

✓ Promovem habilidades e forças que são valorizadas pela maioria, e possivelmente por todos os pais;

✓ Produzem aperfeiçoamentos mensuráveis do bem-estar e do comportamento dos estudantes;

✓ Facilitam o engajamento dos estudantes no aprendizado e na realização.

Fora esses argumentos, é importante destacar que as escolas fornecem ambientes relativamente estáveis dentro dos quais podem ser incluídas intervenções para promover o bem-estar (BOND *et al.* 2007) e representam um cenário comum para crianças e adolescentes, facilitando assim as intervenções baseadas na promoção de bem-estar. (SHORT & TALLEY, 1997)Além de inúmeros aspectos comuns considerados essenciais em diversas escolas, como: ambiente seguro, visão clara dos propósitos da escola, metas claras para estudantes, ênfase no estudante como indivíduo, recompensas por bons resultados (PETERSON, 2006), satisfação com a escola, sensação de pertencimento (BRAND *et al.*, 2003), estudos mostram que são essenciais nove aspectos para se implementar programas efetivos para o bem-estar de estudantes, segundo Noble e McGrath (2013, p. 570-572):

> 1- Programas incorporados no currículo e na vida em geral da sala de aula e da escola, conectando família e comunidade (Whole-school programs);
>
> 2- Programas que são implantados pelos professores da escola e que se integram com a aprendizagem acadêmica são mais efetivos;

3- Os programas precisam ser aceitos pelos professores, pois tendem a dar melhores resultados;

4- Programas que são aplicados a todos os alunos e não a grupos "em risco" específicos;

5- Programas em longo prazo e até multianuais têm mais sucesso, produzindo benefícios que se mantêm ao longo dos níveis;

6- Programas de multiestratégias são mais eficientes que uma abordagem única, mesmo que altamente focada;

7- Programas efetivos incluem uma quantidade significativa de componentes de habilidades derivadas de abordagens cognitivo-comportamentais;

8- A efetividade é alcançada quando as crianças são primeiramente introduzidas ao programa logo no início da sua escolaridade;

9- O programa deve incorporar estratégias de ensino baseadas em evidências, além das estratégias baseadas em evidências psicológicas somente. (NOBLE & MCGRATH, 2013, p. 570-572)

No que tange à realização de possíveis programas voltados ao desenvolvimento do bem-estar, já são inúmeras as iniciativas existentes ao redor do mundo. Uma forma interessante de se pensar esse bem-estar no contexto escolar é não concentrar as iniciativas somente nos alunos, mas nos professores, nas escolas e nas famílias, como inclusive já vimos aqui mesmo neste capítulo.

No mundo, Adler (2017), referindo-se a uma publicação de 2013, aponta a existência de programas que incluem intervenções positivas ou incluindo Psicologia Positiva nos currículos nos seguintes países: Estados Unidos, Austrália, Índia, Nepal, Canadá, México, Reino Unido, Holanda, China e Butão. Apesar de não compor essa lista de 2013, o Brasil já conta com iniciativas em escolas com uso da Psicologia Positiva, que você poderá conhecer nesta Coleção, sendo apresentadas como *cases* em alguns capítulos.

Como programas e aplicações ícones já desenvolvidos com sucesso, a partir do uso de intervenções positivas na área educacional, caso seja do interesse do leitor se aprofundar nessas temáticas, merecem destaque:

- Penn Resiliency Program (PRP)
- Strath Haven Positive Psychology Curriculum (SHPPC)
- Geelong Grammar School
- Saint Peter's College (Adelaide)

Outros programas atuais como *Celebrating Strengths* (EADES, 2008) e *Strengths Gym* (PROCTOR & EADS, 2011) são estruturados de forma bastante instrucional, e trabalham com a interação nas atividades de alunos e professores já nesta dinâmica, de promoção do bem-estar de todos os envolvidos no processo educacional.

Na Parte 2 desta obra, veremos alguns estudos e práticas que apontam a importância dos professores e do seu bem-estar para que eles possam atuar de forma efetiva em sala de ala, inclusive para estar em condições de trabalhar no desenvolvimento de práticas voltadas ao favorecimento da melhoria do bem-estar dos alunos.

Finalizando o entendimento sobre a Educação Positiva

Como vimos, o campo da Educação Positiva vem sendo construído com uma preocupação significativa quanto ao aumento do bem-estar de crianças e jovens e, logicamente, não podemos nos esquecer dos professores, pais, *staff* e todos os envolvidos em qualquer segmento educacional.

Como indicado, reservaríamos mais atenção, nesta parte conceitual, ao trato da educação formal quanto à aplicação da Psicologia Positiva no contexto da Educação. Mas, na obra, você encontrará temas que vão desde a educação infantil até as Universidades da Terceira Idade, a construção da educação para a carreira, a Andragogia, Ferramentas e Práticas Educacionais e muito mais.

Para finalizar o capítulo, queria destacar que aprecio imensamente sempre o idealismo, o critério e a esperança de pesquisados em todas as áreas do conhecimento, e aqui isso não seria diferente. Por isso, para terminar, apresento mais uma reflexão de Ilona Boniwell:

Com governos ao redor do mundo tendo um interesse ativo no bem-
-estar, assim como a disponibilidade de pesquisa e ciência da Psicologia
Positiva e uma multidão de iniciativas, a educação da felicidade é um
conjunto para um futuro positivo. (BONIWELL, 2013, p. 538)

Parte 2
Instituições Educacionais Positivas

Andréa Perez

Nesta parte da obra do Volume 1 da Coleção Educando Positivamente, o leitor terá acesso a iniciativas que se concentram no pilar das instituições positivas, do estudo da Psicologia Positiva, com foco naquelas que realizam trabalhos na área de Educação, que já estão reservando-se à estruturação mais organizada desse segmento.

Como já apontei que meu desejo com esta obra também é o didático, nesta parte de abertura separei algumas informações relevantes ao leitor que desconhece esse novo campo, cujo crescimento global é rápido e dignificante, sobre o qual precisamos estar atentos, com muita responsabilidade, ética e honestidade.

Chamo atenção sobre isso, pois tudo que começa a crescer muito, a ter investimentos vultosos, a ser identificado como uma oportunidade empreendedora requer uma enorme preocupação com os rumos e condutas a serem instituídas, e, principalmente, sobre quem se propõe a conduzir novos processos nesta área da Educação com a Psicologia Positiva. Isso é muito sério!

Precisamos estar atentos e antenados sobre a forma que essa possibilidade de novos rumos educacionais com a Psicologia Positiva pode tomar, não apenas aqui no Brasil, mas em todo o mundo. Como sabemos, o campo da Educação é conduzido, a exemplo de muitos outros, por políticas e diretrizes, na maioria governamentais, seja no âmbito mundial, federal, estadual ou municipal, as quais acabam tendo de ser cumpridas quando institucionalizadas. Isso gera implementações em larga escala, com envolvimento de milhares de instituições e de profissionais, o que acaba gerando inúmeras contratações de prestações de serviços, formação de equipes de trabalho, investimentos subsidiados ou da iniciativa privada que apoie, e organização de insumos que façam com que novas propostas sejam colocadas em prática, apenas para citar alguns pontos. Isso envolve uma máquina grandiosa de oportunidades, que devem ser sociais e não de interesses e favorecimentos pessoais.

Como a Psicologia Positiva é um campo novo e cujo crescimento e disseminação no Brasil, apesar de terem melhorado, ainda são embrionários, precisamos focar na capacitação séria, embasada e responsável de profissionais, não apenas os que venham a atuar nas ações de implementação na ponta dos processos, na entrega final dos serviços; mas, principalmente, e resguardando toda a atenção, para aqueles que serão os idealizadores, os influenciadores, os politicamente envolvidos, os planejadores e desenvolvedores de projetos, legislações, instruções, diretrizes sobre os rumos da aplicação da Psicologia Positiva na Educação, principalmente em nível nacional.

Precisamos, logicamente, aprender com propostas mundiais que já deram certo, com projetos cujos resultados têm demonstrado resultados ao longo dos anos em outros países, mas é preciso estar atento sobre como aplicar tudo isso no Brasil, já que sabemos que espelhamentos *ipsis litteris* de *frameworks* preconcebidos, muitas vezes, podem culminar em inadequações em sua aplicação, ainda mais com temas de grande subjetividade como os da Psicologia Positiva, os quais são influenciados por questões culturais, regionais, sociais e econômicas. Projetos internacionais prontos e fechados para aplicação no Brasil podem ser fadados ao insucesso e, ainda, podemos perder a condução dessa nova Educação, perdendo nossa autonomia, se não estivermos atentos. Customizar ou criar nossas ações pode ser um caminho que venha a dar mais certo.

Fora isso, é preciso estar atento aos partícipes da construção das bases de novas diretrizes que venham a ser implantadas, diante dos quadros que temos vivenciado no Brasil no campo político, nos últimos tempos, minado de inúmeras improbidades, corrupção, desonestidade e regalias.

É preciso que, juntos, estejamos alertas para que essa nova possibilidade de melhoria educacional com Psicologia Positiva não se transforme num engodo, favorecendo minorias interessadas em ganhos pessoais, fugindo ao atendimento da população de alunos que necessita, com urgência, de uma Educação de maior qualidade e voltada à construção de uma sociedade mais bem formada e consciente sobre o que deseja em sua vida.

A complexidade para que sejam instituídos novos caminhos com a Educação Positiva num país ou no mundo é bastante grande e séria, quando migramos para essa condução por meio de instituições positivas. São inúmeras as etapas e condicionantes que precisam ser consideradas, desde novas pesquisas adequadas à população a ser atendida até as políticas a serem implantadas.

Em sintonia com essas reflexões, o relatório *The State of Positive Education* de 2017 do World Government Summit, em cooperação com a International Positive Education Networking (IPEN), editado por sua diretora, Emily E. Larson, clama por:

- aumento da conscientização no nível político sobre como os governos podem apoiar a educação positiva;

- mais pesquisas e financiamento sobre o impacto e a sustentabilidade de intervenções educacionais positivas;

- mais aplicações em escolas de todos os níveis e abordagens baseadas em pesquisa para a educação positiva;

- colaboração de universidades, instituições, governos e pessoas no sentido de encontrar o que funciona bem em políticas, pesquisas e implementação educacionais. (WGS, 2017, p. 1, tradução livre da autora).

Como podem verificar, não se trata de um grito uníssono o que abordo aqui. Vamos ficar atentos? Vamos juntos pesquisar, estudar e prestar atenção para o que será feito com a Educação Positiva no Brasil?

São muitos os profissionais sérios e comprometidos que já lidam nesta área de forma favorecedora, dedicada e honesta. As universidades no Brasil, na maioria federais, como a UFRGS, UFSC, USP, UFRJ, entre outras, estão conduzindo estudos com resultados positivos no campo da Educação com a Psicologia Positiva e é desses profissionais que precisamos para conduzir o novo paradigma na Educação no Brasil. Fique ligado, você que começa nesta área agora, pois nós já estamos.

Vamos conhecer algumas entidades no mundo que estão conduzindo suas iniciativas de forma séria e que podem servir de exemplos e *benchmarking* para a implantação no Brasil da Educação Positiva, em termos de cooperação mútua entre profissionais e instituições, engajamento na proposta de desenvolver o bem-estar na Educação, normatização que promova iniciativas com diretrizes claras e transparentes, organização de ações existentes já em andamento, promoção e disseminação da importância dessa mudança de paradigma e treinamento de profissionais, para atuarem nos diversos estágios de uma aplicação mais ampla da Educação com Psicologia Positiva.

Instituições de Educação Positiva

- **International Positive Education Networking - IPEN**

Vamos começar pela instituição International Positive Education Netwoking - IPEN (Rede Internacional de Educação Positiva). A IPEN tem como objetivo, conforme seu site: "reunir professores, pais, acadêmicos, estudantes, escolas, faculdades, universidades, instituições de caridade, empresas e governos para promover a educação positiva" (IPEN, 2018a). Acrescentam que seus objetivos "são apoiar a colaboração, mudar a prática educacional e reformar a política do governo".Criada muito recentemente, em 2014, em um encontro entre Martin Seligman e Lord James O'Shaughnessy, subsecretário de Estado Parlamentar da Saúde do Reino Unido, juntamente com mais 16 líderes mundiais em Psicologia Positiva e Educação, chegaram a dois pontos comuns.

O primeiro de que, nas iniciativas em diversos países, todas contemplavam um DNA comum, utilizando abordagens com a Educação Positiva, pautadas nas forças de caráter e no bem-estar – o que acabou por constituir o Modelo de Dupla Hélice da Educação Positiva promovida pelo IPEN.

E, em segundo, ficou claro que não havia uma única instituição que reunisse tudo sobre a Educação Positiva, apesar das inúmeras iniciativas existentes, e assim surgiu a IPEN, tendo como visão:

> "Criar uma sociedade em florescimento em que todos possam realizar seu potencial e alcançar o sucesso e o bem-estar. Toda instituição na sociedade tem a obrigação moral de promover o florescimento humano, e não mais do que os responsáveis pela educação dos jovens - famílias, escolas e faculdades." (IPEN, 2018)

Para atender a essa visão, a IPEN instituiu como sua missão objetivar que a Educação Positiva equipe os jovens com conhecimento e habilidade para a vida para florescer e contribuir para o florescimento dos outros. (IPEN, 2018)

- **Melbourne Graduate School of Education Centre for Positive Psychology**

Outra entidade que inclui a Educação como foco de suas temáticas é o Centre for Positive Psychology Vision (Centro de Visão da Psicologia Positiva), da Universidade de Melbourne, que tem como objetivo: "promover o bem-estar dos jovens através da aplicação da Psicologia Positiva em ambientes-chave de aprendizagem". Suas pesquisas e ações para alcance desse objetivo visam: contribuir para o florescimento dos indivíduos, capacitar jovens para que se tornem agentes de mudança positiva em sua comunidade e influenciar fortemente as práticas, sistemas e políticas de educação. (CPP, 2018a)

É uma entidade ativa no campo e contribui para liderar a pesquisa com uma abordagem facetada de pesquisa acadêmica, *workshops* e ferramentas, com a proposta de levar a uma maior compreensão e estrutura mais forte para a Psicologia Positiva. (CPP, 2018b. Concentra as suas atividades em pesquisas e consultorias; supervisão de alunos pós-graduados; ensino e publicações e recursos. Uma entidade que conta com um *Master of Applied Positive Psychology* e uma *Professional Certificate in Education (Positive Education)*, além de um *Professional Certificate in Positive Psychology*. (CPP, 2018a)

■ **Positive Education Schools Association - PESA**

A Positive Education Schools Association – PESA é

> uma associação australiana de Educação Positiva de escolas, universidades, educadores, pais, pesquisadores, instituições de caridade e outros membros da comunidade que compartilham interesse em uma abordagem baseada em evidências para o bem-estar e um compromisso de apoiar nossas escolas, estudantes e a comunidade em geral florescer. (PESA, 2018a)

Sediada na Austrália, tem como foco o contexto nacional, mas também aceita membros internacionais, tendo como visão que "a ciência do bem-estar e a Psicologia Positiva sejam integradas em todo o sistema educacional, permitindo que todos os estudantes, escolas e comunidades floresçam". (PESA, 2018a; PESA, 2018b)

Já com mais de 1.800 membros (sou uma deles), entre educadores, pais, pesquisadores de escolas, universidades, e membros de instituições beneficentes e outras, empenha-se em contribuir para uma sociedade próspera, na qual o potencial máximo possa ser realizado e seja alcançado o sucesso pessoal e o bem-estar, acreditando que toda instituição numa sociedade tem a obrigação moral de promover o florescimento humano - e não mais do que os responsáveis por educar os jovens, nossas escolas. (PESA, 2018a)

Para atingir sua proposta, tem como missão "Liderar, promover e fomentar a implementação e o desenvolvimento da Educação Positiva", considerando que cada pessoa pode ser um agente vital para a mudança, e acreditando que as fundações que agora estamos depositando no campo do bem-estar trarão enormes benefícios à medida que os estudantes de hoje se tornarem os pais, empregadores, educadores, políticos e líderes de amanhã.

Lançada formalmente na 4ª Conferência Australiana de Psicologia Positiva e Bem-Estar, realizada em 8 de fevereiro de 2014 na Universidade de Melbourne, tem como embaixadora do PESA Lea Water, estudiosa reconhecida mundialmente por suas pesquisas, estudos e trabalhos em Educação com Psicologia Positiva e como prioridades estratégicas e iniciativas-chaves a PESA tem 12 metas, no que se refere a promover e engajar de uma abordagem da Educação Positiva, equipar educadores com recursos nessa área e facilitar a colaboração. (PESA, 2018c; PESA, 2018d, PESA 2018e)

Concluindo para prosseguir

Como deve ter ficado claro ao leitor, ao conhecer essas poucas, mas reconhecidas, instituições que atuam com a organização e disseminação da Educação Positiva, é que deve ser reservado extremo profissionalismo e seriedade à construção organizacional estratégica de uma entidade que se propõe a orientar, conduzir, fomentar e organizar um novo campo.

Com toda certeza, a mobilização apaixonada de muitos idealistas é a força motriz que se origina no desejo de produzir ações que favoreçam crianças e jovens com a melhoria de sua Educação. Sem isso também, não há como chegarmos muito longe.

Outro ponto relevante é contar com o apoio de estudiosos e profissionais já com uma história reconhecida, ou mesmo personalidades importantes, o que favorece, imensamente, a captação de recursos, a credibilidade e a seriedade de novas ações institucionais que se proponham a elaborar normas e diretrizes neste domínio.

Que nosso futuro aqui no Brasil com a Educação Positiva seja estruturado com instituições sérias, comprometidas, honestas e conduzidas por quem carrega dentro de si a certeza de que a Psicologia Positiva pode fazer muito bem a toda a sociedade, pela Educação!

Aproveitem a leitura dos *cases* a seguir.

4

A implementação dos conceitos da Escolarização Positiva no Colégio Eduardo Guimarães – RJ

Maria Aparecida Mussi

É emergencial uma guinada qualitativa na educação de nossas crianças e adolescentes. Nos dias atuais, a corrupção ronda nossas casas, a insegurança invade nossa juventude, o cenário nacional e mundial assemelha-se, inúmeras vezes, ao da barbárie!

Completamente exposto às intempéries de uma sociedade à deriva, o sistema de ensino desenha, redesenha, ajusta e reajusta, mas não impetra os ingredientes básicos da Educação: valores, ética, respeito, bem-estar, qualidade de vida, felicidade. E assim, ano após ano, fracasso após fracasso, a Educação vai se frustrando no seu objetivo máximo de formação humana, sendo empurrada a cumprir expectativas de uma sociedade que, sem perceber, perdeu-se no consumo ilimitado, na competição descabida e no prazer a qualquer preço.

Por pertencer ao Programa de Escolas Associadas da Unesco, entendedor de sua influência na Cultura da Paz, o Colégio Eduardo Guimarães tem como objetivo sensibilizar a comunidade escolar de que as mudanças de atitudes no nosso dia a dia devem começar localmente, a fim de alcançar um nível global.

Contamos para tal com os conceitos da Escolarização Positiva, que vem permeando nosso trabalho. Embora a Positiva ainda esteja surgindo vagarosamente, e, certamente, com dificuldades para desbancar a corrida desenfreada para o vestibular, acreditamos ser uma abordagem poderosa de resgate do mais genuíno que podemos encontrar em nós mesmos - os valores humanitários, que possibilitarão uma convivência mais harmoniosa e um mundo mais feliz.

Psicologia Positiva, a base para uma Escolarização Positiva

A Psicologia Positiva é um novo ramo da Psicologia que busca, por meio de sua teoria e prática, o direcionamento de uma abordagem preocupada com as qualidades e virtudes humanas, com o bem-estar, com a felicidade e com uma vida plena de sentido. Isso enche nossos corações de esperança e otimismo, nos oportunizando uma mudança significativa nos rumos da Educação. Acreditamos que essa abordagem permite que diferenças socioindividuais entre educandos, no ponto de partida, se transformem em semelhanças no ponto de chegada, acreditando no investimento e enriquecimento do lado mais saudável de cada um, bem como das instituições nas quais esses educandos estão inseridos.

Sendo assim, devemos entender a escola como peça central na disseminação dos fundamentos da Psicologia Positiva.

Escolarização Positiva

Na abordagem apresentada no livro *Psicologia Positiva* – Uma abordagem científica e prática das qualidades humanas (2009), Snyder e Lopez ressaltam, sobre a Escolarização Positiva, seis componentes, a saber: a) cuidado, confiança e respeito pela diversidade; b) objetivos (conteúdos); c) planos; d) motivação; e) esperança; f) contribuições da sociedade. Para tal, o autor oferece uma representação visual de um prédio, com as lições que são comuns na escolarização positiva, conforme explicado com suas próprias palavras:

> [...] o prédio onde funciona a escola da Psicologia Positiva construído em seis partes, desde as bases. Começamos com o alicerce, onde descrevemos a importância do cuidado, da confiança e da diversidade. A seguir, o primeiro e segundo andares de nossa escola positiva representam os objetivos de ensino, planejamento e motivação dos alunos. O terceiro andar detém a esperança, e o telhado representa as contribuições da sociedade e as compensações geradas pelos alunos egressos de nossa escola baseada na Psicologia Positiva. (SNYDER & LOPEZ, 2009, p. 347)

A Escolarização Positiva propicia o autoconhecimento do educando, favorece a definição de metas próprias e congruentes com seus valores, talentos, forças de caráter, motivações, emoções e pontos fortes, enfim, de suas qualidades. Nessa caminhada, o educando é levado à descoberta de uma vida com sentido e com propósito.

O estudo de caso: Escolarização Positiva no Colégio Eduardo Guimarães

Somando-se aos ensinamentos da Escolarização Positiva, os conceitos e as ferramentas desenvolvidas pela psicóloga Miriam Rodrigues orientaram nosso trabalho, por meio de seu programa em habilidades sociais, competências emocionais e forças pessoais, chamado Educação Emocional Positiva. Objetivamos com isso oportunizar aos nossos alunos "tornarem-se emocionalmente educados; conscientes de suas emoções, aptos a lidarem com as emoções perturbadoras, e capazes de terem interações pessoais mais saudáveis, além de conhecerem suas forças pessoais e as utilizarem a seu favor". (RODRIGUES, 2015a, p. 21)

Metodologia: Construção Etapa por Etapa

O projeto de Escolarização Positiva foi implementado durante o ano letivo de 2016. Nessa experiência, desenvolvemos um estudo de caso, envolvendo 25 professores, dez funcionários e 148 alunos, do Ensino Fundamental I ao Ensino Médio e Curso Profissionalizante para deficientes, entre seis e 55 anos.

O projeto foi desenvolvido em três etapas distintas, com duração de dois anos, tendo como intervalo as férias escolares. É importante dizer que essas etapas são cumulativas. Cada etapa não se esgota nela mesma, mas, sim, se alimenta e se nutre das anteriores, sempre presentes durante todo o processo.

1ª ETAPA: Sensibilização

Público-alvo: 25 professores e dez0 funcionários

Duração: dois meses –janeiro e fevereiro de 2015

Esse processo foi realizado em três momentos.

No primeiro momento, foram apresentadas aos professores e funcionários a Psicologia Positiva e as possíveis contribuições para a vida pessoal de cada um. Foram realizadas duas palestras: a primeira, com os conceitos da Psicologia Positiva; a segunda, reforçando as contribuições desses conceitos, e fazendo um *link* deles com a proposta de Educação para a Paz, que a escola já utilizava.

No segundo momento, foram indicadas leituras e debates realizados, procurando mostrar à equipe a necessidade e utilidade prática dos ensinamentos, demonstrando com atividades como desenvolver o trabalho de reconhecimento e administração das emoções aos alunos. Conforme Goleman e Senge (2015, p. 23-24), "nomear as emoções, com precisão, ajuda as crianças a terem mais clareza do que está acontecendo em seu íntimo – fator essencial tanto para tomar decisões lúcidas como para administrar emoções ao longo da vida. Deixar de compreender isso pode fazer a criança perder o rumo".

Para enriquecer o processo, o colégio trouxe a especialista Miriam Rodrigues para conversar com os professores acerca das forças pessoais, e como abordar com os alunos o tema, sugerindo atividades e fazendo reflexões com a equipe. De acordo com Rodrigues (2015a, p. 80), "ao integrar suas forças pessoais em todos os setores fundamentais da vida, é possível criar um amortecedor natural contra a infelicidade e as emoções negativas".

2ª ETAPA: Reflexão Contextualizada

Público-alvo: 25 professores

Duração: um mês - dezembro de 2015

Feita a sensibilização dos professores, a construção do Projeto Pedagógico do ano prosseguiu com a reflexão a respeito da aplicação das noções da Educação Emocional Positiva (RODRIGUES, 2015a) no currículo, e no convívio em sala de aula, bem como os seus reflexos no ambiente escolar na construção do conhecimento.

A diretora pedagógica procurou questionar o grupo de professores, ajudando-os a contextualizar as conclusões chegadas durante a sensibilização, e integrar os novos conhecimentos aos praticados há anos pela escola, nos Projetos Educação para a Paz e SOS-Valores e Ética, projetos voltados para a disseminação da paz no mundo. Foi constatado que muitos conceitos da Educação Emocional Positiva já eram praticados, mas ficou evidenciada a necessidade de sistematizar esses ensinamentos.

O objetivo da Reflexão Contextualizada foi fazer com que os professores compreendessem a importância do ambiente em sala de aula para o sucesso da construção do conhecimento e a responsabilidade de todos os integrantes da comunidade escolar, para criar um ambiente mais empático, de respeito, solidariedade, participação, liberdade e segurança, um ambiente inclusivo, de pertencimento.

Outro ponto que ganhou relevância foi quanto ao currículo obrigatório, que sofreu uma reorganização. Intercalar disciplinas da base comum a outras dedicadas ao desenvolvimento de habilidades socioemocionais, previstas na abordagem da Educação Emocional Positiva, e utilizar a interdisciplinaridade para conjugar os objetivos geraram uma diretriz consensual: elaborar os conteúdos disciplinares com a finalidade de desenvolver nos estudantes as habilidades de colaboração, comunicação assertiva, resolução de problemas, fomento ao pensamento crítico, ao senso de responsabilidade, ampliação do autoconhecimento e da criatividade.

3ª ETAPA: Implementação

Público-alvo: 25 professores e 148 alunos

Duração: três meses - de fevereiro a abril de 2016

Os professores encontraram, nos ensinamentos da Educação Emocional Positiva, um instrumento que os auxiliará nos percalços do cotidiano, ajudando-os a cumprir, com a parte que lhes cabe, a responsabilidade do ato de educar, implementando modificações em sua prática, abrindo portas para mudanças relativas ao enfrentamento das emoções, e não deixando que a sala de aula seja árida.

Baralho das Emoções

A primeira atividade desse processo para a implementação desse novo paradigma, que vem se tornando a Escolarização Positiva, foi apresentar o **Baralho das Emoções** (CAMINHA & CAMINHA, 2010) a cada uma das turmas da Escola.

Num primeiro momento, os alunos conheceram as seis emoções principais, a saber: ***Amor, Alegria, Raiva, Tristeza, Medo e Nojo***. Em *roda de conversa*, falou-se sobre cada uma dessas emoções. Os alunos manifestavam-se sobre os momentos em que se sentiam tristes, ou alegres, por quem sentiam amor ou raiva, e assim por diante, com as diversas emoções.

Num segundo momento, foram apresentadas outras emoções, quando os alunos iam dizendo de onde cada emoção se originava em relação às emoções principais. O que aconteceu de interessante nessa etapa, em uma das turmas, é que os ânimos ficaram mais inflamados. As crianças contavam situações particulares, "reclamando" de familiares, de frustrações vividas, e "culpando" as pessoas pelos sentimentos negativos vivenciados. Nesse caso, foram feitas as devidas colocações, para esclarecer quanto à responsabilidade de cada um em uma determinada situação.

Filme Divertida Mente

Com o intuito de oferecer mais uma linguagem para falar do mesmo tema, assistimos ao longa-metragem *Divertida Mente* (Pete Docter, 2015), cada turma separadamente. De imediato, as crianças perceberam que faltava o **Amor,** assim como estava no Baralho das Emoções. Conforme assistíamos ao filme, íamos parando para compreender cada acontecimento e tirando dúvidas.

O teatro como expressão das emoções

Em busca de mais uma linguagem para abordar o tema das emoções, seguimos trabalhando, nas aulas de teatro, as expressões faciais e movimentações corporais perante as emoções experienciadas. Esquetes foram criados para dar vazão à dinâmica das emoções.

Artes Plásticas como expressão das emoções

Nas aulas de Artes Plásticas, foram feitas as *"Mandalas das Emoções"*, além de desenhos, pinturas, trabalhos com argila etc., para expressão de sentimentos e comportamentos.

A música como expressão das emoções

Foram oferecidas em cada turma diversas músicas, que os alunos escutavam, com fones individuais, e expressavam as emoções suscitadas pelas canções, por meio de expressões corporais ou faciais.

Trabalhando a autoimagem

Foram criados porta-retratos onde cada educando confeccionou o seu retrato, além de registros escritos de como se viam. Depois, foi organizada uma exposição. Alguns alunos têm adequada consciência de como são. Outros se veem de maneira totalmente diferente de como se apresentam em relação às suas atitudes. Ficaram claras as distorções de autoimagem.

Trabalhando a heteroimagem

Quanto a como os outros os veem, apareceram percepções muito severas de como membros da família e amigos os enxergam. Percebeu-se também uma autodesvalorização dos seus pontos positivos. Em alguns, foi notada uma supervalorização de si mesmos, em uma visão significativamente distorcida da realidade. Foram solicitados trabalhos escritos e com desenhos, de como achavam que os outros os enxergavam.

Trabalhando a esperança, o otimismo e o alcance da felicidade

Esse trabalho aconteceu nas aulas de Ioga, com meditações dirigidas, e, ao término, relatos referentes aos temas. No tocante ao que esperam do futuro, surgiram sonhos altos, de conquistar riqueza, serem famosos, reconhecidos pelo público, como artistas ou atletas, vinculando o sucesso financeiro à felicidade, o que aponta para uma preocupação, e a certeza de muito trabalho pela frente.

Trabalhando as Forças Pessoais

Iniciou-se o trabalho com os professores e funcionários. Todos fizeram o questionário *VIA Survey*[1], para a identificação as forças de caráter Top 5.

Montou-se um mural com a foto de cada pessoa, seguida pelas suas forças de caráter, o que gerou um processo de "contaminação" e, quem ainda não tinha se manifestado, motivou-se a fazer o teste.

Uma vez o mural pronto, à vista de todos, muitos alunos começaram a perguntar o que era aquilo, se também iriam descobrir as suas forças.

Depois, realizamos o teste das Forças de Caráter, por meio do teste *VIA Youth Survey*[2] para crianças e adolescentes, ou por meio do Baralho das Forças Pessoais. (RODRIGUES, 2015b) A partir daqui, inicia-se o trabalho com os resultados dos testes das forças de caráter.

Primeiras impressões

No decorrer do projeto, foi percebido um entendimento maior dos alunos sobre seus sentimentos, sendo capazes de expor as suas ideias e justificativas, além de sentirem-se visivelmente mais à vontade para falarem de conteúdos pessoais.

A convivência entre eles também melhorou bastante. Os problemas de disciplina foram contornados com mais tranquilidade, colocando-se no lugar um do outro, valorizando assim os sentimentos de ambas as partes e desenvolvendo a empatia.

A comunicação entre os educandos está mais clara e objetiva, há mais diálogo, cooperação, maior aproximação e iniciativa em resolver problemas, com o objetivo de ajudar os colegas. Além disso, já conseguem resolver pequenos conflitos, sem tanta mediação dos professores.

---

1 Autoria nas Referências Bibliográficas
2 Autoria nas Referências Bibliográficas

Quanto ao relacionamento entre a equipe, ficou fácil observar o cuidado dos professores e funcionários em estarem vigilantes quanto ao seu próprio estado de humor, mantendo-se alertas para com seus pensamentos e comportamentos, procurando manter uma conduta congruente a uma atitude positiva.

Podemos concluir que a Escolarização Positiva cumpriu seu papel de alicerce de cuidado, confiança e respeito pela diversidade, pilar importante na filosofia do colégio, motivando os professores a desenvolverem objetivos específicos para cada aluno. Além disso, trabalhar com a Escolarização Positiva nos ajudou a continuar no caminho de promover a esperança e contribuir para a sociedade como um todo.

Andragogia Positiva

Carmen Silvia Neves Carvalho

Este artigo nasce de uma inquietante busca pela compreensão dos saberes educativos necessários a uma prática pedagógica significativa e positiva aos docentes que atuam no Ensino Superior.

A escolha dessa discussão se fortalece a partir do princípio de reflexão sobre como a aprendizagem se concretiza na proposta andragógica e como ela poderá contribuir para a docência universitária, valorizando o amplo e significativo desenvolvimento do educando e favorecendo sua autonomia, suas forças de caráter e emoções positivas.

Nesse sentido, uma questão profundamente complexa e relevante que não pode deixar de ser discutida é a formação pedagógica dos profissionais que atuam na docência universitária e as possibilidades de uma práxis positiva. Para Freire:

> Ensinar não é transferir conhecimentos, conteúdos, nem formar. É a ação pela qual um sujeito criador dá forma, estilo ou alma a um corpo indeciso e acomodado. Não há docência sem discência, as duas se explicam e seus sujeitos, apesar das diferenças que os conotam, não se reduzem à condição de objeto, um do outro. Quem ensina aprende ao ensinar, e quem aprende ensina ao aprender. (FREIRE, 1996, p.23)

Acredita-se que o professor deve ser um mediador do processo de ensinagem, para que o aluno seja o agente de seu próprio conhecimento e coautor da construção das aulas e dos processos cognoscitivos que dela fazem parte, o que possibilita que ambos tornem-se aprendizes e ensinantes ao mesmo tempo. (ANASTASIOU & PIMENTA, 2003)

Anastasiou e Pimenta (2003, p.15) conceituam ensinagem como:

> [...] uma prática social complexa efetivada entre os sujeitos, professor e aluno, englobando tanto a ação de ensinar quanto a de apreender, em um processo contratual, de parceria deliberada e consciente para o enfrentamento na construção do conhecimento escolar, decorrente de ações efetivadas na sala de aula e fora dela.

Não é mais possível pensar em uma educação que se restrinja à sala de aula em que o professor transmita por meio de aulas expositivas o conhecimento que possui e o educando apenas escute e aprenda o conteúdo. Corroborando com essa reflexão, Masetto (2010) apresenta a proposta das aulas vivas, em que as situações de aprendizagem sejam integradas com os fazeres dos educandos, tornando suas aprendizagens significativas.

Aprendizagem significativa é aquela que envolve o aluno como pessoa, como um todo (ideias, sentimentos, cultura, valores, sociedade, profissão). Ela se dá quando: o que se propõe para aprender se relaciona com o universo de conhecimento, experiências e vivências do aprendiz. (MASETTO, 2010, p. 34-35)

Pimenta e Anastasiou (2002, p. 37), ao se referirem à educação superior, discutem que:

> Na maioria das instituições de ensino superior, incluindo as universidades, embora seus professores possuam experiência significativa e mesmo anos de estudo em suas áreas específicas, predomina o despreparo e até um desconhecimento científico do que seja o processo de ensino e aprendizagem, pelo qual passam a ser responsáveis a partir do instante em que ingressam na sala de aula.

A simples transmissão, depósito de conteúdos pelo professor e recepção desses pelos alunos, conduz a um conhecimento abstrato, pouco prático e desvinculado da realidade e dos problemas sociais, ou seja, uma aprendizagem reprodutiva e bancária, conforme as reflexões de Freire (1996).

Diante desse cenário, pretendemos discutir a respeito dos pressupostos metodológicos propostos pela Andragogia e de que forma a Psicologia

Positiva pode auxiliar na construção de práticas pedagógicas significativas e que desenvolvam amplamente o discente. A tônica da discussão, aqui, envolve as necessidades que os adultos têm de serem vistos e respeitados em suas experiências e propõe a utilização de métodos que ofereçam ao discente a opção de direcionar suas experiências pedagógicas, reconhecer suas virtudes e forças de caráter (PETERSON & SELIGMAN, 2004) sempre vinculadas por emoções positivas, pois a aprendizagem do adulto deve ser recheada de significado para seu dia a dia e não somente a pura e simples retenção de conhecimento, numa proposta meramente conteudística.

Vale ressaltar que o homem é capaz de buscar novos conhecimentos por vontade própria e que, para além da retenção de teorias, é preciso, para o exercício profissional - foco do Ensino Superior -, a compreensão e aplicação dos saberes em atividades específicas do cotidiano. Assim, pensar uma aula para esse público-alvo envolve a reflexão de uma proposta que viabilize o desenvolvimento da aprendizagem repleto de sentido e que contribua para a formação de um cidadão autônomo e, se possível, feliz.

Quando pensamos nos pressupostos teóricos defendidos acima, notamos uma significativa proximidade com a base conceitual da Psicologia Positiva, como se ela, de alguma forma, estivesse no inconsciente de todos esses teóricos.

Neste artigo, proporemos as bases conceituais da "Andragogia Positiva", uma metodologia que favoreça as necessidades cognoscitivas, fundamentais à aprendizagem de adultos, aliadas à construção de qualidades positivas ou virtudes (PETERSON & SELIGMAN, 2004; SNYDER & LOPEZ, 2009), favorecendo assim a formação sistêmica dos sujeitos sociais envolvidos nesse processo.

Para Seligman (2011), o florescimento exige cultivo, limpeza das ervas daninhas e muita dedicação. Para uma Educação Positiva, precisamos ser mediadores de desenvolvimento pessoal, de conhecimento e reconhecimento de forças de caráter e de elementos que tornem a aventura da aprendizagem uma experiência de engajamento, relacionamentos positivos, realizações e emoções positivas na compreensão máxima do que é o sentido de todo esse caminhar.

Educação Positiva é definida como "educação para as habilidades tradicionais e para a felicidade", para o *site Authentic Happiness*, ou seja, tudo que buscamos apontar como prática possível e intrínseca à proposta andragógica, defendida por autores como Anastasiou e Alves (2004), Marcos Masetto (2010), Giraffa (2012), (2013) e tantos outros pesquisadores consagrados da Educação.

E assim, nessa busca de intersecção, é que refletiremos sobre a proposta andragógica para aprendizagens significativas e positivas.

Compreendendo conceitos

Andragogia significa ensino para adultos e dentro de suas concepções discute que os discentes, nessa etapa, são aprendizes repletos de vivências e, assim, é necessário valorizar o conhecimento que trazem de suas experiências sociais, da trajetória escolar e das relações de vida que construíram. Dessa forma, reflete sobre o direito do educando buscar desafios e soluções de problemas, que farão diferença em sua vida. Postula, ainda, sobre a necessidade de a realidade acadêmica favorecer a realização profissional e pessoal do aluno.

Osório (2003) refere-se à seguinte definição de Knowles para a Andragogia:

> A arte e a ciência destinada a auxiliar os adultos a aprender e a compreender o processo de aprendizagem. Assim, tenta compreender o adulto a partir de todos os componentes humanos, quer dizer, como um ser biológico e social (do grego: *andros* - adulto e *gogos* - educar). (KNOWLES apud OSÓRIO, 2003, p. 26)

Diante dessa perspectiva, na proposta Andragógica o aluno adulto aprende com seus próprios erros e acertos e tem consciência do que não sabe e, à medida que se torna maduro, percebe o quanto a falta de conhecimento o prejudica. Em seus pressupostos, salienta a necessidade de se compreender que, na educação dos adultos, o currículo deve ser estabelecido em conexão com a necessidade dos estudantes, pois são indivíduos independentes autodirecionados.

A partir dos conceitos acima, podemos compreender que, na Andragogia Positiva, auxiliamos os educandos a, por meio do reconhecimento de suas forças e virtudes, utilizar os conhecimentos acadêmicos e vivenciais, potencializando suas realizações e a clareza do sentido, o que gera maior nível de bem-estar, indiscutivelmente.

Cabe aqui a reflexão da possibilidade real de trabalharmos o desenvolvimento das virtudes humanas e dos princípios de bem-estar propostos de Psicologia Positiva conjuntamente ao currículo tradicional. Seligman (2011, p.91) considera que "as escolas poderiam ensinar tanto as habilidades do bem-estar quanto as da realização, e sem comprometer nenhuma das duas". Por concordar plenamente com o autor é que trazemos a nossa proposta.

Acreditando na prática *andragógica positiva,* ressaltamos alguns conceitos fundamentais.

Osório (2003) destaca os seguintes princípios como eixos de sustentação da Andragogia:

A aprendizagem dos adultos existe em função das suas necessidades, ou seja, o adulto se compromete com a aprendizagem quando conhece o motivo pelo qual deve aprender;

A aprendizagem dos adultos deve enfatizar e valorizar os processos e experiências individuais, considerando que adultos apresentam grandes diferenças individuais com relação à motivação, às necessidades etc.;

Os processos de orientação devem ser direcionados para a vida, para a solução de problemas, ao contrário da aprendizagem infantil e juvenil, que é mais relacionada à transmissão de informação e conceitos.

Isso quer dizer que os alunos adultos aprendem mais compartilhando conceitos que recebendo informações, uma vez que a participação e autoria nos processos de compreensão podem favorecer soluções de problemas inovadoras e criativas, e mudanças de atitudes. O aluno adulto aprende com seus próprios erros e acertos, com suas experiências.

Nessa ótica, é preponderante compreender o educando, valorizar suas experiências como autor de seus saberes e reconhecer as possibilidades de trocas entre professores e alunos. Ressalta-se, ainda, que os espaços educativos, em sala de aula e fora dela, deverão contribuir sempre para a construção da cidadania protagonista. Quando assim refletimos, não poderíamos dizer que estamos experimentando a busca de sentido, tão necessária para o bem-estar subjetivo?

Seligman (2011, p.28) explicita que sentido é "pertencer e servir a algo que se acredita ser maior que o eu". A Educação Superior, com a finalidade de preparar profissionais que atuarão no mercado, não pode mais preocupar-se apenas com os conteúdos conceituais. Os conteúdos procedimentais e atitudinais são inerentes ao papel da docência universitária.

Por uma prática andragógica positiva

Nas práticas pedagógicas andragógicas, o foco é o aluno. Propõe-se a independência e a autogestão da aprendizagem, para a aplicação prática na vida diária. Os alunos adultos estão preparados para iniciar uma ação de aprendizagem quando compreendem de que forma essa os auxiliará no enfrentamento dos problemas reais de sua vida pessoal e profissional. (RIBAS &CARVALHO, 2010)

O professor assume-se como um facilitador do processo de ensinagem e, em parceria com o aluno, transforma o conhecimento em uma ação recíproca de troca de experiências vivenciadas, constituindo assim uma aprendizagem colaborativa, em mão dupla. Nessa ótica, o docente também compreende, aplica em sua vida pessoal e compartilha com os educandos os princípios do bem-estar: as emoções positivas, o engajamento, os relacionamentos positivos, o sentido e a realização. (SELIGMAN, 2011)

Nesse processo, os discentes aprendem, compartilhando vivências e conceitos, e não somente recebendo informações a respeito das teorias, em uma perspectiva narrativa contínua, sem qualquer aplicabilidade ou contextualização, com a utilização dos saberes em suas ações sociais, profissionais, políticas e econômicas. (RIBAS & CARVALHO, 2010) Aprendem, também, conhecendo mais sobre si mesmos, seus sonhos, o sentido de sua caminhada, suas virtudes e a valorização de suas habilidades e das realizações advindas das experiências.

Mas como falar de desenvolvimento amplo sem falar do autodesenvolvimento? Sem pensar no que torna a vida mais aprazível, mais significativa, engajada e repleta de realizações e relacionamentos positivos? Cabe à Educação com aplicações da Psicologia Positiva esse espaço.

Mas como desenvolver essa prática significativa: Andragogia Positiva?

Vejamos as ideias difundidas, inicialmente, por Lindman e Chotguis (2005), em que explicitam que o modelo andragógico, e as intersecções refletidas nesse novo conceito, relacionando a Andragogia às propostas do PERMA, discutidos por Seligman (2011) e que agora trazemos com a terminologia de Andragogia Positiva:

Andragogia (LINDMAN E CHOTGUIS, 2005)	**Andragogia Positiva** (CARVALHO, 2018)
A Necessidade de Saber: os adultos têm necessidade de saber por que eles precisam aprender algo. É a clareza dos motivos da aprendizagem que definirá a energia que será dedicada à aprendizagem.	**A Necessidade de Saber:** os adultos têm condições de reconhecerem-se como protagonistas de seu processo de aprendizagem e o farão de modo muito mais significativo se conhecerem suas forças de caráter e virtudes, podendo, por meio delas, desenhar seu plano de estudos com maior assertividade e pertencimento.
Autoconceito do Aprendiz: acreditam serem responsáveis por suas decisões, por suas próprias vidas. Assim, há necessidade psicológica de serem vistos e respeitados como sendo capazes de escolher seu próprio caminho.	**Autoconceito do Aprendiz:** a afetividade é a matriz da cognição (CARVALHO, 2015), ou seja, quando há sensação de pertencimento, quando há emoções positivas envolvidas no processo, a aprendizagem ficará mais fácil.

O Papel das Experiências dos Aprendizes: os adultos chegam à sala de aula trazendo uma vasta experiência de vida e não há como deixar de perceber o quanto essas interferem em sua forma de olhar e compreender o mundo como um todo.	**O Papel das Experiências dos Aprendizes:** auxiliar nossos alunos adultos a descobrirem o sentido e o propósito de suas vidas é papel da Andragogia Positiva. Todos os alunos que chegam ao Ensino Superior trazem uma trajetória significativa de vida. Reconhecer o que querem construir de legado é ponto fundamental para a reinterpretação significativa do mundo, dos conhecimentos e de sua apropriação dos saberes.
Prontidão para Aprender: as aprendizagens são objetos de desejo dos adultos, desde que se valorize a utilização dessas na vida.	**Prontidão para Aprender:** as aprendizagens devem ser mobilizadas por emoções positivas e vivenciando experiências de *flow* (KAMEI, 2016) em que desafios e habilidades serão cada dia mais conscientes para os educandos.
Orientação para Aprendizagem: em contraste com a orientação centrada no conteúdo, própria da aprendizagem das crianças, os adultos são centrados na vida, nos problemas, nas tarefas, na sua orientação para aprendizagem.	**Orientação para Aprendizagem:** sendo os adultos focados na utilização dos conteúdos para a vida, quanto mais clareza eles desenvolverem sobre suas habilidades, virtudes e forças de caráter, muito maior propósito o estudo terá para eles.
Motivação: valorizam-se, na vida adulta, os agentes externos de motivação, como o desejo de crescente satisfação no trabalho, autoestima e a qualidade de vida. Esses deverão ser os agentes norteadores de uma prática pedagógica que envolva o adulto para as aprendizagens significativas.	**Motivação:** realização, ou seja, conquistas pessoais, conforme nos explicita Seligman (2011), faz toda a diferença na aprendizagem protagonista do educando. A clareza de que mesmo que existam dificuldades, noites mal dormidas, aglutinamento de papéis sociais durante o processo acadêmico, provas, atividades, aulas de campo etc., o que realmente valerá é o alcance de suas metas e propósito. O andragogo positivo deve auxiliar seu discente a fazer essa reflexão o tempo todo.

Como é possível observar, a metodologia andragógica positiva enfatiza a experiência do aluno e valoriza sua construção na qualidade de sujeito autônomo e autor, ao lado do amplo desenvolvimento de suas potencialidades humanas e da busca do bem-estar.

Assim, torna-se possível associar as ideias defendidas pela Andragogia e pela Psicologia Positiva quanto ao desenvolvimento pleno do educando e os fatores intrínsecos e extrínsecos que advêm do desenvolvimento das habilidades humanas e das virtudes. E, para além disso, propor a formação de um profissional que atuará com foco na saúde, na felicidade e em práticas sustentáveis para si e para a sociedade.

Para não concluir...

No desejo de conhecer as possíveis contribuições de uma prática pedagógica significativa, andragógica e positiva, constatou-se como eixo central da aprendizagem de adultos a questão do interesse dos alunos pelos objetos do conhecimento. Compreende-se que entre adultos não há tempo nem desejo de apreender aquilo que não se materializará no cotidiano. As aprendizagens precisam ser vivas, ou seja, capazes de fazer com que a visão de mundo dos discentes seja ampliada e ressignificada a cada nova vivência.

Com princípios de respeito às condições culturais do aprendiz, às vivências que traz de sua prática social, à motivação que o mobiliza para determinados saberes e caminhos é que se propõe uma prática pedagógica colaborativa e participativa, em que o discente assume-se como coautor das aulas e de sua aprendizagem, em parceria com o docente.

Também com práticas que contemplem o bem-estar, enfatizem as emoções positivas - visto que a afetividade é a matriz da cognição -, desenvolvam a clareza sobre as habilidades humanas, especialmente, a partir do trabalho das virtudes e das forças de caráter, é que se poderá, de fato, criar uma prática que contemple a formação global dos nossos alunos.

Nesta proposta da Andragogia Positiva, o professor é como um maestro, um estimulador da aprendizagem, um semeador de florescimento.

E, assim, precisamos nos flexibilizar às novas formas de olhar para os conceitos de aprendizagem, valorizando as que são significativas e terão o papel de auxiliar na formação de um sujeito social, repleto de possibilidades para seu desenvolvimento biopsicossocial.

Por fim,

> Eu cultivo rosas. Passo muito tempo limpando a vegetação rasteira e as ervas daninhas. As ervas daninhas prejudicam as rosas; são uma condição debilitante. Mas, se você quiser ter rosas, não basta roçar e arrancar as ervas daninhas. Você tem que fertilizar o solo, plantar uma boa roseira, regá-la e alimentá-la com nutrientes. Você tem que oferecer condições propícias para o florescimento. (SELIGMAN, 2011)

Vamos alimentar nossas práticas com novas possibilidades, novas intervenções! Vamos regar nossos alunos para que sejam capazes de valorizar as experiências positivas, viver relacionamentos positivos, engajar-se socialmente, ter uma vida com propósito, vivendo um sentido que exceda à própria existência humana e que sejam também capazes de se realizarem e serem auxiliadores no florescimento alheio!

Para tanto, floresçamos antes! Esse é nosso desafio!

Gratidão nas escolas: um possível caminho para ensinar a ser feliz!

Mariana David

Entre as primeiras palavras mágicas que ensinamos aos filhos, desde os primeiros anos de vida, está a palavra "obrigado", e esse ensinamento ganha força nos currículos escolares. E quais serão o verdadeiro significado, a extensão e a relevância de tal ensinamento nas diversas circunstâncias da vida? Quantos sentidos e significados a gratidão reserva tanto para quem agradece quanto para quem se sente reconhecido? A gratidão é uma virtude, uma atitude, uma escolha, uma disciplina, uma força de caráter ou uma emoção positiva? A gratidão pode ser um bom tema de ensino para as escolas e famílias? O que a ciência tem a dizer sobre isso? As perguntas movem a ciência e estas, especificamente, movimentarão o desenvolvimento deste capítulo.

"A ideia de que o cultivo e a expressão da gratidão sejam um alicerce essencial para uma vida feliz e virtuosa é encontrada em toda a história nas religiões do mundo e nas tradições espirituais." (GRANT & LEIGH, 2013, p.139) A gratidão é ensinada em todas as religiões, assim como se faz presente na sabedoria dos filósofos, sociólogos, psicólogos, e se expandiu também para o meio científico, quando passou a ser objeto de estudo entre renomados cientistas, como: Robert Emmons, Barbara Fredrickson, Sonja Lyubomirsky, Martin Seligman, Anthony Grant, Alison Leigh.

Este capítulo contará um pouco sobre o que a ciência tem revelado sobre a gratidão e sobre a relação existente entre ela e a construção da felicidade. Também compartilhará alguns instrumentos científicos propostos pela Psicologia Positiva, que têm sido aplicados com sucesso, para movimentar a gratidão nas salas de aula.

A gratidão e sua rica fonte de sentidos e significados

A palavra "gratidão vem do latim 'gratia', que significa literalmente graça, ou *gratus*, que se traduz como agradável. Significa reconhecimento agradável por tudo quanto se recebe ou lhe é reconhecido."[1] Ela é considerada uma graça entre os religiosos, "não apenas a maior das virtudes, mas a mãe de todas as outras" para o filósofo Cícero e "a memória moral da humanidade" para o sociólogo Georg Simmel. E como a gratidão é definida pela ciência? É uma emoção positiva (FREDRICKSON, 2009), uma força de caráter (PETERSON & SELIGMAN, 2004), é foco no momento presente, na valorização de sua vida tal como é hoje e o que a fez assim (LYUBOMIRSKY, 2008), é um estado de agradecimento e apreciação (GRANT & LEIGH, 2013). E para Emmons (2009), uma das maiores referências no assunto, gratidão é uma sensação percebida de maravilhamento, agradecimento e valorização da vida. Ele traz uma característica específica que a diferencia das demais emoções, que é o foco no outro e não em si mesmo:

Gratidão é reconhecimento e admissão. Em primeiro lugar, é admissão da bondade na própria vida. [...] Em segundo, é o reconhecimento de que a(s) fonte(s) dessa bondade está (ão), pelo menos em parte, fora de nós. O objeto de gratidão é o outro; você pode ser grato aos outros, a Deus, aos animais, mas nunca a si próprio. (EMMONS, 2009, p.15)

> O estudo da gratidão tem sido aprofundado pela Psicologia Positiva, movimento científico fundamentado por Martin Seligman, cuja meta é o florescimento pela valorização das emoções e relacionamentos positivos, pela busca de sentido e engajamento em atividades motivadoras alinhadas aos propósitos de vida. Ele destaca o que as pessoas têm de melhor, potencializando suas forças e virtudes, em prol do desenvolvimento saudável e pleno do ser.

Nesse movimento, a gratidão é vista como uma importante força de caráter, entre as 24 descritas por Seligman e Peterson, convictos de que: "as forças são traços morais e podem ser desenvolvidas. [...] Por meio da prática, da persistência, do ensinamento e dedicação, as forças podem se enraizar e florescer"[2].

---
1 Disponível em http: www.contioutra.com/diferenca-entre-obrigado-e-gratidao/acesso em 21/06/2017/
2 SELIGMAN & PETERSON, 2004

Considerando o ambiente educacional, a escola é considerada por Seligman como excelente meio para apoiar pessoas a descobrirem suas forças e ensiná-las a utilizarem-nas para seu crescimento pessoal, como podemos confirmar por essa citação:

> É chegada a hora de uma nova prosperidade; uma prosperidade que leve a sério o florescimento como alvo da educação e dos cuidados parentais. Aprender a valorizar e alcançar o bem-estar deve começar cedo, nos primeiros anos de escolarização, e é essa nova prosperidade, alimentada pela educação positiva, que o mundo pode agora escolher. (SELIGMAN (2011, p.111)

Ainda no campo da Educação, a gratidão é definida como uma emoção positiva para Fredrickson, outra reconhecida cientista, que estende seu significado para muito além do "obrigado" que é ensinado desde criança, como uma norma de etiqueta. Ela afirma: "É um sentimento verdadeiramente prazeroso, que mistura alegria e apreço sincero. Não é uma norma de etiqueta que ensinamos a nossos filhos". (FREDRICKSON, 2009, p.49)

Tais conclusões abrem um mundo de possibilidades para que a gratidão possa ser estimulada, ensinada, valorizada, e não há terreno mais fértil para seu florescimento do que as escolas. Isso porque a gratidão tem ampliado o campo de pesquisa das mais diversas áreas do conhecimento e os resultados têm levado a uma fonte inesgotável de benefícios para quem a pratica com frequência.

Os estudos de Emmons constataram que:

> As pessoas gratas possuem níveis mais elevados de emoções positivas como alegria, entusiasmo, amor, felicidade e otimismo e, com isso, os estudos revelam que se tornam mais criativas, prestativas, caridosas, autoconfiantes, têm mais autocontrole e capacidade de superação. (EMMONS, 2009, p.24)

Sonja Lyubomirsky descobriu que "as pessoas gratas com regularidade são relativamente mais felizes, energizadas e esperançosas, tendo relatado sentir emoções positivas com maior frequência"[3].

---
3 LYUBOMIRSKY, 2008, p.73

Como veicular a teoria para a prática escolar?

A aplicabilidade da teoria é o que traz sentido às pesquisas científicas, cuja meta maior é beneficiar o homem por meio da produção de novos conhecimentos que sejam relevantes e proporcionem melhoria na qualidade de vida. As intervenções propostas pela Psicologia Positiva podem ser utilizadas por quaisquer pessoas, comunidades ou instituições que desejem criar uma mudança positiva intencional em prol do bem-estar físico, social, emocional e espiritual.

Os melhores educadores para ensinar e trazer a gratidão para a prática cotidiana são os pais e professores, que, com a força de seus exemplos, podem ser propagadores da nobreza de reconhecer aquilo que se recebe, de agradecer e retribuir os benefícios recebidos. Família e escola educando juntas para a positividade, para uma vida mais aprazível, mais significativa, mais feliz. E, para que possamos ensinar algo, é preciso antes checar a eficácia da teoria em si mesmo, pois o conhecimento nos liberta, enquanto o que desconhecemos nos aprisiona em nossos próprios conceitos e mapas que criamos. E isso encontra validação em Seligman (2011), quando afirma que, antes de ensinar o bem-estar aos alunos, os docentes precisam estar devidamente treinados e aptos para essa aplicação em suas próprias vidas. E ele complementa que "a Psicologia Positiva é capaz de tornar as pessoas mais felizes e, portanto, a mesma deve ser lecionada, pesquisada e utilizada na prática". Seligman sugere:

O bem-estar deveria ser ensinado nas escolas, porque ele seria um antídoto à incidência galopante da depressão, um modo de aumentar a satisfação com a vida e um auxílio a uma melhor aprendizagem e a um pensamento mais criativo. (SELIGMAN, 2011, p.93-94)

Pensando sobre isso, uma instituição de ensino goiana, cujo público compreende crianças de um a dez anos, ciente dos benefícios da Educação Positiva[4], introduziu algumas práticas em seu cotidiano. E, entre uma prática e outra, a Escola vai construindo o caminho da gratidão e da felicidade, mantendo o frescor da estratégia da gratidão e variando suas aplicações, como bem orienta Lyubomirsky (2008). E o item a seguir discorrerá sobre as ferramentas que têm produzido bons resultados nessa escola.

---
4 Modelo educacional fundamentado nos conceitos da Psicologia Positiva, assim intitulado por Seligman (2011).

"O que correu bem?"
Um novo exercício para a educação

"Três bênçãos" ou "Three Good Things in Life"[5] é uma intervenção reconhecida pela Psicologia Positiva como um dos indicadores de bem-estar e consiste em escrever, ao final de todos os dias, ou três vezes por semana, três coisas que deram certo, e ao lado de cada evento positivo procurar responder à pergunta: "Por que isso aconteceu?" Seligman e sua equipe partiram do princípio de que pensamos mais nas coisas que dão errado do que nas que dão certo, e que, embora seja prudente analisarmos as falhas para aprendermos com elas e evitarmos a recorrência, essa tendência nos predispõe à ansiedade e à depressão, e uma das formas de evitar que isso aconteça é começar a pensar no que correu bem.

Como tudo que agrada ensina com maior eficácia, nada mais aprazível que imprimir ludicidade à técnica, oferecendo aos alunos, de três a dez anos, um presente com sabor de ciência, um diário para que pudessem registrar as "Três Bênçãos" do dia.

E como propor a alimentação de um diário para as crianças que ainda não se apropriaram do processo de escrita formal? Esse foi um dos desafios fundamentado na capacidade que as crianças têm de expressarem seus sentimentos por meio de suas múltiplas linguagens. Então, para a faixa etária entre três a seis anos foi oferecido o mesmo diário das demais crianças, porém com as devidas orientações de que os filhos ilustrariam as "três coisas mais legais do dia" e os pais escreveriam as legendas, além de motivarem e orientarem o uso dos diários.

Os pais foram orientados a fazerem seus próprios diários e dedicarem um momento em família para alimentarem os diários da gratidão. Dessa forma, pais e filhos, além de alcançarem os benefícios previstos pela ciência, também acrescentariam a força do exemplo à riqueza implícita da atenção dos pais, contribuindo, simultaneamente, para a valorização e elevação de outras emoções positivas, como: o interesse, a inspiração, a diversão, a alegria e o amor.

Outras intervenções foram propostas aos alunos, como a Visita da

---
5 SELIGMAN, STEEN, PARK & PETERSON, 2005

Gratidão, cujos benefícios para o bem-estar foram comprovados cientificamente. Foi pedido aos alunos que fechassem os olhos e relembrassem algo que alguém havia feito e que os deixaram felizes, e a quem gostariam de agradecer por isso. E que fosse alguém que pudessem encontrar, pessoalmente. Depois foram instruídos a escreverem uma carta expressando tal gratidão. Na versão científica, o remetente é orientado a entregar e ler a carta, pessoalmente, ao destinatário, que foi uma das maneiras adotadas pela escola, que, por sua vez, acrescentou mais dois tipos de entrega: os destinatários receberam um convite para irem à escola, desconhecendo o real motivo. E outra estratégia foi enviar vídeos das crianças lendo suas cartas, via aplicativo, para atender às demandas atuais e amenizar as queixas das pessoas sobre a execução da técnica, devido à falta de tempo e distância.

A Carta da Gratidão também se tornou um presente especial quando a escola preparou, juntamente com as famílias, uma homenagem especial para comemorar o Dia do Professor. O primeiro movimento veio da equipe diretiva, que escreveu cartas a cada professor, expressando gratidão pelo bom trabalho desenvolvido. Os alunos e pais também foram orientados a escreverem cartas da gratidão às professoras e que fossem entregá-las pessoalmente no dia previsto. E o resultado não poderia ter sido mais positivo e comovente para todos os envolvidos!

Para diversificar os meios de ensino da gratidão, os alunos foram estimulados a construírem uma Árvore da Gratidão coletiva, e a participarem de campanhas que foram desenvolvidas para inserir a comunidade escolar em ações "maiores que a si mesma", sendo uma delas o Dia da Gratidão nas Escolas, organizado pela Universidade de Birmingham e coordenado no Brasil pelo Instituto Brasileiro de Psicologia Positiva (IBRPP).

A educação plena sugere o aquecimento dos currículos por meio da inserção das emoções, dos sentimentos, desejos e necessidades dos alunos, assim como manter o olhar atento para cada ser único que chega equipado com suas forças de caráter, virtudes, inteligências, interesses, curiosidades, sonhos e até teorias, que tecem fundamentadas em sua própria sabedoria.

Considerações finais

O que as famílias e escolas desejam para seus filhos e educandos é que "sejam felizes" e o que não faltam são comprovações científicas de que a elevação dos níveis das emoções positivas, sendo a gratidão uma delas, pode contribuir para a conquista da "felicidade" ou "bem-estar subjetivo". Cientes de que as pessoas gratas são mais alegres, otimistas, criativas, autoconfiantes, resilientes, amorosas e que a elevação do nível de positividade dessas emoções constitui um dos possíveis caminhos para a felicidade, nada mais apropriado que ensinar às crianças recursos para desenvolver a gratidão nas escolas.

Em tempos de individualismo, ensinar a prática da gratidão significa ajudar o aluno a enxergar a importância do outro em sua vida e da sua importância na vida do outro, nutrindo relacionamentos mais positivos. E isso amplia o olhar para além de nós mesmos e para a importância do apoio social, do estabelecimento de vínculos para o bem-estar geral e da delicadeza humana ao nos desejar o melhor e oferecê-lo sem pedir recompensas.

A reciprocidade ativada nos atos de gratidão fortalece, ainda mais, as descobertas da ciência e nos levam à convicção de que EDUCAR POSITIVAMENTE contribui para o desenvolvimento integral e começar o ensino das emoções positivas pela infância significa cuidar e acompanhar desde o nascimento ao florescimento do SER, em contínua construção.

E, para encerrar, preciso revelar minha gratidão por ser uma psicóloga positiva, ser uma das agentes de mudança na educação, por estar espalhando os benefícios do bem-estar subjetivo entre crianças, famílias e educadores. Sou especialmente grata por ter sido convidada a escrever este capítulo, que poderá atingir positivamente outras pessoas e instituições, e assim, todos juntos, poderemos contribuir para o sucesso da meta PERMA[6] 51, quando se espera que 51% da população mundial atinja o florescimento. E todos juntos poderemos ser gratos, por não sermos apenas espectadores dessa virada, mas protagonistas de uma história, que certamente terá um final FELIZ!

---

[6] Sigla referente aos cinco elementos da teoria do bem-estar de Seligman, que é a combinação das palavras em Inglês: **Positive emotions** (emoções positivas); **Engagement** (engajamento); **Relationship** (relacionamento); **Meaning** (significado); **Accomplishment** (realização).

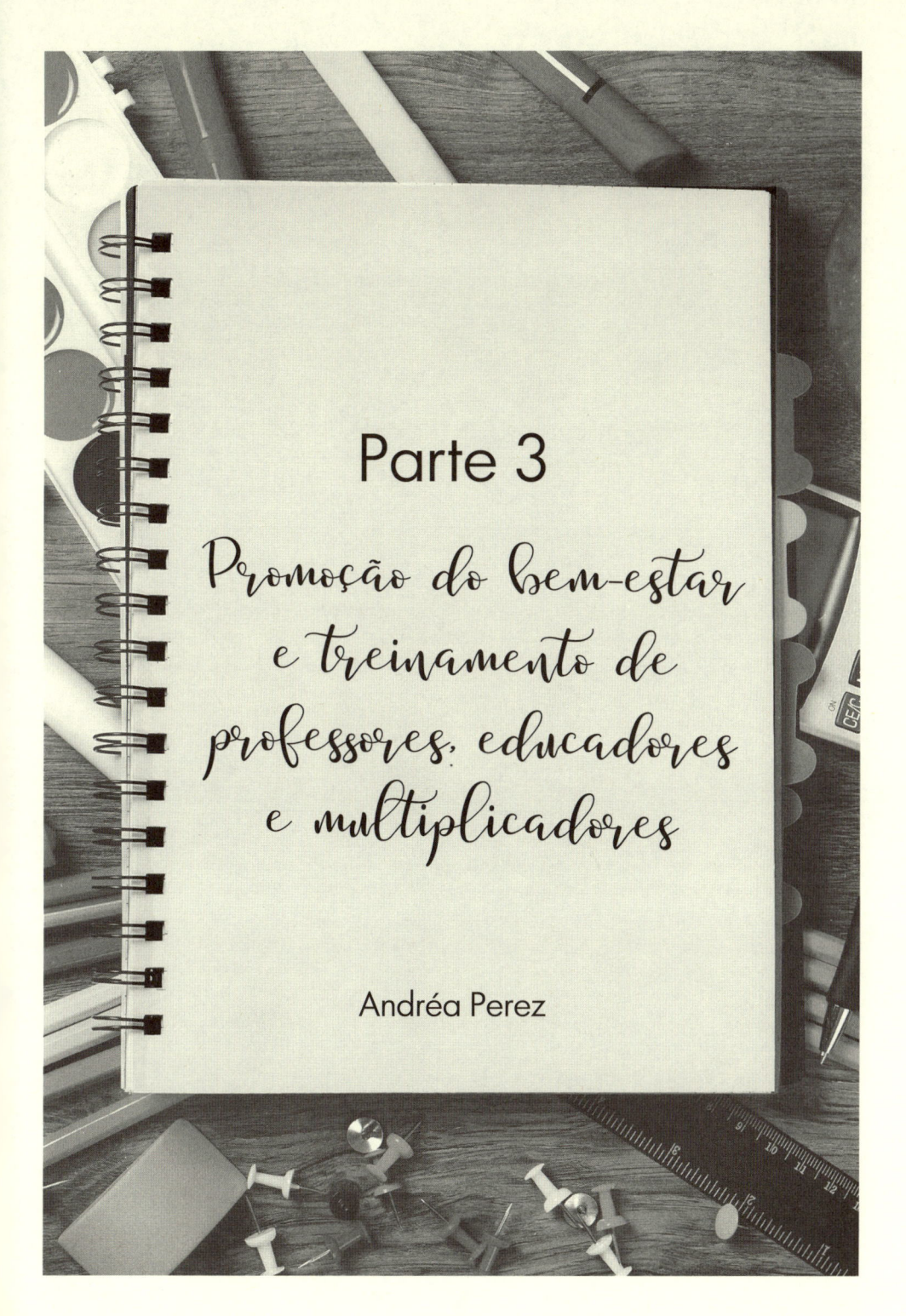

Parte 3

Promoção do bem-estar e treinamento de professores, educadores e multiplicadores

Andréa Perez

Definitivamente, é preciso reconhecer a peça-chave quando o assunto é Educação: o professor.

Todos nós sempre temos uma história para contar ou lembrar de algum professor que nos inspirou ou ainda inspira nossas vidas. Da mesma forma, só que na vertente negativa oposta, às vezes, o que vivenciamos com um professor pode também nos ferir e prejudicar por toda a vida, em função das repercussões que um professor não preparado técnica ou emocionalmente pode gerar a um aluno.

Diante da essencialidade da influência do professor no percurso educacional, muita atenção precisa ser reservada a esse protagonista da condução do conhecimento e da formação de crianças, jovens, adultos e até mesmo idosos.

Agora eu pergunto:

Quantas vezes você se preocupou com o bem-estar do seu professor ou do seu filho? Quantas vezes você genuinamente desejou saber se estava tudo bem em sua vida?

Geralmente, quando fazemos perguntas a um professor, queremos apenas indagar sobre nossos filhos, sobre nós, sobre a escola, mas nunca sobre a condição emocional e seu nível de felicidade. Mas, se algo não vai bem, corremos para apontar culpas sobre condutas inadequadas, sem nos preocuparmos sobre sua vida, seus problemas, suas angústias.

Sabemos como público, em geral, a quantas andam as condições de vida dos professores pelos noticiários, quando são apontados índices sobre baixos salários, duplas ou triplas jornadas, agressões em sala de aula por alunos, maus-tratos verbais ou físicos de pais de alunos, falta de atitude da direção da escola sobre problemas relatados pelos professores, ambiente precário em salas de aula, falta de materiais e equipamentos, e nessa hora o que pensamos é: "Como vai ficar meu filho? Como eu vou ficar?" Uma parte pode até se comover no momento, mas será que procura um professor para indagar como estão indo as coisas?

Um exemplo desses quadros, aos quais acabamos não nos atentando, talvez porque para a maioria esteja na posição de pais e não de professores. Numa pesquisa apontada por Adi Bloom (2017), realizada na Bath Spa University, no Reino Unido, com 9.700 professores primários e secundários e seus assistentes, revelou que um terço dos professores sofrem abusos dos pais, apesar de essa circunstância não ser o que os deixa estressados, mas sim as exigências do trabalho. Fora isso, o estudo revelou que 28,1% dos professores afirmaram que sofreram algum abuso negativo dos pais pelo menos uma vez por mês. Entre os maus-tratos estão mensagens *online* e confrontos nas próprias instalações da escola.

Sobre abusos em mídias sociais, Martin George (2017) aponta uma pesquisa realizada pela National Association of Schoolmasters/Union of Women Teachers (NASUWT), do Reino Unido, com 1.507 professores, segundo a qual 31% já foram "abusados" *online*, sendo que desse montante 60% dos abusos foram originados por alunos e 50% pelos pais. E o ainda mais constrangedor que a pesquisa aponta é que mesmo quando os abusos foram relatados nenhuma ação foi tomada em 45% dos caos, e, numa medida paliativa, 38% dos professores optaram por não usar mais as mídias sociais pessoais, na busca de se resguardarem.

Ainda sobre o tema, no Brasil também cresce a quantidade de abusos dessa forma a professores, o que vem gerando indenizações, inclusive judiciais, em julgamentos de Tribunais de Justiça. Segundo o professor Marcelo Andreatta (2018), "ofensas feitas por alunos ou pais direcionadas a professores devem prontamente receber respostas contundentes, eventualmente com o registro de ocorrência por calúnia, injúria ou difamação.

E segundo Snyder e Lopez (2009), quando os professores são ruins, além de prejudicarem a aprendizagem, podem deixar suas marcas; podem causar sofrimento e danos; profecias autorrealizáveis de fracasso na vida acadêmica e pessoal no futuro adulto de uma criança ou jovens. Será, então, que nossas perguntas sobre como deve estar o bem-estar dos professores também não seriam válidas, ao lado das que fazemos sobre nossos filhos, quando apontados os problemas com os professores?

Quando procuramos uma escola ou curso, também não nos preocupamos como está o bem-estar dos professores, mas com o que a escola oferece de resultados em concursos, quantas quadras poliesportivas tem, qual a carga horária, qual o conforto das instalações... É raro querer saber como está a satisfação dos professores em atuarem na escola, qual o seu engajamento com o trabalho que realizam, como são suas relações interpessoais com o *staff*, qual é seu alinhamento com os valores da escola, qual a sua qualidade de vida, e por aí vai.

Segundo Reckmeyer e Robison (2016), quando os pais procuram uma escola para seus filhos, eles desejam que eles tenham uma "vida melhor". Desejam que seus filhos sejam adultos realizados com alto bem-estar, que sejam engajados em seu trabalho que tenha um significado para eles. Mas será que a "chave" para essa porta, para todo esse futuro brilhante e com bem-estar de nossos filhos, também não está guardada com o bem-estar de professores?

Já está mais do que na hora de atentarmos para o bem-estar, a capacidade técnica, as condições salariais, o tratamento que recebem, a sua satisfação com o trabalho, o seu equilíbrio emocional, seu engajamento, o ajuste a seus talentos humanos e tudo mais dos professores. É totalmente incoerente não pensarmos nisso, já que, desses mesmos professores, iremos cobrar que façam de tudo para a Educação de nossos filhos ou mesmo da nossa, para que se tornem indivíduos realizados, de sucesso, competentes, satisfeitos e felizes.

Há mais de dois mil anos, Confúcio identificou que os professores contribuem para a educação de todas as crianças e, por isso, é essencial que legisladores, empregadores e todas as partes interessadas levem a sério o bem-estar de todos os professores. (McCALLUM *et al.*, 2017). Como me impressiona a atualidade ou o saber da verdade absoluta desses filósofos e pensadores!

Vamos entender por que precisamos focar a nossa atenção no bem-estar dos professores, já que precisamos fazer algo no século XXI, pelo menos?

Influência dos Professores em Educação e na Vida

Não há fator mais importante para o sucesso do aluno na escola e na vida adulta que um professor. Segundo uma reportagem da revista Época (2014), o professor é mais decisivo que:
- o tamanho das redes de ensino;
- a região do mundo;
- as diferenças socioeconômicas entre os estudantes;
- os gastos com a educação de cada país;
- se a escola tem ou não computador;
- se a família ajuda na lição de casa.

(GUIMARÃES, 2014)

Segundo a Global Partner for Education, os professores são fundamentais para o processo de aprendizagem e desempenham um papel fundamental na melhoria dos seus resultados. Mais que qualquer outro fator no contexto escolar, a eficácia do professor tem sido considerada o preditor mais importante da aprendizagem do aluno. (GPE, 2018)

Ainda segundo a reportagem da *Época*, numa pesquisa realizada na Faculdade de Educação da Universidade de Stanford com medição da influência do professor entre crianças com o mesmo nível socioeconômico, na mesma escola e na mesma série, os resultados foram os seguintes:

• Estudante com professor fraco aprende metade ou menos do que deveria no anoEstudante com bons professores aprende o equivalente a um ano a mais

• Estudante com professores considerados excelentes aprende o equivalente a um ano e meio a mais. (GUIMARÃES, 2014)

Outra pesquisa de 2014 sobre o assunto, da Universidade Harvard, analisou duas décadas de desempenho de alunos e professores. Chegou à conclusão de que os alunos de classes com melhores professores ganham, ao longo da vida adulta, US$ 250 mil a mais. (GUIMARÃES, 2014)

Segundo Liesveld e Miller (2005), a influência de um professor nos alunos só está abaixo da influência de seus pais, gerando inclusive uma influência social em certo sentido.

Diante de todos esses exemplos de estudos sobre a influência do professor para os alunos em curto, médio e longo prazos, tendo repercussão até na vida adulta, precisamos entender como podemos favorecer os professores, para que tanto eles como os alunos sejam beneficiados com o bem-estar, foco do estudo da Psicologia Positiva aplicada à Educação.

O bem-estar dos professores e sua repercussão na Educação

Na *review Teachers Wellbeing* (McCALLUM *et al.*, 2017), que envolveu uma pesquisa entre os anos de 2001 a 2017 em estudos mundiais, com foco nos últimos cinco a dez anos, o bem-estar do professor está profundamente ligado à qualidade do seu trabalho (CESE, 2014) e seu impacto nos resultados dos alunos. Consequentemente, assegurar o bem-estar do professor é de importância crítica para o futuro da Educação.

Nesse ponto, já tivemos a oportunidade de refletir no Capitulo 2, quando tratamos conceitualmente das propostas da Educação Positiva, no que se refere ao estudo científico do bem-estar, com uso de suas intervenções e práticas.

Outro dado significativo da *review Teachers Wellbeing* (McCALLUM *et al.*, 2017) é o que aponta uma quantidade substancial de estudos focados, principalmente, nas influências negativas relacionadas ao trabalho dos professores, como sobrecarga de trabalho, para responder à mudança em curso. Além disso, um número de iniciativas de bem-estar para professores concentra-se predominantemente na prevenção de problemas de saúde.

Às vezes me impressiona o quanto diversos segmentos do conhecimento humano encontram-se ainda arraigados em observar e estudar somente os aspectos negativos, esquecendo-se das possibilidades de análise positivas das pessoas que as tornam seres integrais. Isso me remonta a Marcus Buckingham, que atou nas Organizações Gallup e que aponta que, por dezenas de anos, estudou-se o "ruim": clientes infelizes para saber sobre os felizes; a doença para saber sobre a saúde; a tristeza para saber da alegria; o divórcio para saber sobre o casamento e os pontos fracos para descobrir como empregados terem ótimo desempenho. (BUCKINGHAM, 2008) A Psicologia Positiva, na contramão dessa postura voltada ao foco em estudos sobre o que "não vai bem", chega e nos conquista com a proposta da investigação dos aspectos positivos do indivíduo e da vida humana ótima (CSIKSZENTMIHALY & SELIGMAN, 2000), e que, aqui, na Educação, traz inúmeros benefícios. Mas vamos voltar ao bem-estar dos professores.

A importância do bem-estar para a profissão docente é apontada por Coleman (2009), que destaca ser difícil fazer sentido cuidar da saúde emocional dos alunos sem cuidar da dos funcionários, considerando-se que as escolas são comunidades que contêm não apenas crianças e jovens, mas adultos também. E, dessa forma, fica lógico que a saúde emocional de metade de uma comunidade será influenciada pela saúde emocional da outra metade.

Aqui, Coleman (2009) traz um dado de extrema relevância que é a não concentração apenas no bem-estar dos professores, mas de todo o segmento escolar, e com a Psicologia Positiva aplicada à Educação ainda se considera essencial, em termos de melhores resultados, ampliar a sua aplicação inclusive com os pais e cuidadores no contexto familiar de todos, como até mesmo se apresentam em projetos de aplicação na modelagem *whole-school*, como da *Geelong Grammar School*. (NORRISH, 2015)

De forma similar, McCallum e Price (2010) perseguem o mesmo argumento, apontado por Coleman (2009), sugerindo que os professores precisam de estratégias de bem-estar para assegurar o seu próprio bem-estar e eficácia na sala de aula, e ao modelar positivamente essas estratégias isso terá uma influência positiva no bem-estar dos estudantes.

Essa conclusão alinha-se, completamente, ao uso das práticas e intervenções de aumento de bem-estar e de emoções positivas, as quais são de fácil autoaplicação, na sua maioria breves, que permitem resultados imediatos e que, em alguns casos, mantém-se de forma duradora, conforme aponta a literatura da Psicologia Positiva. (BRYANT & VEROFF, 2007; EMMONS, 2013; EMMONS & McCULLOUGH, 2003; KABAT-ZIN, 2015; KAUFFMAN, BONIWELL & SILBERMAN, 2014; KING, 2001; LAYOUS, NELSON &

LYUBOMIRSKY,2012; OTAKE, SHIMAI,TANAKA-MATSUMI, OTSUI & FREDRICKSON, 2006; SELIGMAN, STEEN, PARK & PETERSON, 2005; SHELDON, KASSER, SMITH & SHARE, 2002; SHELDON, KASSER, SMITH & SHARE, 2002; SHELDON & LYUBOMIRSKY, 2006; SIN & LYUBOMIRSKY, 2009)

A preocupação com o bem-estar de professores cresce em todo o mundo. No Reino Unido, a *Education on Support Partnership* lançou em 2017 o *Teacher Wellbeing Manifest* 2017-2022, no qual estabelece a indicação de ações que devem ser absorvidas como compromissos individuais para os formuladores de políticas e para a profissão de Educação. São elas:

1. Assegure-se de que todo o pessoal esteja devidamente treinado e apoiado para manter uma força de trabalho saudável;

2. Implementar uma política de bem-estar do pessoal em todas as instituições;

3. Estabelecer uma estrutura de prestação de contas que seja favorável e informada pela profissão;

4. Melhorar o status e a percepção dos profissionais da educação;

5. Compromisso de falar sobre a importância da saúde do pessoal na educação. (ESP, 2017)

E, definitivamente, segundo pesquisas, o bem-estar do professor irá beneficiar o bem-estar do aluno e a direção contrária também é verdade, conforme aponta um estudo de Sisask e colegas (2014) que indica que professores com bem-estar alto têm maior probabilidade de ajudar crianças com desafios de saúde mental.

O trabalho de Seligman (2011) foi também documentado na *review* (McCALLUM *et al.*, 2017), em função de sua repercussão no setor escolar, tendo sido apontado que num estudo de Kern e colegas (2014) foi utilizado o Modelo PERMA em uma avaliação piloto do bem-estar dos funcionários e encontraram associações entre vários aspectos do bem-estar do empregado e três resultados, incluindo saúde física, satisfação com a vida e prosperidade profissional. Isso reforça que o estudo do bem-estar do professor do ponto de vista psicológico positivo oferece uma literatura para promover estados positivos (como o aumento das dimensões dentro do Modelo PERMA) em vez da literatura tradicional que relata apenas melhorar estados negativos. Segundo apontado no estudo, os professores, quando estão bem em vários domínios de bem-estar, ficam mais comprometidos com a escola e mais satisfeitos com sua saúde, vida e empregos. Ao final do estudo, Ken e colegas (2014) acabam fazendo uma pergunta que até você, leitor, deve estar se fazendo: **Como pode o bem-estar ser cultivado e apoiado?**

E é esse tema que os capítulos que compõem esta parte da Coleção Educando Positivamente vão apresentar a você neste volume e nos próximos. Aproveite o projeto e o estudo acadêmico que serão apresentados sobre essa temática voltada aos professores, a seguir.

Educadores Plenos – Coaching com Psicologia Positiva aplicado para educadores

Gilmar Carneiro

No livro *Psicologia Positiva Teoria e Prática*, apresentei uma sugestão de condução de processo, aplicando a Psicologia Positiva no contexto educacional para alinhar e impulsionar a vida dos educadores. Mostrei, por meio de pesquisas e contextualização comprovadas, as problemáticas vividas, diariamente, por esse grupo de profissionais que passa por desafios tanto estruturais quanto emocionais.

Aqui, trago as boas novas da aplicação realizada em escolas públicas no interior do estado do Rio de Janeiro, nos municípios do Rio de Janeiro e de Volta Redonda, onde aplico as práticas do Coaching, aliadas à Psicologia Positiva, por meio de um método estruturado, intitulado Educadores Plenos, em que faço uso de ferramentas validadas tanto do Coaching, quanto nas premissas da Psicologia Positiva. Trata-se de um desdobramento da proposta original, que recebeu uma sistematização mais detalhada e com mais temáticas da Psicologia Positiva.

Não se trata de uma pesquisa acadêmica, ou de cunho científico, mas um processo organizado que enfatiza os benefícios proporcionados pela "ciência da felicidade", uma vez que têm sido percebidos resultados positivos e sustentáveis em todos os domínios da vida desses educadores.

Nesse sentido, este capítulo intenciona apresentar as etapas e os resultados do método do Educadores Plenos, utilizado nos processos aplicados nas seguintes escolas: Centro de Educação Municipal Monteiro Lobato; Escola Municipal Walmyr Monteiro; Escola Municipal Waldyr Amaral Bedê; Colégio Estadual Ciep 295 – Prof. Glória Roussin e Escola Municipalizada Lúcio de Mendonça.

Uma breve contextualização sobre o método

O Educadores Plenos já foi aplicado a 124 professores da educação infantil e ensino fundamental, não tendo sido concluído, até o momento, na Escola Municipalizada Lúcio de Mendonça, na qual o processo se encerrará em dezembro deste ano de 2018.

O método proposto assume formato adaptado à realidade do contexto escolar, conferindo flexibilidade de aplicação e favorecendo a aceitação por parte das escolas. Para isso, desenhou-se o processo com seis sessões, com periodicidade mensal e duração de uma hora e meia a duas horas para cada sessão.

O método não se limita à aplicação da Psicologia Positiva unicamente, podendo incorporar algumas ferramentas e atividades originárias do Coaching, desde que se caracterize a validação científica e a eficácia de tais atividades para a promoção do bem-estar dos educadores participantes.

O objetivo do Educadores Plenos é promover nos educadores a prática diária e intencional (LYUBOMIRSKY, 2009) de ações que sejam direcionadas ao cultivo de emoções positivas, ao uso de suas forças pessoais (PETERSON & SELIGMAN, 2004), ao engajamento nas atividades dentro e fora da sala de aula, às relações significativas, à realização profissional e pessoal, além de conferir sentido positivo, conforme os elementos do PERMA da Teoria do Bem-Estar (SELIGMAN, 2011). Em outras palavras, o objetivo desse trabalho é favorecer a promoção do florescimento desses profissionais.

Descrição do Método

O método é dividido em seis etapas, as quais serão descritas a seguir:

Etapa 1: Avaliação dos níveis de satisfação com a vida

No primeiro encontro do processo, é proposta a avaliação dos níveis de satisfação com a vida, aplicando-se a Escala de Satisfação de Vida (ZANON, BRAGAGI, LAYOUS & HUTZ, 2013), que se trata de uma versão adaptada e validada para adultos e adolescentes do Brasil da Satisfaction with Life Scale, originariamente de Diener, Emmons, Larsen e Griffin (1985).

Para Ed Diener (2008), o bem-estar é proveniente da percepção do indivíduo quanto à satisfação sobre a própria vida, destacando que se trata de avaliações cognitivas e afetivas, que incluem reações emocionais, com julgamento cognitivo de satisfação e de realização. Nesse sentido, a avaliação da satisfação com a vida se torna subjetiva e particular de cada indivíduo.

Essa avaliação proposta pela escala citada acima, alinhada com algumas perguntas poderosas do Coaching, objetiva iniciar o processo de mudança no olhar dos participantes, para que observem mais atentamente o que está funcionando em suas vidas e o que os faz se sentirem satisfeitos.

Etapa 2: **Promovendo emoções positivas**

Nesta etapa, são usados exercícios práticos que possibilitem a percepção das emoções dos educadores participantes e que direcionem para a promoção do aumento das emoções positivas.

Para isso, buscamos atividades que permitam aos participantes usarem e sentirem algumas das dez emoções positivas listadas por Fredrickson (2009) - a saber: alegria, gratidão, serenidade, interesse, esperança, orgulho, diversão, inspiração, reverência e amor. Para Fredrickson (2009), não são apenas palavras que usamos ou um sorriso que colocamos no rosto. Elas são profundamente sinceras e realmente mudam a nossa mentalidade, nossa bioquímica e sintonia. (FREDRICKSON, 2009)

As emoções positivas estão entre os elementos da Teoria do Bem-Estar, um dentre os que buscamos por ele próprio, independentemente de qualquer outra coisa. (SELIGMAN, 2011) A escolha por começar o processo com exercícios que promovam as emoções positivas se dá por dois motivos bastante razoáveis:

- As emoções positivas ajudam a criar uma mentalidade de positividade, e isso significa ser aberto, ser apreciativo, ser curioso, ser gentil e se conectar verdadeiramente. E esse conjunto é fundamental para o melhor aproveitamento do processo como um todo. (FREDRICKSON, 2009)

- As emoções positivas nos nutrem, e os esforços para cultivar a positividade hoje nos tornam pessoas melhores hoje, amanhã e nos períodos seguintes. Assim, a promoção dessas emoções nos apoia na sustentação dos resultados obtidos ao longo de todo o processo. (FREDRICKSON, 2009)

Além disso, considerando que o projeto se trata de um processo de transformação pessoal para os educadores, as transformações duradouras poderão surgir, sendo favorecidas no campo das emoções, dando condições de criar fontes de emoções positivas para manter os bons resultados nos momentos de estresse. Até porque, como afirma Fredrickson (2009), podemos fazer reservas de emoções positivas para lançar mão em momentos em que as necessitamos.

Aqui, também são propostas práticas que fomentem o cultivo das emoções positivas entre os educadores, como a Visita da Gratidão (SELIGMAN, STEEN, PARK & SELIGMAN, 2005) e ações intencionais de gentileza (LYUBOMIRSKY, 2008) entre os próprios docentes, dentro ou fora do contexto escolar, podendo estender-se para os alunos e até para os pais dos alunos.

Etapa 3: Despertando o sentido

Ainda lançando mão dos elementos do PERMA, proposto por Martin Seligman (2011), reconhece-se no projeto também o Significado (ou sentido) como um fator essencial que contribui para a felicidade e para o florescimento.

No entanto, frequentemente observamos o significado pela sua ausência, ou seja, reconhecemos apenas a falta de sentido nos eventos ou no trabalho, e, a partir daí, passamos a questionar, no nosso dia a dia, "qual é o significado de tudo isso?" ou, ainda, "qual é o propósito da minha vida?" Por isso, nessa etapa do processo, traçamos uma nova perspectiva sobre o que é sentido e propósito, despertando esse olhar para o significado dos eventos mais simples, como uma rotina diária ou o bom humor.

Laura King (2013) afirma que o mundo está cheio de significado e que podemos experimentá-los se nos permitirmos acessar esse significado. Ela ainda relata que há sinais em todos os lugares, que podemos usar para reconhecer e entender como a vida faz sentido para nós a partir das nossas experiências, podendo ou não ser criado por nós. No programa, há essa atenção em despertar o olhar dos educadores para isso.

Além disso, Michael Steger (2017) aborda a distinção entre o "significado na vida" e o "significado da vida". Sendo o significado na vida, na concepção do autor, o sentimento que as pessoas nutrem em suas vidas quanto à experiência do que faz sentido e importa, em tudo o que fazem e vivem, entendendo suas experiências como reconhecimento de sua identidade. Dessa forma, o sentido na vida permeia o que vivemos com um olhar no que efetivamente nos gera importância. (STEGER, 2017)

Assim, a proposta é direcionar o educador a perceber e explorar os seus sentimentos e experiências pessoais, a fim de encontrar, resgatar ou até mesmo criar o aprendizado e o sentido de cada evento vivido por ele.

Etapa 4: **Gerando realização com o aumento de experiências de engajamento (*flow*)**

Entre as queixas mais recorrentes entre os educadores participantes do processo está a falta de direcionamento, organização e controle dos planos pessoais, que vão desde viagens no período de férias até casamentos e a construção da casa própria. E isso tem gerado um sentimento forte de depreciação e baixa autoeficácia dos educadores em suas vidas pessoais.

Para sair dessa situação até depreciativa, propomos como "rota de fuga" a vivência da experiência ótima, também conhecida como estado de fluxo, ou *flow*.

Mihaly Csikszentmihalyi (1997), autor da teoria do *flow*, afirma que esse estado acontece quando estamos trabalhando em uma meta baseada e alinhada com os nossos valores; quando não sentimos o tempo passar por estarmos envolvidos numa atividade prazerosa.

Por isso, nessa etapa do nosso processo com os educadores é proposta a definição de metas claras, específicas e orientadas. Coadunando com Csikszentmihalyi (1997), as metas são fundamentais para que haja envolvimento na atividade, pois isso mantém o foco em direção ao resultado, motivando o indivíduo em cada instante do processo, para que oportunize a pessoa a atingir o estado de *flow*.

Aqui, tomamos certo cuidado para que os educadores estabeleçam suas próprias metas, sem interferência ou julgamento daquilo que desejam para as suas vidas. Além disso, nos certificamos de que essas metas sejam desafiadoras, numa proporção equivalente às habilidades individuais do educador, de forma a, efetivamente, promover a experiência de fluxo, para as quais é preciso manter o equilíbrio entre as nossas habilidades e os desafios que colocamos para nós mesmos, conforme o diagrama apresentado abaixo:

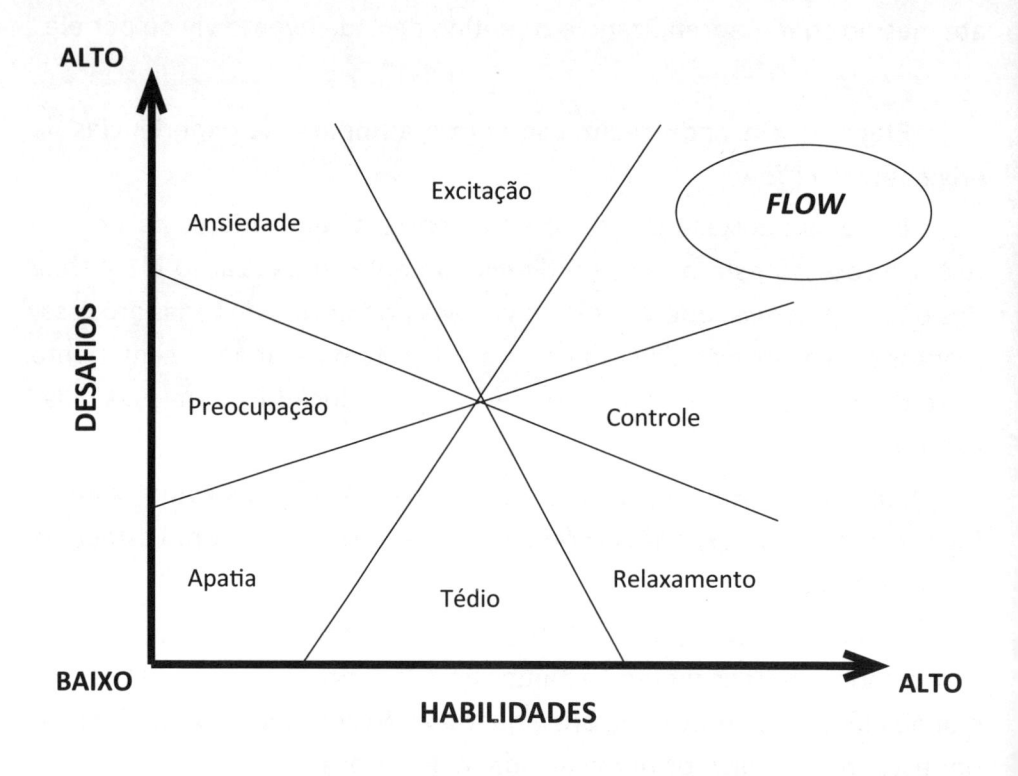

Diagrama retirado e traduzido de forma livre da obra *Finding Flow – The Psychology Of Engagement with Everyday Life*, de CSIKSZENTMIHALYI, Mihaly. 1997

Outra característica do processo proposto para os educadores é o estabelecimento de metas diversificadas, e não apenas uma meta. Propomos entre três e cinco metas, referentes a domínios distintos da vida: Afetivo, Profissional, Patrimonial, Saúde, Lazer ou Espiritual, não importando qual será o domínio escolhido pelo educador.

A maior relevância é ser coerente com as etapas anteriores, apresentando sentido em todas as esferas da vida, e não apenas em uma.

Etapa 5: Fortalecendo relações significativas

Uma das mais longas pesquisas já realizada sobre o tema felicidade indica que os relacionamentos que estabelecemos ao longo dos anos são os maiores fatores levados em conta quando avaliamos a satisfação com a nossa vida. (WALDINGER, 2016) A pesquisa, dirigida, ainda atualmente, por Robert Waldinger (2016), aponta que as pessoas mais conectadas socialmente, com a família, amigos e comunidade, são mais felizes, fisicamente mais saudáveis e vivem mais do que as pessoas que têm poucas conexões. Daí a importância de promovermos relações significativas no trabalho, na família, entre os amigos ou em quaisquer outros contextos.

Em especial, na escola, a proposta desta etapa do processo é aumentar os níveis de bem-estar por meio das interações saudáveis dos educadores entre si, com os alunos e com o corpo diretivo. O fortalecimento das relações no trabalho passa, em especial, pelo desenvolvimento da empatia e da valorização das forças de caráter, talentos e outras qualidades humanas individuais e coletivas, além, é claro, do uso de uma comunicação assertiva e compassiva.

Ao obter a compreensão empática perante a identificação de talentos (BUCKINGHAM & CLIFTON, 2008), valores e forças pessoais (PETERSON & SELIGMAN, 2004) dos envolvidos no contexto organizacional, é possível acessar um conhecimento mais profundo do potencial humano e suas individualidades, e isso permite desvendar dados importantes da forma de se relacionar com as pessoas.

De forma geral, nessa etapa, trabalhamos com os quatro pilares da Comunicação Não-Violenta (CNV), também conhecida como comunicação empática, seguindo as indicações de Marshall B. Rosenberg (2003), apresentados no quadro abaixo:

Componentes da CNV	Explicação
1- Observação	Observamos o que está de fato acontecendo numa situação: o que estamos vendo os outros dizerem ou fazerem que é enriquecedor ou não para a nossa vida?
2- Sentimento	Identificamos como nos sentimos ao observar aquela ação: magoados, assustados, alegres, divertidos, irritados etc.
3- Necessidade	Reconhecemos quais das nossas necessidades estão ligadas aos sentimentos que identificamos.
4- Pedido	Expressamos clara, específica e honestamente como estamos e o que queremos.

Quadro reproduzido com base em ROSENBERG, 2003

Para Rosenberg (2003), uma comunicação empática pode validar o sentimento do outro e criar e ampliar o canal de comunicação entre as pessoas, além de prepará-las para uma melhor análise de situações e suas soluções.

Aproveitamos, nesta etapa, para reforçar o uso intencional das forças de caráter (PETERSON & SELIGMAN, 2004) e, mais ainda, a interação entre pessoas que apresentem expressões distintas dessas forças, promovendo assim o apoio mútuo nas atividades diárias da escola e a compreensão sobre o melhor uso das potencialidades de cada educador.

Etapa 6: Resgatando e criando novas realizações

Segundo a Teoria do Bem-Estar (SELIGMAN, 2011), a realização consiste em perseguir o sucesso, a vitória, a conquista e o domínio por eles mesmos, ainda que isso não gere emoções positivas, sentido, ou relacionamentos positivos.

No entanto, Ferreira (2011) aponta que um dos principais motivos do sofrimento dos educadores brasileiros é a depreciação da própria identidade de trabalho, causada pela falta de reconhecimento dos méritos próprios e pessoais.

Assim, dedicou-se essa última etapa do processo ao resgate das realizações vivenciadas pelos educadores, por meio de atividades apreciativas, como o registro de conquistas, experiências vicárias, persuasão verbal e percepção dos estados de ativação fisiológica do organismo. (BANDURA, 1994) Para Bandura (1994), podemos dizer que os desempenhos anteriores caracterizam-se como a fonte de maior importância para a formação de crenças de autoeficácia, pois se baseiam nas próprias experiências de realização da pessoa.

Nesse sentido, as propostas de atividades de resgate de realizações de sucesso do passado, sugeridas no programa, apoiam o educador a encarar os desafios decorrentes das suas novas metas e ações futuras, criando, assim, um novo sistema de crenças fortalecedoras e de reforço da sua autoconfiança.

Além do resgate das realizações passadas, procuramos colaborar para que o educador crie novas possibilidades de realização em sua vida. Para isso, retomamos suas metas e objetivos, definidos nas etapas anteriores, e elaboramos planos de ação consistentes.

De fato, uma vida sem direção pode tornar-se sem brilho. Segundo Tal Ben-Shahar (2014), quando não fazemos escolhas que nos direcionem para o que desejamos, ficamos com a sensação de estarmos presos, sem poder escolher o nosso futuro. Definir metas nos coloca em contato ainda com o incremento do elemento de Realização do PERMA (SELIGMAN, 2011), o que pode favorecer, como as emoções positivas e o sentido, nossas vidas com florescimento.

Neste ponto, tomamos o cuidado de avaliar cada um dos planos de ação elaborados para que estejam adequados às habilidades do educador e alinhados aos seus valores, forças pessoais e talentos. Assim, procura-se favorecer a continuidade dos passos dados após o término do processo, para que sejam cumpridos e continuem gerando satisfação com a vida e aumentando os seus níveis de felicidade.

Considerações Finais

Após a aplicação desses processos, em escolas de contextos diversos, com pessoas de diferentes perfis comportamentais e de personalidades variadas, percebeu-se que os ganhos individuais e coletivos foram notórios e exponenciais.

A institucionalização de uma escola com professores felizes, dentro dos processos conduzidos com as práticas da Psicologia Positiva e do Coaching, mesmo que não aplicados diretamente em sala de aula, com os alunos, gera um impacto direto na qualidade do ensino e na produtividade da escola, uma vez que os docentes participantes do processo passam a se envolver com as atividades escolares com um nível superior de engajamento e sentido.

Foi o que disse Ana Lídia, professora do Centro Municipal de Educação Infantil Monteiro Lobato (Monteirinho), em Volta Redonda, RJ: "O processo de Coaching com Psicologia Positiva me ensinou a ter um olhar para dentro de mim e a focar nas coisas que eu quero e busco. Eu voltei a sorrir e tenho aprendido a tirar do papel os meus planos e a me dar valor, a cuidar de mim".

Já Cláudia, outra professora do Monteirinho, disse o seguinte: "Com o processo de Coaching com Psicologia Positiva eu aprendi a colocar sonhos, que estavam engavetados, no papel e comecei a realizá-los. Os dias se tornaram mais agradáveis e leves. Percebi que, quando eu estou bem, eu torno as pessoas que estão ao meu redor melhores também, dentro e fora da escola".

Numa observação mais ampla, os processos de desenvolvimento dos educadores aplicados com as práticas da Psicologia Positiva trazem ganhos também para a gestão, uma vez que o trabalho em equipe se fortalece por meio das relações significativas. Também, os professores se envolvem com maior empenho nas atividades curriculares e nos projetos extracurriculares, uma vez que fomentamos o estado de *flow*. Além disso, observamos que o clima organizacional se tornou mais agradável e leve, com o cultivo das emoções positivas.

Assim, todos saem ganhando: professores mais felizes, gestores escolares com equipes mais produtivas, alunos com professores mais empenhados e a comunidade com um ambiente escolar fortalecido e voltado para a formação de uma sociedade melhor de verdade.

8

Educação Positiva: bem-estar psicológico, satisfação com o trabalho e bem-estar afetivo no trabalho de professores escolares

Clarisse Lourenço Cintra e
Valeschka Martins Guerra

O campo da Educação vem sendo, há muito, objeto de um grande número de investigações científicas que buscam compreender e avaliar os sistemas educacionais, bem como elaborar intervenções e métodos que possibilitem seu aprimoramento (PINTO, GARCIA & LETICHEVSKY, 2006). Dentre essas investigações, a maioria se ocupa de problemáticas como, por exemplo, o insucesso escolar, dificuldades de aprendizagem e *bullying* entre os estudantes, e o estresse, insatisfação profissional e *burnout* entre os professores, enfatizando, de modo geral, o adoecimento, as deficiências e o insucesso nos contextos educacionais. (POCINHO & PERESTRELO, 2011; ROCHA E SARRIERA, 2006)

Em contrapartida, o movimento da Psicologia Positiva propõe o estudo científico das experiências e aspectos positivos do ser humano, suas potencialidades e motivações, e das condições e contextos que contribuem para a promoção do florescimento (GABLE & HAIDT, 2005; SELIGMAN & CSIKSZENTMIHALYI, 2000). Nesse sentido, as instituições educacionais, dada a sua importância para o desenvolvimento de indivíduos e sociedades, são um local privilegiado para a aplicação da Psicologia Positiva, por meio de intervenções que contribuam para o bem-estar dos envolvidos no processo educacional. (NORRISH, WILLIAMS, O'CONNOR & ROBINSON, 2013; SUN, 2013)

Inicialmente, a Psicologia Positiva aplicada à Educação – a Educação Positiva 1 – dedicou-se, principalmente, a estudos e práticas que têm por foco crianças e jovens estudantes (SELIGMAN, ERNST, GILLHAM, REIVICH & LINKINS, 2009), o que se refletiu na literatura produzida em seus primeiros anos (CINTRA, 2016). Mais recentemente, a importância dos professores nesse processo vem sendo destacada (WATERS, 2011; BAJOREK, GULLIFORD & TASKILA, 2014; BRICHENO, BROWN & LUBANSKY, 2009), bem como a importância de implementar a Educação Positiva de forma ampla em toda a instituição educacional, com uma abordagem integral da escola (*whole-school approach*) que proporcione maior abrangência e sustentabilidade de seus resultados positivos. (SUN, 2013; WATERS, 2011)

Levando em consideração a relevância dos professores no processo educacional, bem como a importância de se produzir mais pesquisas no campo da Educação Positiva que se dediquem a esses profissionais, o presente capítulo apresenta um estudo, desenvolvido como parte de uma pesquisa de mestrado em Psicologia, sobre as relações entre o bem-estar psicológico, a satisfação com o trabalho e o bem-estar afetivo no trabalho de professores de ensino médio e fundamental de escolas brasileiras.

Método e Procedimentos do Estudo

Para compreender a forma como os professores percebem seu nível de satisfação com o trabalho e seu bem-estar afetivo no trabalho, e a relação que essa percepção tem com seu bem-estar psicológico, foi construído um questionário contendo questões sociodemográficas e os três instrumentos de pesquisa, descritos a seguir:

Escala de Prosperidade Psicológica (EPP). Desenvolvida por Su, Tay e Diener (2014), a EPP foi adaptada para o contexto brasileiro por Cintra, Guerra e Baptista (em preparação). É composta por 54 itens que avaliam as sete dimensões centrais do bem-estar psicológico: *Bem-Estar Subjetivo* (componente hedônico, que abrange o nível de satisfação com a vida e a percepção de vivências de emoções positivas e negativas), *Relacionamento* (indica a percepção do nível de apoio, confiança, respeito, pertencimento e solidão), *Sentido* (percepção de propósito de vida), *Engajamento* (o quanto a pessoa se percebe envolvida com suas atividades), *Domínio* (nível de habilidades, aprendizagem e percepção de realização com suas atividades), *Otimismo* (forma de encarar as situações da vida) e *Controle* (nível de autonomia percebido pelo participante).

Escala de Bem-Estar Afetivo no Trabalho. Adaptada para o contexto brasileiro por Gouveia, Fonsêca, Lins, *et al.* (2008), esse instrumento avalia, a partir de 24 itens, com que frequência o participante apresenta Afetos Positivos (ex.: *Meu trabalho me faz sentir tranquilo*) e Afetos Negativos (ex.: *Meu trabalho me faz sentir com raiva*) com relação a seu trabalho.

Questionário de Satisfação do Professor com o Trabalho (QSPT). Esse instrumento, desenvolvido por Lester (1987), encontra-se em processo de adaptação no Brasil (CINTRA & GUERRA, em preparação). O QSPT é composto por 66 itens que avaliam os nove fatores que podem explicar a satisfação com o trabalho de professores escolares, identificados como: *Supervisão* (percepção do docente sobre o comportamento e o relacionamento estabelecido com a direção e coordenação); *Colegas* (percepção sobre apoio e cooperação com colegas), *Condições de Trabalho* (condições físicas do ambiente e políticas administrativas), *Salário* (atitude do docente perante a sua remuneração), *Responsabilidade* (percepção do nível de responsabilidade do docente pelo próprio trabalho, pela relação com estudantes e participação nas políticas da escola), *Trabalho* (a natureza do trabalho em si, suas tarefas diárias, necessidade de criatividade e autonomia), *Progressão* (oportunidades de promoção), *Segurança* (percepção de estabilidade do emprego) e *Reconhecimento* (envolve a apreciação, elogios e críticas por parte dos supervisores, colegas e estudantes).

O questionário foi disponibilizado na *internet* e os professores foram convidados, em redes sociais, a participar. Assim, esse estudo contou com a participação de 115 professores de ensino fundamental e médio de instituições de ensino públicas (72,2%) e privadas (27,8%), sendo 75,7% do sexo feminino e 24,3% do sexo masculino, com idades entre 22 e 64 anos. Do total de participantes, 83,5% residia na região Sudeste, 11,3% no Nordeste, 1,7% no Norte, 1,7% no Sul, e 1,7% na região Centro-Oeste.

Após a coleta dos dados feita com os professores, foram realizadas análises de correlação entre os construtos investigados, *i.e.*, Bem-Estar Psicológico, Bem-Estar Afetivo no Trabalho e Satisfação com o Trabalho.

Resultados e discussão

A tabela 1, a seguir, apresenta os resultados das análises de correlação, que verifica se existe uma relação entre cada um dos fatores do Bem-Estar Psicológico (BEP) e as diferentes dimensões do Bem-Estar Afetivo no Trabalho e da Satisfação com o Trabalho dos Professores.

Tabela 1. Resultado das análises de correlação

	Fatores do Bem-Estar Psicológico						
	REL	ENG	DOM	AUT	SENT	OTIM	BES
Bem-Estar Afetivo no Trabalho							
Afetos Positivos	0,38**	0,56**	0,65**	0,34**	0,57**	0,48**	0,59**
Afetos Negativos	-0,30**	-0,46**	-0,58**	-0,20*	-0,45**	-0,42**	-0,57**
Satisfação com o Trabalho							
Supervisão	0,36**	0,27**	0,29**	0,21*	0,27**	0,26**	0,38**
Colegas	0,56**	0,30**	0,40**	0,31**	0,37**	0,29**	0,44**
Condições de Trabalho	0,30**	0,16	0,26**	0,20*	0,27**	0,30**	0,49**
Salário	0,21*	0,27**	0,33**	0,19*	0,39**	0,31**	0,42**
Responsabilidade	0,42**	0,48**	0,51**	0,36**	0,35**	0,28**	0,35**
Trabalho	0,39**	0,55**	0,59**	0,29**	0,45**	0,40**	0,48**
Progressão	0,42**	0,52**	0,68**	0,25**	0,47**	0,47**	0,59**
Segurança	0,27**	0,12	0,28**	0,23*	0,22*	0,19*	0,40**
Reconhecimento	0,36**	0,33**	0,47**	0,25**	0,43**	0,38**	0,53**

Nota: Fatores do Bem-Estar Psicológico – REL=Relacionamento; ENG=Engajamento; DOM=Domínio; AUT=Autonomia; SENT=Sentido; OTIM=Otimismo; BES=Bem-Estar Subjetivo. $*p < 0,05$; $**p < 0,01$.

Como se pode observar, os fatores do BEP exibiram grande correlação com as dimensões do Bem-Estar Afetivo no Trabalho. Os resultados indicam que, quanto maior o nível de Afetos Positivos vivenciados no trabalho, maiores os níveis de BEP. Como esperado, quanto maior o nível de Afetos Negativos, menor o nível de BEP.

No que diz respeito à correlação entre os fatores do BEP e as dimensões da Satisfação com o Trabalho dos Professores, os resultados mostram que quase todas as dimensões do BEP estão relacionadas à Satisfação com o Trabalho, indicando que quanto maior a Satisfação maior o nível de BEP. No entanto, a dimensão Engajamento não apresentou nenhuma relação com as Condições de Trabalho ou com a Segurança que os professores percebem em seu trabalho. Esse resultado sugere que o nível de Engajamento dos professores no trabalho não depende das Condições de Trabalho que encontram na escola nem da estabilidade e segurança que percebem em seu emprego.

A dimensão Domínio do BEP também apresentou correlações positivas com todos os fatores da Satisfação com o Trabalho, estando mais fortemente associada a Responsabilidade, Trabalho e Progressão. Portanto, o uso de habilidades, o aprendizado, a realização e a percepção de autoeficácia e valor próprio (Domínio) estão relacionados à satisfação do professor com seu trabalho, especialmente com a percepção de que está progredindo ou pode progredir em sua carreira (Progressão), de que está comprometido com seu trabalho, participando nas políticas da escola (Responsabilidade) e, ainda, com a própria natureza do trabalho docente – *i.e.*, realização das atividades diárias com autonomia e criatividade (Trabalho). A dimensão Autonomia do BEP, que envolve autonomia para tomar as próprias decisões, apresenta correlação com todos os fatores da Satisfação com o Trabalho; no entanto, encontra-se mais fortemente associada à Responsabilidade, o que indica que a percepção que os professores têm de responsabilidade pelo próprio trabalho, de compromisso com seus estudantes e do quanto é permitido que participem das políticas e tomadas de decisão na instituição escolar está associada à percepção de Autonomia, colaborando para seu BEP.

A dimensão Sentido do BEP apresentou correlação positiva com todos os fatores da Satisfação com o Trabalho, sendo observadas correlações mais fortes com as dimensões Trabalho, Progressão e Reconhecimento, indicando uma relação entre a escolha profissional dos docentes (Trabalho), seu reconhecimento e crescimento como profissional por parte dos supervisores, colegas, e dos estudantes e seus responsáveis, e seu propósito de vida. Essa associação pode indicar uma percepção da carreira docente como vocação. A dimensão Otimismo apresentou correlações mais fortes com Trabalho e Progressão, ou seja, quanto maior a percepção de criatividade e autonomia do docente em suas tarefas diárias, além de mais oportunidades de progressão no trabalho, mais o docente apresenta uma visão positiva da vida. Finalmente, a dimensão Bem-Estar Subjetivo do BEP correlacionou-se mais fortemente com Condições de Trabalho, Trabalho, Progressão e Reconhecimento, mostrando a relevância desses fatores para o nível de satisfação com a vida e a presença de mais emoções positivas e menos emoções negativas (*i.e.*, Bem-Estar Subjetivo) dos professores escolares.

Foram calculados, também, o índice de Bem-Estar Psicológico (resultante da Escala de Prosperidade Psicológica) – que agrega as médias dos fatores Relacionamento, Engajamento, Domínio, Controle, Sentido, Otimismo e Bem-Estar Subjetivo – e o índice de Satisfação com o Trabalho (resultante do Questionário de Satisfação do Professor com o Trabalho) – que agrega as médias dos fatores Supervisão, Colegas, Condições de Trabalho, Salário, Responsabilidade, Trabalho, Progressão, Segurança e Reconhecimento –, ambos variando de um a cinco pontos, sendo um o mais baixo e cinco o mais alto. Em termos de BEP, os professores que participaram deste estudo apresentaram uma média de 4,00, indicando um nível mediano a alto dessa variável. Já em termos de Satisfação com o Trabalho, os professores apresentaram uma média de 3,45, indicando um nível mediano de satisfação. Esses dois índices apresentaram uma forte correlação entre eles, sugerindo que os professores que apresentam uma alta Satisfação com o Trabalho também tendem a apresentar um alto nível de Bem-Estar Psicológico.

Considerações Finais

O estudo aqui apresentado pretendeu colaborar na construção do conhecimento sobre o bem-estar psicológico dos professores e sua importância para o processo educacional – além da importância do bem-estar *per se* dos docentes –, investigando sua relação com bem-estar afetivo e a satisfação desses profissionais com seu trabalho. Nesse sentido, os resultados encontrados mostram significativa correlação do Bem-Estar Psicológico elevado com altos níveis de Afetos Positivos e baixos níveis de Afetos Negativos no trabalho, e uma forte correlação entre os índices do Bem-Estar Psicológico e de Satisfação com o Trabalho dos professores; ou seja, os professores que apresentam um alto nível de Satisfação com o Trabalho e de Bem-Estar Afetivo no Trabalho tendem a apresentar, também, um nível elevado de BEP.

Esses resultados mostram a importância de se desenvolver um contexto educacional de qualidade, que proporcione boas condições de trabalho aos professores, e contribui para fundamentar e impulsionar propostas de intervenções que tenham por base os princípios da Educação Positiva. Desse modo, as instituições educacionais ampliam seu escopo para incluir a promoção do bem-estar tanto de seus docentes, como de todos aqueles que fazem parte da comunidade escolar – estudantes e seus familiares/responsáveis, professores, funcionários –, tornando-se, então, instituições positivas.

O campo da Educação Positiva, ainda que recente, já oferece diversos exemplos de práticas que têm sido acompanhadas por estudos e avaliações, apresentando evidências científicas de sua efetividade e relevância para a área da Educação. Tais práticas vão além do foco nos problemas e deficiências do contexto educacional, propondo modelos mais positivos e preventivos que se concentram nos pontos fortes dos estudantes e dos profissionais escolares. (NOBLE & MCGRATH, 2008)

Assim, as Intervenções de Psicologia Positiva (IPPs) na Educação pretendem elevar o bem-estar e promover o florescimento por meio do cultivo de emoções, cognições e comportamentos positivos, a partir de atividades como a identificação e desenvolvimento das forças de caráter, o cultivo da gratidão e do otimismo e o desenvolvimento de resiliência nos estudantes (SELIGMAN *et al.*, 2009; GREEN, OADES & ROBINSON, 2011). Tal propósito vem sendo ampliado de modo a abranger toda a comunidade escolar, ressaltando a importância de aplicar a Educação Positiva em toda a instituição educacional para que seus resultados sejam mais abrangentes e sustentáveis. (SUN, 2013; WATERS, 2011)

Essa abordagem integral da escola foi evidenciada a partir do Modelo de Educação Positiva da Geelong Grammar School (GGS) (NORRISH *et al.*, 2013). Essa escola australiana foi a primeira, no mundo, a implementar a Psicologia Positiva de forma extensiva, abrangendo toda a comunidade escolar, por meio, por exemplo, da realização de cursos sobre Educação Positiva direcionados tanto aos estudantes, como a seus responsáveis/familiares, e aos funcionários e professores da escola. Tal abordagem preconiza, portanto, que os professores sejam incentivados a vivenciar a Psicologia Positiva tanto na esfera profissional, como na pessoal, promovendo seu bem-estar e florescimento, o que contribui, então, para os propósitos mais amplos da Educação Positiva. (CINTRA & GUERRA, no prelo; NORRISH, 2015)

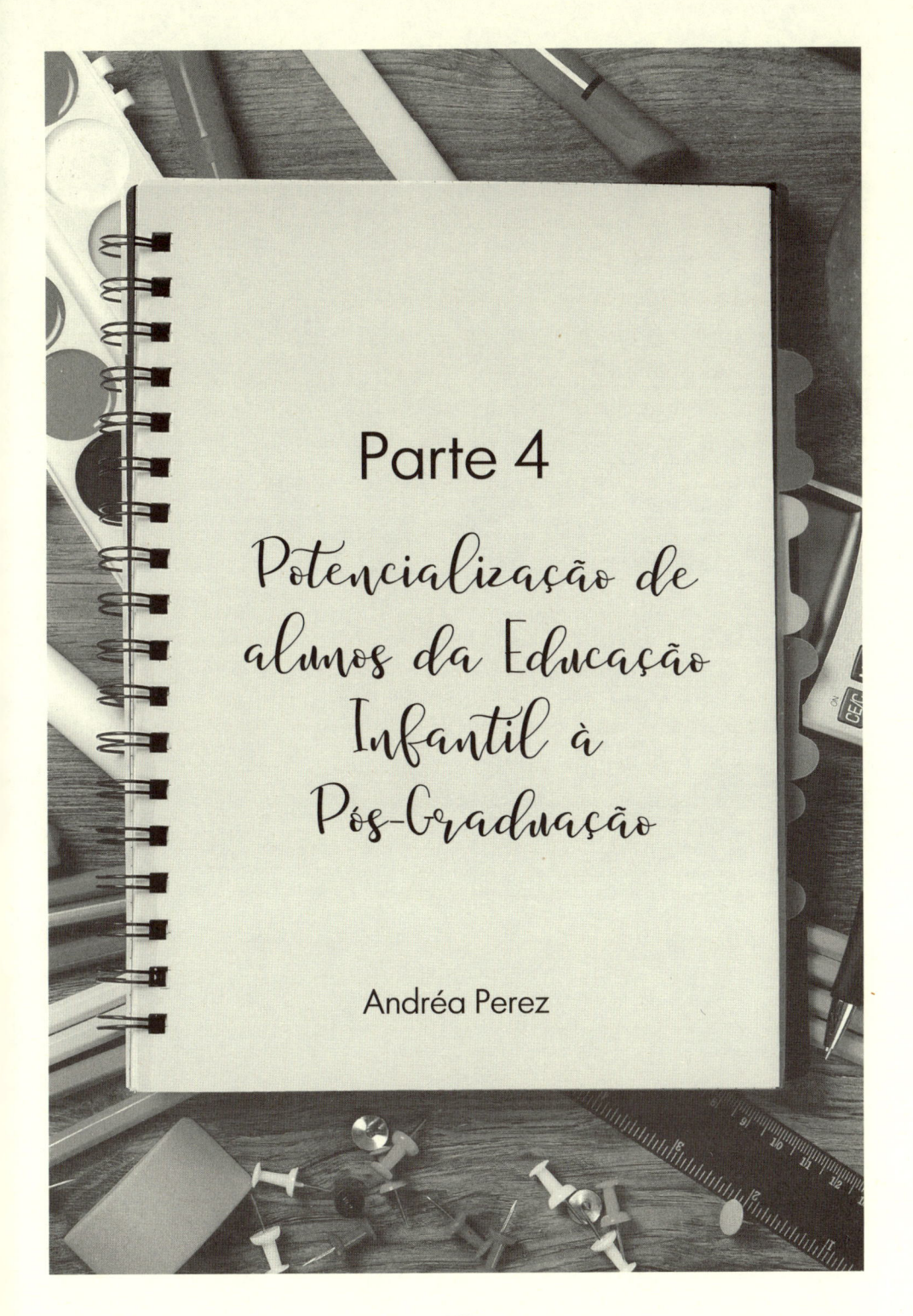

Parte 4

Potencialização de alunos da Educação Infantil à Pós-Graduação

Andréa Perez

Quando construí o projeto desta coleção, preocupei-me em ser específica quanto à identificação do que iria abordar em cada uma de suas partes. Contudo, neste ponto da obra, o leitor já deve ter percebido que as temáticas se mesclam, e que capítulos contidos em outras partes apresentam sintonia com outros. A opção por construir a obra dessa forma foi para orientar melhor a sua leitura e aprendizagem. Nesta parte da coleção especificamente, indiquei a potencialização relacionada a alunos e cabe explicar a que me refiro. Na descrição desta parte do Volume 1, você terá acesso a temáticas relacionadas ao bem-estar dos alunos, à importância e à adequação de sua potencialização e como as pesquisas têm estudado esse construto. Nos capítulos que compõem esta parte, você também terá uma visão sobre isso e ainda sobre outros aspectos. A parte de potencialização de alunos no que diz respeito ao uso de seus talentos ou forças de caráter é foco do Volume 2 desta coleção. Ficamos combinados.

Distúrbios emocionais em alunos

Diversos são os estudos já realizados que apontam para um quadro grave de desestruturação emocional de alunos. O próprio Martin Seligman e outros estudiosos, ao argumentar sobre a importância de se "ensinar" o bem-estar nas escolas, reportam-se a estudos que indicam a evolução desse quadro ao longo do tempo. (SELIGMAN *et al.*, 2009). Segundo indicam, foi verificado um alto índice de depressão entre os estudantes, tendo sido realizada uma pesquisa em 1993, quando se verificou que 20% dos jovens já vivenciaram pelo menos um episódio de depressão ao final da *high school*.[1]

---

[1] Equivalente ao ensino médio.

E as estimativas em 1989 eram que a depressão tinha dez vezes mais incidência que nos 50 anos anteriores, apesar de nossas vidas serem consideradas muito melhores do que anos atrás, demonstrando uma desregulação em termos dos índices de aumento de bem-estar em função de "termos vidas melhores". (SELIGMAN *et al.*, 2009).

Aqui no Brasil, os quadros também são bastante alarmantes. Em uma pesquisa com amostra de 635 estudantes da Universidade Federal Rural do Rio de Janeiro, a prevalência de estresse encontrada foi de 50% dos pesquisados (LAMEU; SALAZAR; SOUZA, 2016), verificando-se que não são apenas alunos mais novos que passam por esse tipo de transtorno.

Estudos em outros lugares do mundo também apontam para essa direção em relação à depressão e ao estresse, o que acaba por desconfigurar a impressão de que todos temos de vivenciar na universidade momentos maravilhosos e de muita realização.

Num artigo do *The Conversation*, David Rosenberg (2018), professor de Psiquiatria e Neurociências da Wane State University dos Estados Unidos, apresenta inúmeros dados de estudos sobre essa situação emocional caótica de muitos alunos na graduação e menciona também alguns dados no ensino médio. Ele aponta que um entre cinco estudantes universitários são afetados por ansiedade e depressão e indica alguns fatores que podem levar a esse quadro, dos quais destacamos os seguintes:

• **Excessivo Uso da Tecnologia** - com diminuição de interações sociais, gerando isolamentos que não são favoráveis à saúde emocional, e, ainda, a promoção da competição entre a vida real e a virtual, que faz com que os alunos vivam vidas duplas; fora os distúrbios de sono, depressão, ansiedade e estresse geral;

• **Uso de Drogas** – a busca por assistência química para atingimento de melhores resultados também tem sido um recurso procurado por alunos e pais em consultórios de tratamento clínico, e isso já no ensino médio;

• *Cyberbullying* **no ensino médio** - que quase dobrou na última década - também levou a taxas significativamente mais altas de ansiedade e depressão;

- **Tabagismo** - tem sido associado com problemas de sono em estudantes universitários e aumento do risco de depressão e ansiedade, mesmo com a taxa de fumantes continuando a diminuir. (ROSENBERG, 2018)

E isso não é problema apenas até a graduação. Não para por aí. Nos cursos de pós-graduação isso também continua a acontecer de forma alarmante, atingindo alunos com problemas emocionais que acabam gerando desdobramentos que inibem a boa saúde e vida social, como distúrbio do sono, alterações do apetite, frustrações, afastamento do convívio social, entre outros. (GEWIN, 2012; MEIS, *et al.*, 2013)

Numa reportagem de *O Globo* de abril de 2014, são apresentados dados alarmantes sobre relatório da Organização para a Cooperação e Desenvolvimento Econômico (OCDE). Dentre 57 nações, os jovens brasileiros foram os que mais relataram, junto com os costa-riquenhos, altos níveis de ansiedade com testes, mesmo quando se sentem bem-preparados para a prova. Brasileiros também foram os que mais disseram ficar tensos na hora de estudar. (OCDE, 2015) Esses dados foram apresentados no relatório Bem-estar dos Estudantes do Pisa 2015 da OCDE, e complementam que os estudantes na faixa de 15 anos são os mais ansiosos e inseguros em países analisados pelo Programa Internacional de Avaliação de Estudantes (Pisa – em Inglês). **Não apenas a expectativa para testes deixa nossos alunos estressados, mas também o estudo. Isso mesmo; 56% dos pesquisados afirmaram: "fico tenso na hora de estudar".** (FERREIRA, 2017)

Outros índices também são apresentados na reportagem que são de extremo alinhamento ao que se propõe a Psicologia Positiva aplicada à Educação no que tange à necessidade de aumento do bem-estar. Segundo o relatório, 44,6% dos estudantes brasileiros que têm nota média de 7,59 estão satisfeitos com a própria vida e, dos alunos com notas entre 0 e 4, somente 11,8% estão satisfeitos com sua vida. Na hora do preparo para testes, 80,8% dos estudantes brasileiros ficam muito estressados, em comparação à média de 55,5% de todos os outros estudantes dos países pesquisados, e, na hora somente de estudar, 56% dos estudantes brasileiros ficam muito estressados, em comparação à média de 36,56% de todos os outros estudantes dos países pesquisados. (FERREIRA, 2017)

E, segundo Seligman e colegas, o humor negativo acaba produzindo nos alunos uma atenção mais limitada, mais pensamentos críticos e pensamentos mais analíticos (SELIGMAN *et al.*, 2009), não produzindo logicamente os efeitos benéficos que estados de maior bem-estar podem favorecer, como já temos visto ao longo da obra, desfavorecendo a vivência de uma vida ótima.

Vamos agora conhecer um pouco sobre a importância de ensinar o bem-estar nos contextos educacionais.

Bem-estar ensinado nas escolas e suas vantagens

Quando pensamos na escola que conhecemos até hoje, e que ainda vivemos, não há como não pensar que se trata do início de uma jornada do que iremos nos transformar um dia na vida adulta. A concepção da escola trouxe, ao longo da sua existência, essa conotação de acesso ao mundo do trabalho, para o qual precisamos galgar uma estrada longa até chegar ao universo profissional, o que parece ser a razão para tudo. E, nessa jornada, é como se lançássemos todas as nossas expectativas no que está para vir e não no momento de vida presente.

E muitos são os estudiosos da Psicologia Positiva, como Tal Ben-Shahar (2008) e Shawn Achor (2012), que já apontaram a importância de ser ou estar feliz no momento do agora, para pleitearmos melhores resultados acadêmicos e profissionais em estudos em grandes universidade e empresas.

Mais um dado de relatório do Pisa 2015 da Organização para a Cooperação e Desenvolvimento Econômico (OCDE) aponta que há uma necessidade de refletir sobre como garantir a felicidade dos alunos, apontando que as escolas servem para que eles adquiram habilidades acadêmicas, mas ainda são lugares nos quais possam desenvolver competências sociais e emocionais para serem bem-sucedidos na vida. (OCDE, 2015)

Os humores positivos no ambiente escolar, diferentemente dos humores negativos, como já vimos, produzem atenção mais ampla, pensamentos mais criativos e holísticos. Isso fez com que Seligman e colegas (2009) concluíssem que o bem-estar precisa, sim, ser ensinado nas escolas, pois, diante de tantas situações de distúrbios e transtornos que estão sendo verificados nessa área, o bem-estar pode: servir como um antídoto à depressão; ser um veículo para aumentar a satisfação com a vida; e pode ser usado como um auxílio para uma melhor aprendizagem e mais pensamentos criativos.

Outros fatores essenciais que os autores (SELIGMAN *et al.*, 2009) apontam são que a maioria dos jovens comparece às escolas; essas fornecem oportunidades ao alcance dos jovens; e é uma possibilidade de elevar o bem-estar numa escala bem ampla.

Fora as escolas que favorecem essas possibilidades às crianças e jovens, de forma semelhante, o ambiente de ensino também é favorável ao bem-estar até de pessoas da terceira idade. Em um estudo com 184 idosos da Universidade Aberta à Terceira Idade da Escola de Artes, Ciências e Humanidades da Universidade de São Paulo, foi verificada uma associação entre o tempo de participação nas atividades e o menor índice de sintomas depressivos. (BATISTONI *et al.*, 2011)

Em estudo com 147 idosos da Universidade da Terceira Idade de Sevilha, Espanha, as atividades de idosos no ambiente educacional contribuíram para um aumento do suporte social, gerando, por conseguinte, aumento no senso de bem-estar e melhoria na saúde geral dos participantes. (PORTERO & OLIVA, 2007) As universidades para a terceira idade têm contribuído positivamente para o bem-estar de idosos e predizem, em potencial, uma velhice bem-sucedida. (IRIGARAY & SCHNEIDER, 2008)

Considerando, como já apontado, que, no estudo da Psicologia Positiva, para desenvolver e aplicar intervenções positivas é preciso instituir medições dos constructos que se pretende aumentar, é preciso conhecer como tecnicamente isso está sendo pesquisado.

Complementando o que já vimos no Capítulo 3 – Educação com Psicologia Positiva, quando conhecemos o modelo de medição de bem-estar de jovens EPOCH (KERN *et al.*, 2014), já nesse outro estudo, Kern e colegas (2015) também voltaram a sua atenção a como conceber e medir o bem-estar de crianças e jovens. No artigo *A Multidimensional approach to measuring well-being in students: Application of the PERMA Framework*, os estudiosos tecem algumas considerações que se espelham nos elementos da Teoria do Bem-estar. (SELIGMAN, 2011)

Nesse estudo, o primeiro ponto indicado foi de que o bem-estar de jovens é multidimensional, sendo que se refere tanto a aspectos positivos como negativos em relação ao *continuum* da saúde mental. Correlacionando os aspectos positivos ao PERMA, o estudo revelou que foram verificados os elementos das emoções positivas, do engajamento, da realização e dos relacionamentos, e, no caso do sentido, houve uma sobreposição com os relacionamentos, o que os autores indicam que pode ser um reflexo de que as interações sociais **têm** grande efeito na adolescência. Como sugestão, ao final do estudo, os autores indicam que as medidas multidimensionais, como o PERMA, **são úteis às** escolas, oferecendo informações aos professores sobre como aumentar o bem-estar dos alunos, já que as medidas globais deixam poucas indicações de como elevar o nível de bem-estar de um aluno. (KERN *et al.*, 2015)

Já para o *Programme for International Student Assessment – Pisa* no Volume III de seu Relatório Pisa 2015, publicado em abril de 2017, o bem-estar dos estudantes é composto dos seguintes aspectos:

• **Psicológicos** - Satisfação de vida dos alunos, senso de propósito, autoconsciência e ausência de problemas;

• **Cognitivos** - Proficiência dos alunos na aplicação do que eles sabem para resolver;

• **Físicos** - Adaptando um saudável estilo de vida e a saúde geral;

• **Sociais** - Relacionamentos dos alunos com a família, colegas e professores e sentimentos dos alunos sobre sua vida social. (OECD, 2017)

Pelo bem-estar

Como pode ser verificado, o bem-estar de crianças, jovens, adultos e idosos deve andar de mãos dadas com os outros aspectos desenvolvidos em ambientes educacionais tradicionais, os quais, sozinhos, não estão gerando na vida desses indivíduos um bem-estar pleno e favorecedor de uma vida realizada, de sucesso e feliz.

É óbvio constatar que o favorecimento da potencialização do bem-estar pode ser desenvolvido pela Psicologia Positiva e suas pesquisas podem aglutinar inúmeras possibilidades para resultados positivos nesse sentido no campo da Educação.

Vamos às práticas no Brasil sobre isso?

Educação Positiva na maturidade

Gabriele de Oliveira Ribas e
Juliana Vieira de Araújo Sandri

A educação é vivenciada em todas as fases da vida. Educar positivamente na maturidade é um convite para integrar a Psicologia Positiva e o Bem Envelhecer, em harmonia com uma proposta educativa, terapêutica e criativa. A educação na maturidade incita uma metodologia própria, condizente com as particularidades dessa fase da vida.

A educação combinada com oportunidades de aprendizado permanente ajuda as pessoas a desenvolverem as habilidades e a confiança que necessitam para se "adaptar e permanecer independentes à medida que envelhecem". (OMS, 2005, p. 30) O presente capítulo visa apresentar uma síntese da pesquisa de dissertação de mestrado intitulada: *A Psicologia Positiva como prática educativa terapêutica na maturidade*, realizada pela Msc. Gabriele Ribas, sob orientação da professora dra. Juliana Sandri. **Qual a contribuição da Psicologia Positiva para uma prática educativa terapêutica para adultos na maturidade?** É sobre isso que vamos discorrer neste capítulo.

Universidades da Terceira Idade

As chamadas universidades da terceira idade nasceram no final da década de 60, inicialmente na Europa, com o intuito de trazer bem-estar, produtividade e engajamento social às pessoas com idade mais avançada. No Brasil, a educação a adultos maduros se iniciou na década de 70. Muitos países aderiram às universidades da terceira idade, devido ao aumento da esperança de vida e um propósito de educação permanente. (NERI & CACHIONI, 2004) Essas universidades são instrumentos sociais que possibilitam mitigar os processos incapacitantes dos idosos, os quais levam ao isolamento social e à perda da capacidade funcional. Ações coletivas e sociais, a exemplo das universidades da terceira idade, são promotoras de um envelhecimento saudável porque possibilitam um ambiente capacitador e relacional.

O Univida é um projeto de extensão, voltado para adultos na maturidade, da Universidade do Vale do Itajaí – Univali. Utilizamos a expressão adultos na maturidade visto que maturidade traz uma conotação de virtude. A seguir, vamos compartilhar a metodologia das aulas, para que possa servir de inspiração, trazendo uma referência teórica, prática e metodológica de um trabalho terapêutico em educação e qualidade de vida para a promoção de saúde e bem-estar.

Prática Educativa Terapêutica: a metodologia das aulas

A organização das aulas deu-se da seguinte forma: PREPARAÇÃO: 1) acolhimento aos alunos; 2) relaxamento inicial; 3) exposição do tema da aula e pergunta reflexiva. DESENVOLVIMENTO: 4) apresentação teórica com recursos audiovisuais intercalados com 5) dinâmicas vivenciais, partilhas e reflexões. FECHAMENTO: 6) relaxamento final; 7) Avaliação da aula – síntese e *feedback*.

É importante salientar que, apesar de ter uma metodologia definida, a flexibilidade foi fundamental para as aulas fluírem com harmonia entre docente e discente. Contudo, podem-se destacar algumas características presentes na prática educativa terapêutica realizada com adultos na maturidade:

• **A preparação do ambiente**: chegava-se antes do horário, para preparar a sala. Dispunham-se as carteiras em círculo, para que todos pudessem se ver e para estimular a partilha e igualdade. Aromatizava-se o ambiente e colocava-se uma música suave de fundo. Desse modo, buscava-se criar um ambiente acolhedor, propício para o aprendizado e interação.

• **O acolhimento**: os alunos quando chegavam eram acolhidos com palavras e gestos. Dizia-se que todos eram bem-vindos, que era bom que estivessem presentes, num clima de apreço, carinho e aceitação, que se estendia ao longo do encontro. Um ambiente que incentiva emoções positivas favorece o aprendizado, o interesse e o bem-estar.

- **O relaxamento**: o relaxamento acontecia em dois momentos: no início e no final da aula. *No início da aula*, o relaxamento visava o centramento, por meio da respiração, tomando consciência de como estavam no momento. *No fim da aula*, um momento de meditação dirigida, relacionada ao tema da aula, trazendo uma reflexão pessoal relacionada à sua vida.

- **Temas de interesse dos aprendizes**: os temas foram escolhidos em conjunto, e preparados para responder às demandas e curiosidades dos participantes. Santos e Sá (2000) trazem a importância de os conteúdos estarem ligados ao interesse dos aprendizes maduros.

Quanto à educação positiva, Snyder e Lopez (2009) acrescentam que os professores são modelos de entusiasmo para os alunos, de modo que, quando tornam os objetivos interessantes para si mesmos, os alunos captam essa energia, facilmente.

- **Teoria e recursos audiovisuais**: imagens e frases projetadas no Datashow sintetizavam uma compreensão do tema. A cada *slide*, um comentário, uma reflexão. Os participantes tinham abertura para explorar os significados, trazer suas opiniões, relatar suas experiências e desencadear novos assuntos a partir do que era apresentado.

- **Diversidade de técnicas**: vivências, dinâmicas de grupo, exercícios de autoconhecimento, técnicas corporais, relaxamento, meditação, técnicas de respiração, arteterapia, música, dança, poesias, contos, entre outros recursos que possibilitaram a expressão criativa no relacionamento intra e interpessoal.

- **Integração teoria e prática**: teoria, prática e reflexão se mesclaram na prática educativa terapêutica, num processo dinâmico, fluido, interativo e integrativo.

- **Partilha**: espaço para partilhar, comentar, expressar, exemplificar, perguntar, sugerir, contribuir e refletir ao longo da aula, e, no final da mesma, trazendo seu *feedback* pessoal e relação com seu momento de vida. As professoras faziam associações entre o conteúdo e as experiências relatadas.

Snyder e Lopez (2009) apontam que um dos aspectos do alicerce da Psicologia Positiva na Educação é a importância do cuidado, confiança e respeito pela diversidade de opiniões em sala de aula.

- **Roda da palavra e abraços**: encerrava-se a prática, todos de pé, em círculo, de mãos dadas. Buscava-se sintonia consigo mesmo e com o grupo, um momento de síntese e gratidão, em que cada um sintetizava numa palavra como estava se sentindo. Então se abraçava cada colega, numa despedida amigável, positiva e carinhosa.

Ilustração/exemplo de uma aula

Vamos ilustrar a metodologia da prática educativa terapêutica com o exemplo de uma das aulas, intitulada: *Psicologia Positiva: florescer virtudes e forças pessoais.*

Inicialmente, foram dadas as boas-vindas e apresentada a temática do encontro. Houve a aplicação de um breve relaxamento e visualização do jardim interior. A maioria das alunas imaginou rosas de diferentes cores.

A apresentação do conteúdo da aula foi feita por meio de imagens projetadas, intercalando cada tema com dinâmicas. Durante a explanação, fizeram-se algumas perguntas para proporcionar a reflexão dos alunos, por exemplo: "O que a faz feliz?"

Uma das alunas falou que *"não estava feliz"*. A felicidade é entendida como "um estado emocional positivo, subjetivamente definido por uma pessoa". Na Psicologia Positiva, a felicidade é sinônimo de "bem-estar subjetivo", que corresponde a uma combinação de afeto positivo e satisfação geral com a vida. (SNYDER; LOPEZ, 2009, p.124)

Houve a explicação sobre a Psicologia Positiva e as seis virtudes ubíquas (sabedoria, coragem, justiça, temperança, amor e transcendência). Para exemplificar cada virtude, foi organizada uma dinâmica ou vivência, com o objetivo de mesclar teoria e prática.

Para vivenciar a sabedoria, as participantes pegaram aleatoriamente papéis em que estavam escritas frases reflexivas de pensadores famosos para cada uma ler e comentar. Quando conversamos sobre a Coragem, foi incentivado que relatassem alguma experiência pessoal de coragem.

Na virtude da Justiça, aplicou-se a dinâmica em que compartilhavam bombons e elogios. Em seguida, apresentou-se a virtude da Temperança. Uma prática muito simples que pode trazer bem-estar e harmonia é respirar profundamente, em um momento de silêncio e tranquilidade. Na virtude da Humanidade, organizou-se uma técnica nomeada "sacola afetiva", que contém diversos papéis com atitudes afetivas, por exemplo: escolha alguém para dar um abraço; sorria para os seus colegas etc. A última virtude apresentada foi a Transcendência, e foi explanada a técnica das três bênçãos, que ficou como tarefa de casa: durante uma semana, escrever três coisas positivas que aconteceram no seu dia (EMMONS, 2013). Elas acharam esse exercício muito interessante, pois teriam um diário de coisas positivas.

Para finalizar a aula, foi solicitado que cada uma falasse uma palavra para sintetizar a tarde: *"desabrochar", "sinceridade", "bom humor", "muito proveitosa", "saborosa", "risadas", "conteúdo" e "divertido"* foram os atributos expressados.

A participante que, no início da aula, proferiu que andava triste, fez questão de se pronunciar: *"Hoje nosso jardim floresceu"*. E, de modo unânime, afirmaram que gostaram muito da temática e das dinâmicas empregadas na aula.

Resultados da pesquisa

A pesquisa demonstrou que a Psicologia Positiva aplicada na prática educativa terapêutica trouxe benefícios na qualidade de vida dos participantes, que reconheceram o potencial transformador e terapêutico das aulas.

As aulas ministradas no curso Univida almejaram trazer um olhar positivo e criativo sobre a vida humana. Por meio das aulas teóricas e das vivências e dinâmicas, buscaram-se momentos de interação e reflexão para viver e envelhecer com qualidade e positividade. Uma das participantes comentou:

[...] o curso me ajudou bastante nessa questão da Psicologia Positiva [...]. De ver o lado melhor da vida. [...] eu acho que essa Psicologia Positiva é muito positiva, como o nome já diz. [...] eu nunca tinha ouvido esse termo. [...] quando comecei a ver que isso realmente tem um resultado positivo. Na gente, na forma de pensar. A gente sempre sai melhor de uma aula dessas. Quem que não gosta, de ouvir coisas boas, positivas, que faz bem, que deixa a gente mais feliz.

A Psicologia Positiva acredita que se pode aprender a ser mais feliz (SNYDER & LOPEZ, 2009). Desse modo, a forma como se percebe o mundo e as experiências de vida parece ser mais importante do que somente as circunstâncias objetivas. Essa ideia traz a possibilidade de escolha e autonomia do indivíduo, que passa a ser visto como autor da sua própria história. O ser humano é capaz de escolher, criar e recriar seus passos no caminho da existência.

Outra participante do curso assinalou sobre a Psicologia Positiva:

Para mim, foi a chave principal. Quando eu comecei a fazer o Univida, eu comecei a fazer escolhas. E uma das escolhas foi isso: procurar coisas que me fazem bem. [...] hoje aprendi a dizer não às coisas que me fazem mal.

As emoções positivas ampliam o reconhecimento dos recursos pessoais do indivíduo, aumentam seu repertório de pensamentos e ações positivas bem como estendem a possibilidade de solução criativa de problemas. (FREDRICKSON, 2004; SNYDER; LOPEZ, 2009)

Seligman (2011) enaltece que o bem-estar pode e deve ser ensinado em sala de aula. Além de melhorar a aprendizagem, um estado de humor positivo produz maior atenção, satisfação com a vida, e promove um pensamento mais criativo e holístico.

Esse bem-estar pode ser ilustrado com a fala de uma das participantes: *Eu sempre digo para todo mundo: n*ão tem coisa melhor que essa dita *Psicologia Positiva, ela só põe a gente para cima. A gente sai das aulas sempre muito melhor do que entrou. Faz bem isso.*

"É pelo cultivo do positivo que somos capazes de aprender, crescer e florescer" (SELIGMAN, 2011, p. 156). O afeto positivo pode ampliar a sensação de sentir-se bem. Giacomini (2004) aponta que uma pessoa com elevado sentimento de bem-estar apresenta satisfação com a vida, e assim Fredrickson e Losada (2005) propõem que a chave do florescimento humano é uma maior proporção de afetos positivos em relação aos negativos. Pessoas que regularmente experienciam afetos positivos, inclusive, exibem mais resiliência diante das adversidades.

Sobre a positividade, uma das alunas comentou:

Se já procurava ver as coisas do lado bom, agora ainda melhor. [...] não só para a nossa idade, [...] qualquer idade porque isso daí é a lei da vida. É o que a gente tem que seguir a vida inteira, não importa a idade. Aprender a viver, e viver bem, ver o lado positivo da vida.

Seligman (2011) vislumbra que é a hora de uma nova prosperidade, que considere o florescimento como alvo da Educação. Essa nova prosperidade é alimentada pela Educação Positiva, que deve ser valorizada ao longo da vida.

O bem-estar leva ao desenvolvimento de boas relações sociais, assim como as relações sociais positivas mostram-se necessárias para o bem-estar. Existem diferentes dados sugerindo que participar de grupos, como grupos de amigos, de trabalho, de apoio, é um fator favorável para o bem-estar subjetivo. (PASSARELI & SILVA, 2007)

Considera-se que a Psicologia Positiva aplicada na prática educativa terapêutica desenvolvida trouxe benefícios na qualidade de vida dos aprendizes, que reconheceram o potencial terapêutico das aulas. Eles se abriram para o autoconhecimento e crescimento pessoal. Expressaram e transformaram sentimentos, reconheceram a importância da afetividade e da diversidade de técnicas na transformação de sua vida pessoal e vínculos de amizade se fortaleceram ao longo das aulas.

Reflexões sobre a educação positiva para adultos na maturidade

Considerando o exposto, almeja-se que essa pesquisa possa contribuir com profissionais que trabalham com adultos na maturidade, trazendo uma referência teórica, prática e metodológica de um trabalho em educação, qualidade de vida e promoção de saúde, na perspectiva da Psicologia Positiva. Dando um passo além, inspirar quem trabalha com saúde, terapia e educação, mostrando uma vivência positiva de crescimento pessoal com educação positiva. Educação Positiva tanto na temática dos encontros, quanto na metodologia das aulas. Educação Positiva na teoria e na prática, de forma educativa e terapêutica para adultos na maturidade.

Para finalizar, uma pausa. Uma pausa para refletir sobre a Educação Positiva ao longo da jornada da vida e inspirar a promoção da saúde em cada etapa do caminho.

É o momento de parar. Olhar para trás, reconhecer o caminho já trilhado. Em seguida, olhar para frente, o caminho continua, enquanto há vida, há busca, há aprendizado e superação. Olhar para baixo, com humildade, saber que o que se sabe é uma gota no oceano. Olhar para cima, ver no céu seus sonhos e nas estrelas que ainda há muito a realizar. Olhar para fora, ver e agradecer o que já floresceu. Especialmente, olhar para dentro, reconhecer a chama interior que nunca se apaga, e que convida a sempre continuar.

Empatia e aprendizagem socioemocional para crianças e adolescentes

Helder Kamei

Inicio este texto com uma pergunta simples e ao mesmo tempo complexa: *Qual é o papel da Educação para a sociedade?*

Uma resposta muito comum entre especialistas é estabelecer um processo de aprendizagem contínua que possibilite que crianças, jovens e adultos alcancem a excelência em suas habilidades, oferecendo condições para que eles transformem-se em profissionais competentes. Entendo que o papel da Educação deveria ser muito mais abrangente que preparar jovens para ingressar no mercado de trabalho, mas, ainda que a finalidade fosse essa, ela estaria sendo cumprida apenas parcialmente. Em um levantamento nacional nos Estados Unidos sobre o que os empregadores consideram importante para admitir um jovem recém-formado (GOLEMAN, 1998), os principais itens[1] foram:

1) Competência em leitura, escrita e matemática.

2) Conhecimento técnico e especializado.

3) Capacidade de ouvir e de comunicação oral.

4) Iniciativa, adaptabilidade e respostas criativas a problemas.

5) Autogestão, autoconfiança, motivação, vontade de realizar.

6) Capacidade de relacionamento interpessoal, de cooperar, trabalhar em equipe e saber negociar em situações de discordância.

7) Organização, vontade de contribuir, potencial de liderança.

Dos sete itens mais citados, apenas os dois primeiros referem-se a competências acadêmicas, enquanto os outros cinco dizem respeito às chamadas habilidades socioemocionais. Esses dados explicam porque, há

---
1 Itens não dispostos em ordem de frequência ou importância.

pelo menos duas décadas, jovens com excelentes notas escolares nem sempre são bem-sucedidos profissionalmente, enquanto outros estudantes, com notas medianas, obtêm maior êxito no mundo profissional.

Pesquisas recentes confirmam a atualidade dessas informações. Angela Duckworth (2016) verificou que o melhor preditor de sucesso nos Estados Unidos em concursos nacionais de soletração, na academia militar e no desempenho de vendedores e professores em situações desafiadoras não era o Q.I. (quociente de inteligência), nem as notas escolares, mas uma característica que ela chamou de "garra" e que está relacionada a muitas habilidades socioemocionais, como a determinação, perseverança, autocontrole e resiliência.

A boa notícia é que essas habilidades podem ser aprendidas e desenvolvidas. O termo "aprendizagem socioemocional" emergiu em 1994 em uma reunião de educadores e pesquisadores envolvidos em projetos de desenvolvimento de crianças e adolescentes, tais como prevenção de drogas, redução de violência, educação cívica, sexual, moral etc. Dessa reunião também surgiu a CASEL[2], uma organização voltada para o desenvolvimento das habilidades socioemocionais de alunos da Educação Básica que se tornou a principal referência no mundo. Ela define a aprendizagem socioemocional como:

> Processo pelo qual as crianças e os adultos adquirem e aplicam efetivamente os conhecimentos, as atitudes e as habilidades necessárias para compreender e administrar emoções, estabelecer e alcançar metas positivas, sentir e demonstrar empatia pelos outros, estabelecer e manter relacionamentos positivos, e tomar decisões responsáveis[3].

É conhecida a passagem onde Seligman (2011) pergunta aos pais o que eles mais desejam para seus filhos. Surgem respostas como: felicidade, saúde, amor, realização, paz, ou seja, características que podem ser compreendidas como bem-estar. Depois, compara com o que a escola ensina: português, matemática, história, geografia etc. Seligman defende

---

[2] Sigla para Collaborative for Academic, Social, and Emotional Learning (colaboração para a Aprendizagem Acadêmica, Social e Emocional, em tradução livre).
[3] http://www.casel.org/what-is-sel/

a ideia de que as habilidades do bem-estar também deveriam ser ensinadas nas escolas, e cita como exemplo o Programa de Resiliência da Pensilvânia e o de Psicologia Positiva da *Strath Haven High School*, cujo impacto resultou em redução significativa de depressão e transtornos de ansiedade, redução de problemas de conduta, aumento de otimismo e bem-estar, e melhoria em habilidades socioemocionais, tais como empatia, cooperação, assertividade e autocontrole.

Em 2011, um grupo de pesquisadores integrantes da CASEL[4] fez um amplo estudo, que envolvia mais de 200 mil estudantes e reuniu os resultados de inúmeras pesquisas que avaliavam o impacto de programas de aprendizagem socioemocional na vida de estudantes da Educação Básica. Os benefícios constatados foram: diminuição de problemas disciplinares, redução da incidência de transtornos psicológicos, aumento da disposição para aprender e maior comprometimento escolar. Entretanto, o dado mais surpreendente foi uma melhoria de 11%, em média, no desempenho acadêmico dos estudantes. Isso significa que os programas de aprendizagem socioemocional possuem benefícios não apenas socioemocionais, mas também acadêmicos.

Por isso, o *International Positive Education Network*[5] (IPEN), uma rede de profissionais envolvidos em Educação Positiva, adotou o modelo da dupla hélice, como se fossem dois braços do DNA da educação: de um lado a aprendizagem acadêmica e de outro o desenvolvimento do caráter e das habilidades do bem-estar, tais como garra, otimismo, resiliência, *mindset* de crescimento, engajamento e *mindfulness*. Esses dois braços são complementares e possuem igual importância.

Programa semente: aprendizagem socioemocional para crianças e adolescentes

Quero agora relatar um *case* recente e inovador de aplicação da Educação Positiva no Brasil: o Programa Semente[6]. Idealizado pelo psiquiatra Celso Lopes de Souza e pelo linguista Eduardo Calbucci, ambos professo-

---

[4] http://www.casel.org/impact/
[5] http://www.ipositive-education.net/
[6] Com permissão da Instituição

res com mais de duas décadas de experiência em Educação, o programa nasceu da percepção de que muitos alunos, academicamente bem preparados, não se saíam bem nas provas porque não sabiam lidar com a ansiedade, nervosismo e estresse.

Embora produzido no Brasil, o Programa Semente levou em conta experiências bem-sucedidas em outros países e chanceladas pela CASEL, como o *Penn Resilience Program* (Pensilvânia) e o *Ruler Program* (Yale). Tive a honra de participar do programa como consultor e ser coautor do material didático, e enfatizei que, além dos benefícios para a prevenção de ansiedade, depressão e outros transtornos psicológicos, o programa deveria desenvolver as habilidades para a promoção do bem-estar, aumento de emoções positivas, melhoria da qualidade dos relacionamentos interpessoais e desenvolvimento de forças de caráter, como perseverança e generosidade.

O Programa Semente[7] está estruturado para desenvolver cinco habilidades socioemocionais:

- **Autoconhecimento**: saber reconhecer emoções, limitações e forças.
- **Autocontrole**: controle de emoções e pensamentos.
- **Empatia**: compreender o outro e exercer comportamentos pró-sociais.
- **Habilidades Sociais**: saber se comunicar e criar relacionamentos saudáveis.
- **Decisões Responsáveis**: fazer escolhas construtivas, coerentes e éticas

O programa foi planejado em 2017 para ser usado por alunos do Ensino Fundamental II (6º ao 9º ano), tendo 12 lições por série. As aulas são conduzidas por professores da própria escola, mas treinados pela equipe Semente. Há um material exclusivo para o professor, com orientações e explicações em textos e vídeos. Em seu primeiro ano, o programa já foi adotado por 30 escolas, nas quais cerca de 20 mil alunos iniciaram a aprendizagem socioemocional. A partir do segundo ano, ele será estendido para o Ensino Fundamental I e para o Ensino Médio, completando todo o ciclo da Educação Básica.

---

7 http://www.programasemente.com.br/dominios.php

Empatia: o que é e por que desenvolver?

No Programa Semente, eu fui autor do conteúdo didático do domínio da Empatia, por isso vou utilizar a aprendizagem dessa habilidade como exemplo.

A empatia é a habilidade de se colocar no lugar de uma outra pessoa e compreender o que ela pensa e sente, a partir do ponto de vista dessa outra pessoa. A maioria dos autores descreve dois tipos de empatia. A **empatia cognitiva** é a habilidade de assumir a perspectiva do outro, sendo capaz de compreender suas ideias e pensamentos. Já a **empatia afetiva** é a capacidade de uma pessoa se imaginar no lugar de outra e sentir a emoção que ela está sentindo, seja tristeza, medo, raiva ou alegria. (DAVIS, 1980) No oitavo ano, introduzimos mais um elemento: a **compaixão**. A compaixão surge quando presenciamos a dor e o sofrimento de outra pessoa. Não nos limitamos apenas a compartilhar seus sentimentos, mas desejamos que essa pessoa se livre do sofrimento e nos mobilizamos para ajudá-la.

A empatia nos ajuda a compreender melhor os outros e assim nos relacionamos melhor com as pessoas com quem convivemos, seja em casa, na escola ou em nossa comunidade. Quando somos empáticos, criamos mais conexões e fortalecemos nossas amizades. Como exemplo de um benefício comprovado, uma pesquisa com 450 escolas que adotaram o programa *Roots of Empathy*[8] verificou uma redução significativa nos níveis de agressão e *bullying* entre crianças e adolescentes e aumento de comportamentos pró-sociais.

Como desenvolver empatia

A primeira habilidade que trabalhamos no programa é a *capacidade de se colocar no lugar da outra pessoa*, por meio de vários exercícios, tais como:

• Apresentar fotos de algumas cenas envolvendo pessoas, pedir para o aluno se colocar no lugar delas e imaginar o que estaria pensando e sentindo.

---

[8] http://www.rootsofempathy.org/research/

- Narrar pequenas histórias cotidianas (por exemplo, algum conflito entre um menino e seus pais) e pedir para o aluno se imaginar no lugar do menino, do pai e da mãe, e descrever o que estaria pensando e sentindo em cada posição.

Outra habilidade importante é *escutar com atenção plena*. Geralmente, as pessoas referem-se à empatia com emoções negativas, por exemplo, quando você fica triste ao ver alguém triste. Entretanto, também é possível sentir empatia com emoções positivas, por exemplo, quando você fica feliz ao ver outra pessoa feliz. Chamamos esse sentimento de *alegria empática*. No sexto ano, iniciamos o exercício da escuta atenta com alegria empática e apreciação positiva. Em duplas, um aluno conta uma história de realização pessoal. O outro ouve com atenção e, em seguida, parabeniza e elogia as qualidades que conseguir identificar. Nas séries seguintes, esse exercício é realizado com emoções negativas, como raiva, tristeza e medo. O aluno aprende a demonstrar *compreensão empática* e oferecer apoio e encorajamento, mas atentando-se para não dar conselhos.

Um conteúdo fundamental refere-se a *alteridade, diversidade e divergência*. O aluno reflete sobre diferenças e semelhanças entre as pessoas, aprende que a divergência de pontos de vista não é necessariamente ruim e enriquece nosso pensamento, trazendo novas perspectivas, possibilidades e alternativas. Nesse ponto, a habilidade a ser desenvolvida é a *discordância respeitosa*. Em trios, os alunos recebem um tema controverso e exercitam as habilidades de: escutar o outro com atenção, demonstrar compreensão, expressar seu ponto de vista de maneira respeitosa, falar com calma e expressar-se de forma não ofensiva. Por exemplo, em vez de dizer *"Você não está entendendo"*, é preferível dizer *"Acho que não fui claro o suficiente"*.

Outro conteúdo trabalhado é a diferença entre *competição e cooperação*, quando explicamos que, na competição, para um ganhar, os outros precisam perder, enquanto na cooperação, quando um ganha, todos ganham. Assim, incentivamos a cooperação e ensinamos a Ética da Reciprocidade, que consiste em ajudar para ser ajudado.

Comprovando benefícios

Com o objetivo de avaliar a efetividade do Programa Semente nas escolas, estamos desenvolvendo amplos estudos de avaliação de impacto e de processo, coordenados por Bruno Damásio, professor de Psicometria da Universidade Federal do Rio de Janeiro (UFRJ). A avaliação de impacto investiga em que medida o programa ampliará cinco habilidades socioemocionais: autoconhecimento, autocontrole, empatia, decisões responsáveis e habilidades sociais. Para que esse estudo pudesse ser conduzido, foram desenvolvidas escalas específicas para o Programa Semente. A fim de validar tais instrumentos, seus resultados foram contrastados com outros já existentes na literatura internacional, tais como: *Revised Self-Consciousness Scales for Children* (TAKISHIMA-LACASA et al., 2014); *GRIT Scale for Children* (DUCKWORTH, & QUINN, 2009) e *Basic Empathy Scale* (JOLLIFFE & FARRINGTON. 2006). Na avaliação de processo, por sua vez, estudantes e professores fornecerão a sua percepção sobre conhecimento adquirido, definição de objetivos e compatibilidade com o treinamento, ordenação e adequação do conteúdo programático, material didático, aplicabilidade do conhecimento e melhoria no desempenho. Ao todo, aproximadamente 14.000 crianças e 110 professores, de 44 escolas de Norte a Sul do Brasil, estão participando da pesquisa de avaliação de processo e impacto. Assim, a avaliação do Programa Semente contará com uma amostra ampla e abrangente, capaz de traçar um panorama nacional das habilidades socioemocionais de crianças e adolescentes, e possibilitará um aprimoramento contínuo do programa, o que reflete uma postura ética e cientificamente comprometida.

Conclusão

Hoje sabemos que o bom desempenho nas disciplinas acadêmicas não garante um bom ingresso no mundo profissional, porque os empregadores, em seus processos seletivos, também avaliam habilidades socioemocionais que não são ensinadas na Educação Básica e Superior. E não apenas o ingresso, mas o sucesso de uma carreira profissional está bastante relacionado com o desenvolvimento de competências socioemocionais, como a empatia, autocontrole, determinação e perseverança. Sendo assim, mesmo que a preparação profissional fosse o único papel da Educação, ainda estaria sendo exercida de forma bastante incompleta.

Por outro lado, com frequência ouvimos que o papel da Educação é muito mais abrangente e deve conter o desenvolvimento da cidadania e de uma consciência social, ambiental e ecológica. Na visão da Psicologia Positiva, a Educação deve ainda incluir o caráter e o bem-estar, ou seja, auxiliar no desenvolvimento das forças de caráter e das habilidades socioemocionais que promovem o bem-estar.

Chamei de *qualidade de vivência* (2014) a dimensão psicológica da qualidade de vida, ou seja, os estados subjetivos que vivenciamos em nosso dia a dia. Nesse sentido, o meio escolar e o meio profissional são extremamente importantes, porque são os dois ambientes em que as crianças e os adultos, respectivamente, passam a maior parte do seu tempo. A qualidade da vivência escolar, portanto, é fundamental para o bem-estar das crianças e adolescentes, e irá impactar significativamente o bem-estar na vida adulta.

A aprendizagem acadêmica e o bem-estar não são dimensões conflitantes, muito pelo contrário. Por um lado, a aprendizagem acadêmica pode ser uma ótima fonte de bem-estar, e por outro, os elementos que compõem o bem-estar, como as emoções positivas, experiências de *flow* e os relacionamentos positivos, certamente facilitarão a aprendizagem escolar e contribuirão para uma melhoria no desempenho acadêmico. Eu acredito que, no futuro, as escolas serão um ambiente de promoção de bem-estar e desenvolvimento integral do ser humano, ou seja, as escolas serão agentes da felicidade e do florescimento.

11

Positive Scholar

Favorecendo resultados acadêmicos com Psicologia Positiva

Andréa Perez

Verifica-se, atualmente, que cresce o estado disfuncional de indivíduos que participam da vida acadêmica, nas salas de aula e fora delas, seja nas pesquisas ou no ambiente avassalador de exigências de publicações, notoriedade relacionada à *performance* e falta de financiamentos.

Pesquisas mostram que índices alarmantes de estresse, depressão, *burnout* e ansiedade vêm crescendo ao longo dos anos.

Nos dias atuais, a situação parece se intensificar. No artigo **Estresse e Depressão na Pós-Graduação: Uma Realidade que a Academia Insiste em Não Ver**, Cristiano Junta (2017) apresenta alguns estudos que ressaltam um quadro bastante sério sobre a saúde física e emocional, além de mudanças comportamentais relevantes, pelas quais passam pós-graduandos. Destaca o artigo ***Under a Cloud – Depression is rife among graduate students and postdocs. Universities are working to get them the help they need***, de Virginia Gewin, que constatou índices altíssimos de depressão entre os pós-graduandos ingleses. (JUNTA, 2017) No estudo, as duas desordens de saúde mental mais comuns entre os pós-graduandos são a depressão e a ansiedade, que podem gerar os seguintes sintomas: inabilidade para assistir aula e fazer pesquisa; dificuldade de concentração, diminuição da motivação, irritabilidade aumentada, distúrbios do sono, mudanças no apetite ou níveis de energia e aumento do afastamento do convívio social. (GEWIN, 2012)

Outra pesquisa destacada por Junta (2017), conduzida na Universidade Federal do Rio Grande do Sul, constatou os mesmos sintomas entre os pós-graduandos, revelando um quadro significativo de "deterioração das condições de vida", tanto dos estudantes *lato sensu* como de *stricto sensu*, tendo os últimos apresentado frequências ainda maiores.

Atuar de forma profilática e corretiva nesse ambiente com iniciativas que favoreçam a melhoria do bem-estar é um dos caminhos possíveis e é apresentado no Positive Scholar, o qual será descrito ao longo deste capítulo, e que tem como base teórico-prática temas da Psicologia Positiva.

O Universo da Academia

Cada vez mais, surgem novas oportunidades e iniciativas em cursos, estudos e pesquisas no contexto acadêmico, fora a possibilidade de construção de uma carreira nessa vertente profissional.

No Brasil, segundo informação do MEC (FARIA, 2017), num levantamento feito pela Capes, existem 122.295 estudantes de pós-graduação. Comparando-se os dados atuais ao ano de 1996, existiam 67.820 alunos da pós-graduação no País, chegando à casa de 112.237 estudantes de pós-graduação em 2003, o que demonstra uma evolução significativa. (FARIA, 2017)

Além disso, as universidades, institutos de pesquisas e organizações de fomento crescem em números e estreitam mais suas fronteiras, gerando inúmeras possibilidades de desenvolvimento nessa área. Considerando os últimos oito anos, foi verificado o crescimento de aprovações de cursos de pós-graduação pela Capes da ordem de 9%. (FARIA, 2017)

Notoriamente, as perspectivas no segmento acadêmico são promissoras, mas é uma área cuja dedicação, responsabilidade e, muitas vezes, dedicação exclusiva é requerida. Nas universidades federais no Brasil, entre os anos de 2003 a 2016, houve um aumento de 189% do número de professores doutores nas universidades federais. (PORTAL BRASIL, 2017)

E um dos aspectos que acaba aglutinando ainda mais tensão a essa produção científica desenfreada são os prazos de publicação que acabam por comprometer a qualidade da produção do conhecimento. A qualificação dos cursos por meio de pontuações, por quantidade de publicações, acaba sendo outro aspecto que contribui para essa produção em larga escala, trazendo grande tensão a todos.

Outro ponto de extrema atenção para acadêmicos diz respeito ao aspecto da qualidade e exatidão metodológicas, consideradas *sine qua non* para pleitear publicações em periódicos com fatores de impacto mais altos, alvo de quem deseja progredir na carreira acadêmica.

Diante de todos esses aspectos que envolvem o estudo e a carreira, o estresse, a ansiedade, a angústia e, muitas vezes, a desistência acabam por cercear a todos de forma alarmante, gerando, nos casos mais agudos, transtornos graves.

Esse quadro não é algo dos dias atuais no Brasil. Já em 2003, numa pesquisa realizada com alunos e acadêmicos no Departamento de Bioquímica Médica da UFRJ (MEIS *et al.*, 2003), considerando a necessária produtividade da área acadêmica e a restrição de fundos, destacam-se alguns pontos:

➢ Ênfase e envolvimento absolutos em trabalhos que produzam publicações em revistas de alto fator de impacto e grande estresse e frustração pessoal quando os artigos são rejeitados; (p.1138)*A falta de suporte financeiro para pesquisas gera um estado de frustração e insegurança;* (p. 1139)*Os "ritos de passagem" impõem ao pesquisador provar incessantemente sua competência, estando sempre se colocando no risco de ser eliminado ou desmoralizado;* (p. 1140)*Estado de exaustão mental e emocional, causado por esperanças e expectativas frustradas, por um sentimento de controle inadequado sobre o próprio trabalho e da perda de sentido da vida.* (p. 1140-1141)Para Junta (2017), a academia ainda defende a bandeira do *"no pain no gain"*, que considera nobre o "sacrifício da vida pessoal", em prol de uma *performance* acadêmica exemplar, o que acaba ainda sendo favorecido pela competição existente por notoriedade e fundos.

Diante de todos esses fatores, verifica-se a necessidade de serem incluídas, nos contextos acadêmicos, iniciativas, predominantemente de caráter comportamental, que possibilitem aos partícipes cumprir as condicionantes exigidas para que tenham sucesso, mas, acima de tudo, que isso aconteça resguardando o seu bem-estar físico e emocional.

Temas da Psicologia Positiva no Positive Scholar

Pesquisas desenvolvidas no campo da Psicologia Positiva, sobre **a felicidade e o bem-estar subjetivo** (DIENER, 2009), já identificaram que, seja no ambiente acadêmico, como também no ambiente organizacional, os melhores resultados e os de maior sucesso são obtidos pelos indivíduos mais felizes (ACHOR, 2012), havendo, dessa forma, uma inversão da crença que se tinha até então de que "você será feliz se tiver sucesso". Hoje, a expressão válida é: a felicidade antecede o sucesso.

Além do sucesso, estados emocionais em que prevaleçam **as emoções positivas** no lugar das negativas, como o estresse, permitem que as pessoas desenvolvam "reservas" de positividade, das quais podem lançar mão em momentos de adversidade, em situações mais conturbadas. (FREDRICKSON, 2009)Para o aumento das emoções positivas, o Positive Scholar alicerça-se no favorecimento das **ações intencionais**, que, quando implementadas de acordo com a adequação devida a cada indivíduo, podem gerar a melhora dos níveis de bem-estar subjetivo. (LYUBOMIRSKY, 2008)

A proposta da Psicologia Positiva não se restringe apenas à Psicologia, devido a sua multidisciplinaridade, incluindo a área da Educação, cenário da proposta do Positive Scholar, embasado nos preceitos da **Educação Positiva**. (SELIGMAN, 2011; NORRISH, 2015; SELIGMAN *et al.*, 2009) Segundo Seligman (2011), no âmago da Educação Positiva, encontra-se um problema avassalador relacionado ao estresse e casos de depressão no contexto escolar, de alunos e professores, trazendo os primeiros resultados negativos que perduram em suas vidas ao longo dos anos.

Apesar de a maioria das iniciativas mundiais sobre a Psicologia Positiva recair sobre a Educação até o equivalente ao ensino médio no Brasil, já começam a ser consideradas ações contemplando uma retomada dos aspectos morais e de construção do caráter no segmento de *"higher education"*[1] (SCHREINER, 2015). Coadunando com isso, Oades e outros (2013)

---
[1] Neste caso, o que no Brasil equivaleria aproximadamente à graduação.

incluem a proposta de uma *"positive university"*, voltada ao contexto educacional *per se*, e à geração de conhecimento por meio de pesquisas, ao engajamento de estudantes e do *staff* nesses esforços, ao clima e à cultura organizacional existentes e às comunidades em que essas instituições existem. Essa aplicabilidade alinha-se com a proposta de aplicação no contexto acadêmico, apesar de trabalho ainda embrionário no Brasil.

Outro aspecto de muita relevância no campo da Psicologia Positiva diz respeito às pesquisas relacionadas às **qualidades humanas positivas** – talentos humanos e forças de caráter - e aos benefícios que geram em nossas vidas quando utilizadas e/ou potencializadas. (BUCKINGHAM & CLIFTON, 2008) (PETERSON & PARK, 2009; PETERSON & SELIGMAN, 2004)

Diante dessa abordagem que contempla o bem-estar e o uso das qualidades humanas positivas em ambiente de ensino, aprendizagem e pesquisa, refletir sobre uma metodologia de migração das descobertas das pesquisas científicas da Psicologia Positiva e da Educação Positiva, para aplicação no contexto da academia, é um passo inicial para favorecer a melhoria dos casos de mau funcionamento cognitivo, físico e emocional dos partícipes, que acabam gerando comprometimento aos cursos e às instituições de ensino, acuadas diante das cobranças do meio acadêmico.

O que é o Positive Scholar?

O Positive Scholar é um *workshop*, metodologicamente modelado com base na Psicologia Positiva e na Educação Positiva, com aplicação por meio do Coaching em grupo, que visa a melhoria da *performance* acadêmica, a partir da melhoria do bem-estar subjetivo, considerando os benefícios que um estado de felicidade mais elevado e o uso das qualidades humanas positivas podem gerar aos partícipes – alunos, docentes e pesquisadores - da pós-graduação na academia.

Hipóteses de Melhoria da Performance com o Positive Scholar

Como já apontado, o Positive Scholar pretende colaborar com a melhoria do bem-estar subjetivo e, a partir desse estado favorecido, gerar a melhoria da *performance* acadêmica. Diante disso, apresentam-se hipóteses de melhoria de *performance* a serem alcançadas pelos participantes do Positive Scholar, a partir da melhoria do bem-estar subjetivo, pautando-se nas pesquisas sobre as características e benefícios de pessoas mais felizes, com base no trabalho sobre emoções positivas de Fredrickson (2009).

PESSOAS MAIS FELIZES	HIPÓTESES DE MELHORIA DE *PERFORMANCE* ACADÊMICA
Apresentam expansão das conexões conceituais que fazemos e passamos a ter melhores ideias*	▪ Favorece a análise por alunos/professor/docente dos dados da revisão da literatura, facilitando a identificação de pontos de contato ou de divergência, permitindo a elaboração de pesquisas mais pertinentes e criativas;Auxilia na melhoria do aprendizado a partir de um entendimento facilitado das temáticas apresentadas em sala de aula.
Possibilitam ampliar a sua mente e construir um futuro melhor, já que a felicidade amplia a sua visão e o seu campo de ações*	▪ Permite ao aluno/professor/pesquisador prospectar melhor o seu projeto e vislumbrar que tipos de respostas sua pesquisa precisa obter, além de auxiliar no planejamento e na execução das etapas da pesquisa.
Apresentam maior capacidade para lidar com adversidades de maneira mais racional, pois enxergam mais soluções*	▪ Capacita o aluno/professor/pesquisador quanto a redirecionamentos e desdobramentos da pesquisa que podem ocorrer durante o seu estudo; ▪ Favorece uma receptividade mais adequada das considerações feitas pelas bancas examinadoras em momentos de qualificação ou análises de bancas; ▪ Ajuda a lidar melhor com os resultados/notas desfavoráveis nas disciplinas, caso ocorram.

Tendem a ter altos níveis de confiança*	▪ A crença da autoeficácia pode fazer com que o aluno/professor/pesquisador acredite no potencial de realizar o trabalho acadêmico, o que muitas vezes é uma grande dúvida; ▪ Pode contribuir, no caso do aluno, para a conclusão dos créditos das disciplinas de forma mais facilitada; ▪ Pode contribuir para o atingimento de metas de publicações pelo aluno/professor/pesquisador.
Apresentam múltiplas estratégias adaptativas*	▪ Favorece as adequações necessárias em diversos contextos da vida do aluno/professor/pesquisador, considerando a indispensável dedicação de tempo que deve ser reservado durante a elaboração de um estudo acadêmico e do curso.
Têm mais confiança no outro e relacionam-se melhor e mais profundamente com as pessoas*	▪ Favorece a concretização de trabalhos em grupo durante as disciplinas; ▪ Favorece a condução de pesquisas com equipes de pesquisadores; ▪ Pode favorecer as relações com órgãos de fomentos e melhores negociações em acordos de cooperação mútua; ▪ Contribui para relação com o orientador/orientando.
Têm maior bem-estar psicológico e melhor saúde por conta de sistemas imunológicos mais fortes*	▪ Contribui para o equilíbrio durante a participação/docência no curso ou durante a pesquisa; ▪ Permite maior assiduidade às aulas e etapas de pesquisa programadas, assim como em reuniões agendadas, o que permite a dedicação contínua aos trabalhos.
São mais proativas e têm maior capacidade para a solução de problemas*	▪ Diante de situações inesperadas diversas, no contexto acadêmico ou pessoal, possibilita identificar novas alternativas que possibilitem restabelecer a pesquisa ou o curso.

Quadro 1: Hipóteses de melhoria da *performance* acadêmica, correlacionadas aos benefícios que pessoas mais felizes, com mais emoções positivas apresentam, segundo trabalho de Fredrickson* (2009).

Objetivos do Positive Scholar

Considerando a possibilidade de confirmação das hipóteses de melhoria de *performance*, são elencados os seguintes objetivos com a aplicação do Positive Scholar.

• Estruturar um planejamento de etapas para a elaboração de trabalhos/pesquisas acadêmicos;

• Favorecer o cumprimento do prazo de entrega e/ou defesa de trabalhos/pesquisas acadêmicos;

• Atingir metas de publicações com vistas à progressão na carreira acadêmica;

• Favorecer o desempenho dos alunos nas disciplinas, dos professores em sala de aula e nas orientações;

• Promover maior dedicação dos partícipes em suas pesquisas para um padrão mais alto de qualidade;

• Despertar o interesse dos partícipes em produzir artigos acadêmicos;

• Incentivar a maior interação e confiança nas relações;

• Inovar quanto à implementação de iniciativa de melhoria comportamental visando melhoria de *performance;*

• Identificar e incentivar a vivência de experiências que gerem emoções positivas e identificar as qualidades humanas positivas dos partícipes, para a potencialização do bem-estar subjetivo.

Metodologia de Aplicação

A modelagem inicial do Positive Scholar prevê o seu desenvolvimento, utilizando o **processo de Coaching com uso de intervenções, práticas e** *assessments* **da Psicologia Positiva.**

Aplicado **em grupo e de forma breve**, com duração que pode variar de **12 a 20 horas, sendo dividido em dois ou três encontros**, com **intervalo de 15 dias. A formação dos grupos, de dez a 30 pessoas,** pode ocorrer por **adesões voluntárias ou por convocação obrigatória**, dependendo da intenção da instituição de que venha a ser realizado, podendo o público ser mesclado com alunos, professores ou pesquisadores

O ideal é que a realização ocorra no **início de cursos ou pesquisas**, para permitir adequações de planejamento e execução, e aumento do bem-estar subjetivo.

O *workshop* pode ser desenvolvido utilizando os **seguintes métodos**:
- Apresentações expositivas;
- Discussões em grupo;
- Sessões de Coaching de Psicologia Positiva;
- Metodologia de Diálogo World Café;
- Práticas de Mindfulness.

Avaliações Passíveis de Aplicação

Com vistas a avaliar os resultados do Positive Scholar, é sugerida a realização das seguintes modelagens de avaliações:

➢ **Avaliação de Reação**: aplicada ao final do segundo ou terceiro encontro, para levantar aspectos sobre os conteúdos, as práticas, a aplicabilidade dos temas e a condutora;

➢ **Avaliação de Resultados**: apilcada um mês após o **último encontro, levantando a percepção subjetiva dos participantes sobre os benefícios à** sua *performance* e aos relacionamentos.

➢ **Avaliações da satisfação com a vida e dos afetos positivos e negativos** dos participantes no início e ao final do *workshop*.

Resultados

No ano de 2016, o Positive Scholar já foi aplicado em instituição de pesquisa do serviço público federal, obtendo resultados positivos nas avaliações de reação sobre sua aplicabilidade para um público de pós-graduandos, mestrandos e doutorandos, com pequena amostra, sendo destacado o interesse em participar de mais iniciativas, e a continuidade do Positive Scholar.

O projeto foi aprovado para apresentação oral no ETRAP 2017 - *6th International Conference on Education and Training in Radiological Pro-*

tection – Valencia (CORRÊA & DA SILVA, 2017). Ao final da conferência, foi apontado como destaque entre os trabalhos apresentados.

No ano de 2018, foi realizada, até o momento, a primeira etapa do Positive Scholar com novos estudantes de pós-graduação *lato sensu*, não havendo ainda a conclusão de seus resultados.

Em 2018, o projeto foi apresentado no I Simpósio Luso-Brasileiro de Psicologia Positiva e no III Congresso Português de Psicologia Positiva na Universidade de Lisboa, num formato de *workshop*.

A modelagem do Positive Scholar encontra-se em avaliação de seus resultados, sendo foco de pesquisa da autora, para credibilizar a metodologia do projeto, como eficaz ao que se propõe em seus objetivos. Novas aplicações são essenciais para sua validação.

Conclusão

A necessidade de um olhar mais atento sobre a promoção do bem-estar subjetivo no campo acadêmico é premente, diante de tantos casos de desgaste de saúde física e emocional dos partípices. Muitos são os ritos de grande tensão que envolvem a dinâmica de crescimento na carreira acadêmica, para a obtenção de notoriedade, seja por profissionais ou por instituições de ensino ou pesquisa. Tentar modificar os trâmites, condicionantes e protocolos já institucionalizados é uma tarefa árdua e longa, devido a uma história de valorização do "sofrimento" em prol de ótimos resultados.

Diante disso, é preciso ter uma atenção sobre o que podemos modificar e favorecer com a Psicologia Positiva, no que tange ao indivíduo que vivencia esse cotidiano desgastante e competitivo. O Positive Scholar apresenta-se como uma possibilidade de metodologia, para o aumento de bem-estar subjetivo, a fim de implementar a melhoria da *performance* individual, com desdobramentos nas carreiras e instituições.

Transformar os ambientes acadêmicos e de pesquisa em contextos salutares e de bem-estar, em consequência da aplicação de programas como o Positive Scholar, poderá favorecer pesquisas e achados que venham a contribuir para a construção de novos conhecimentos, numa arena de felicidade e bem-estar de seus desenvolvedores.

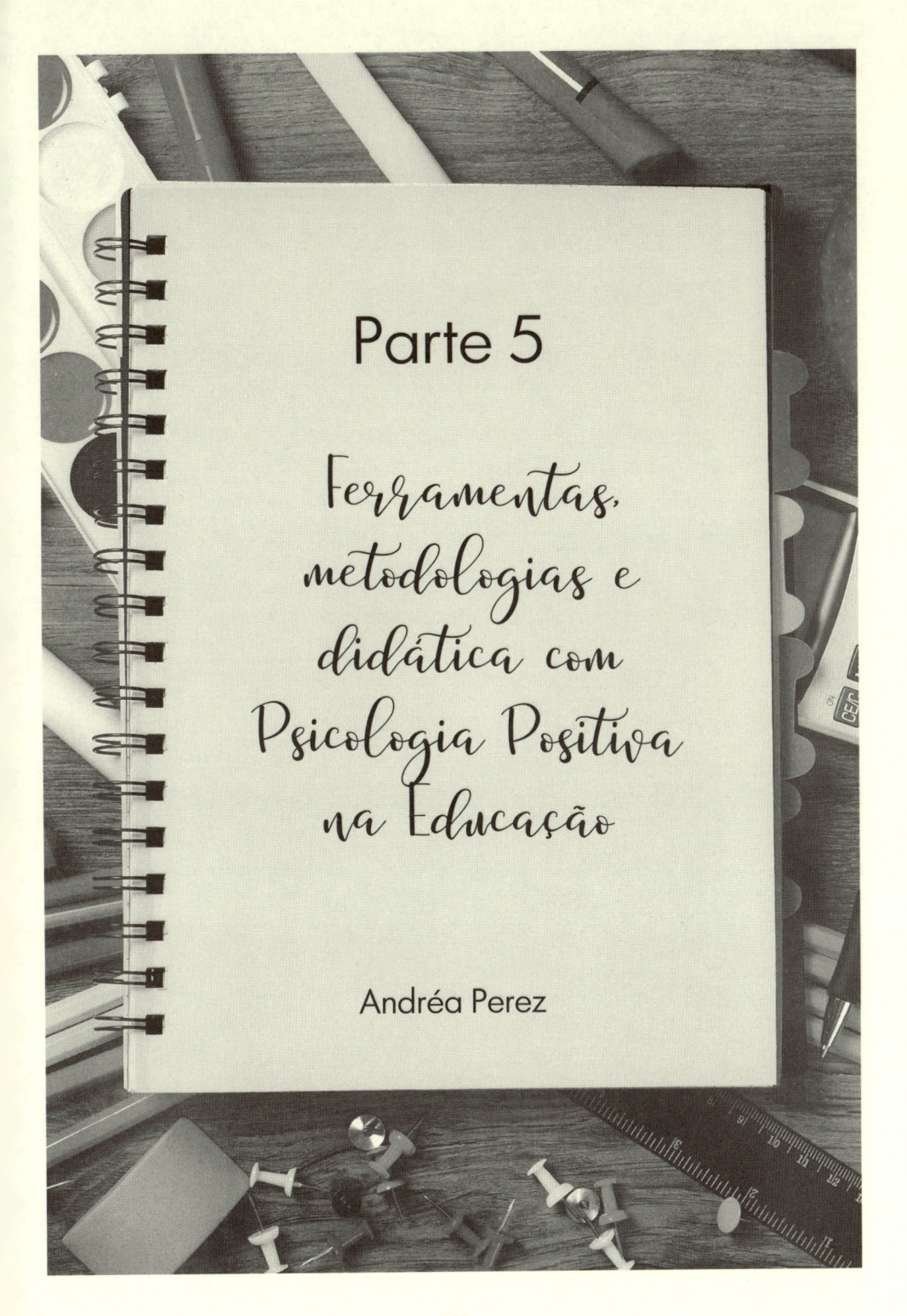

Parte 5

Ferramentas, metodologias e didática com Psicologia Positiva na Educação

Andréa Perez

As perguntas que mais tenho observado que alunos, profissionais e mentorados fazem, quando conhecem a Psicologia Positiva, são: Como eu aplico tudo isso? Quais são as "ferramentas" – as pessoas adoram isso – que posso utilizar para fazer com que todos esses benefícios realmente aconteçam na prática?

Apesar de você já ter visto muitas coisas nos capítulos anteriores, aqui, além de ter acesso a algumas informações conceituais sobre *as "school-based positive psychology interventions"* (WATERS, 2011), verá ainda como nas salas de aula estudiosos e docentes estão customizando práticas e intervenções com uso da Psicologia Positiva no contexto da Educação.

Conceituando para começar

Logicamente, em primeiro lugar é preciso entender se o ambiente escolar é campo propício às intervenções com temas da Psicologia Positiva.

O que tenho tido a oportunidade de perceber em relatos de profissionais que atuam em área de Educação, e na minha experiência na educação de adultos em níveis de pós-graduação, é a dificuldade de quebrar barreiras para dar novos rumos para o aumento do bem-estar no contexto educacional.

Ao lado de cargas horárias já tão volumosas em sala de aula, com currículos tão extensos a cada semestre ou ano letivos, e, ainda, pela quantidade de horas extraclasse para estudo ou de dedicação, tanto para alunos como para professores, fica difícil aceitar que mais "coisas" precisem ser ensinadas ou incluídas entre aulas ou em dias que seriam os de folga.

Convencer professores ou diretores de escola a incluir novos temas, dinâmicas e responsabilidades já começa sendo uma tarefa, no mínimo, de muitas horas de conversa. Mudar paradigmas nunca é das tarefas mais leves nem tão rápidas. Mas não são apenas esses dois grupos que acabam gerando dificuldades nesse sentido. Os pais - apesar de Seligman (2011) já ter apontado que eles desejam felicidade, realização, contentamento aos seus filhos em suas vidas –firmam-se em uma postura mais engessada de querer que, na escola, o seu filho receba conhecimento com alicerce no que norteia a Base Nacional Comum Curricular (BNCC)[1], querem pressão, cobrança, muitos trabalhos, resultados, temas extracurriculares que aumentem sua cultura para que os ajude em concursos, e acabam não reservando atenção à importância de o filho vivenciar mais felicidade na escola e, consequentemente, na vida.

Segundo Rozemberg (2018), no artigo *Os fatores Mais Procurados pelos Pais na hora da matrícula na Plataforma Educacional*, os fatores mais comuns procurados pelos pais na hora de matricular um aluno no Brasil são os seguintes:

1 – Desempenho dos alunos no Enem e aprovação no vestibular;

2 – Atividades extracurriculares;

3 – Infraestrutura;

4 – Uso de tecnologia;

5 – Qualificação dos professores;

6 – Reputação da escola;

7 – Opinião do estudante.

---

[1] A BNCC é um documento normativo que define o conjunto orgânico e progressivo de aprendizagens essenciais que todos os alunos devem desenvolver ao longo das etapas e modalidade da Educação Básica. (MEC, 2017)

Apesar desses supostos obstáculos, os estudiosos da área da Educação Positiva apontam que o ambiente escolar é propício à aplicação de intervenções da Psicologia Positiva, e de uma maneira extremamente simples, sem interferir em aumento de carga horária em quantidade significativa, com um preparo de professores em pequeno ou médio prazos, com adaptações breves de materiais e de currículo, entre outros pontos que dependerão do tipo de programa que se deseje implantar. Cada caso sempre será distinto do outro, à medida que cada escola, pelo menos no Brasil, precisa ter o seu Projeto Político Pedagógico (PPP)[2], o que acabará influenciando a modelagem de programa a ser aplicada. Já falei sobre a customização de projetos de Psicologia Positiva plicada à Educação no Capítulo 2 – Instituições Educacionais Positivas.

As escolas fornecem ambientes relativamente estáveis dentro dos quais podem ser incluídas intervenções para promover o bem-estar (Bond *et al.*, 2007) e representam um cenário comum para crianças e adolescentes, facilitando assim as intervenções baseadas na promoção de bem-estar. (SHORT & TALLEY, 1997) Ao abordar o que o século XXI clama pelo bem-estar nas escolas, Water (2011) reconhece que elas desempenham um papel cada vez mais importante em ajudar os jovens a desenvolverem habilidades sociais e emocionais e que o ensino do bem-estar nas escolas pode e deve ser realizado. Nesse trabalho, desenvolveu um estudo em que reuniu a análise de 12 *"school-based positive psychology interventions"* (intervenções de Psicologia Positiva baseadas em Educação), não apenas para descrevê-las, mas para sugerir e apontar seu desenvolvimento futuro em novas pesquisas.

No artigo, Water (2011), primeiramente, define o que vêm a ser Intervenções Psicológicas Positivas (PPIs[3]), as quais são, segundo Sin e Lyubomirsky (2009, p. 467), programas, práticas, métodos ou atividades de tratamento para cultivar sentimentos positivos, comportamentos positivos ou cognições positivas. Além disso, a autora aponta que sob cada elemento do PERMA (Seligman, 2011) é que devem ser constituídas as PPIs.

---

[2] Projeto pedagógico que precisa ser elaborado por todas as escolas com base na Lei de Diretrizes e Bases da Educação Nacional (LDB). Disponível em: https://www2.senado.leg.br/bdsf/bitstream/handle/id/70320/65.pdf
[3] Na obra *Psicologia Positiva: Teoria e Prática*, discorro sobre outras definições e abordagens, além de indicações sobre as PPI's. (CORRÊA, 2016)

Um princípio fundamental dentro do campo da Educação Positiva é que habilidades e *mindsets* que promovam emoções positivas, relacionamentos positivos, resiliência e força de caráter podem ser explicitamente ensinados e avaliados pelas escolas (GREEN *et al*., 2011; NORRISH & VELLABRODRICK, 2009; SELIGMAN *et. al*., 2009).

No artigo, a autora apresenta 12 *school-based* PPIs, as quais foram desenhadas para ensinar aos estudantes como cultivar suas próprias emoções, resiliência e forças de caráter e que já foram aplicadas em níveis júnior, médio e sênior em diferentes instituições escolares e em contextos de coeducação, sendo aplicada a estudantes de cinco a 19 anos de diferentes sexos e etnias. As intervenções foram divididas em relação ao que cultivam: Esperança, Gratidão, Serenidade, Resiliência e Forças de Caráter. (WATER, 2011)

Além disso, no artigo, são destacados quatro fatores que podem ajudar as escolas a cultivarem a educação positiva:

- estender os tópicos de Psicologia Positiva para o ensino acadêmico tradicional das disciplinas;
- usar uma abordagem de toda a escola;
- usar estruturas estratégicas para o lançamento da Psicologia Positiva nas escolas;
- o papel de apoio de sistemas educativos.

(WATERS, 2011, p. 84)

No Capítulo 3, tivemos também outras orientações de como organizar programas com Educação Positiva para obterem melhores resultados, segundo Noble e McGrath (2013).

Inúmeras são as intervenções que vêm sendo aplicadas em programas, cujos resultados já foram verificados, os quais conseguem inserir no contexto das instituições e fora deles resultados para a melhoria do bem-estar e uma relevância quanto à importância de serem implantados esses tipos de iniciativas.

A todo tempo, aqui no Brasil, vivencio e recebo notícias de colegas profissionais e de mentorados que já se encontram aplicando temáticas da Psicologia Positiva e de PPI's, trazendo resultados positivos sobre suas iniciativas, o que nos nutre com imenso otimismo de que é possível melhorarmos a qualidade de resultados da Educação com a Psicologia Positiva em nível nacional.

Aproveitem os que já estão neste Volume 1.

Flow em sala de aula na educação de adultos: uma realidade possível

Gláucia Yoshida

Ensinar e aprender são dois movimentos dialéticos e complementares. Dialético, pois, no exercício de ensinar, quem ensina sempre aprende. Aprende, inclusive, como ensinar ou não ensinar. Complementar, pois, a cada abordagem didática, oportuniza-se a reflexão do professor ou agente da aprendizagem sobre sua ação.

Passei mais da metade da minha vida na atividade docente, ou seja, em sala de aula. Nesse percurso, pude conhecer, conviver e experimentar os principais desafios da educação, em especial, queixas de professores no que tange à concentração, engajamento e produtividade dos alunos em atividades de aprendizagem.

Parte dessas queixas se deve ao fato de que os espaços formais de aprendizagem, entre esses, a escola, nem sempre são os mais atraentes para aprender posto que inúmeros são os espaços de aprendizagem no contexto contemporâneo, considerando a era do conhecimento. A sala de aula formal concorre, às vezes, em desigualdade significativa com outros espaços possíveis de se aprender, por exemplo, os espaços virtuais em todas as suas possibilidades, redes sociais, jogos, vídeos, consultas à *internet* e o próprio cotidiano do aprendiz que possibilita variadas relações sociais e trocas.

Muitos professores se desesperam ou se iludem da profissão por não alcançarem a tão sonhada meta da aprendizagem, razão de ser de qualquer curso ou escola. Essa realidade refere-se tanto à educação básica quanto à superior. Nessa discussão, pretendo apresentar o contexto da educação de adultos com um foco sobre a experiência de *Flow* em sala de aula, uma das temáticas mais significativas do estudo da Psicologia Positiva e do florescimento humano.

Trajetória da docência e o encontro com o Flow

Muitas técnicas e teorias conheci na minha trajetória de professora. Experimentei e até critiquei algumas abordagens da aprendizagem. Acabei me dedicando à formação de professores. Acredito que, se eles forem devidamente capacitados, a aprendizagem discente estará mais próxima de ser alcançada. Diante de tantos percursos e tantas investigações, tive a experiência de utilizar em sala de aula o que eu inicialmente percebia apenas como ludicidade, vivências lúdicas com o objetivo de ensinar e aprender na educação de adultos.

Minha maior inquietação sempre foi com a *aprendizagem significativa*[1] e prazerosa, o que culminou em vários estudos acerca da afetividade como instrumento facilitador da aprendizagem; tema esse que pesquisei e utilizo em minhas aulas de formação de professores, a afetividade como estratégia de *ensinagem*[2]. Nessa incansável busca, pude complementar muitas reflexões ao conhecer os pressupostos da Psicologia Positiva, ciência que ramifica da Psicologia com a perspectiva de contribuir com o bem-estar dos indivíduos. E por que não levar esse bem-estar para fazer parte dos espaços educativos? Quão significativa seria uma aula em que o bem-estar do aprendiz pudesse ser o fio condutor da aprendizagem?

Assim, para expressar um breve contexto dessa ciência, explicita Corrêa:

> A Psicologia Positiva é um segmento da Psicologia que foca absolutamente no estudo científico e na comprovação empírica de ações que possibilitem identificar, medir, maximizar e melhorar as qualidades dos seres humanos, incluindo-se aí as virtudes, as forças de caráter, os talentos, a resiliência, a autoeficácia, o otimismo, entre tantas outras, de forma a permitir que suas vidas sejam mais felizes, plenas e significativas. (CORREA, 2016, p. 40)

---

1 A teoria de Aprendizagem Significativa é o foco central da Teoria de David Ausubel, psicólogo da educação estadunidense, em que afirma: "A essência do processo de aprendizagem significativa é que ideias simbolicamente expressas sejam relacionadas, de maneira substantiva (não literal) não arbitrária, ao que o aprendiz já sabe, ou seja, a algum aspecto de sua estrutura cognitiva especificamente relevante (isto é, um subsunçor) que pode ser, por exemplo, uma imagem, um símbolo, um conceito ou uma proposição já significados". (AUSUBEL 1978, p.41)

2 Termo utilizado por Anastasiou e Pimenta e significa [...] uma prática social complexa efetivada entre os sujeitos, professor e aluno, englobando tanto a ação de ensinar quanto a de aprender, em um processo contratual, de parceria deliberada e consciente para o enfrentamento na construção do conhecimento escolar, decorrente de ações efetivadas na sala de aula e fora dela. (ANASTASIOU, 2003, p. 15)

Pretendo, com esse tema, oportunizar as reflexões sobre levar um dos pressupostos constituintes da Psicologia Positiva que é o *Flow* para a sala de aula, espaço esse privilegiado em tocar uma alma humana e ainda desenvolvê-la. Como o propósito é apresentar o enfoque da educação de adultos, apresentam-se, a seguir, algumas considerações acerca dessa educação.

Especificidades da Andragogia

Alguns princípios educativos independem do nível em que o professor irá atuar. Um deles é o respeito pelo aprendiz. Saber o momento em que ele está, decodificar suas habilidades, investir em seus talentos e praticar a empatia são posturas *sine qua non,* sem as quais o ato de ensinar não se concretiza.

Um grande desafio trata-se da aprendizagem de adultos em que, além dos elementos básicos que um aprendiz necessita, torna-se elementar pensar em seus contextos específicos e em estratégias envolventes. O adulto nem sempre está totalmente disponível para aprender, e, talvez, a configuração de sala de aula, já que por mais que repensemos sua estrutura a maioria delas ainda possui um formato convencional. Significa que a educação, no que tange ao ensino, não mudou. Os processos educativos e os formatos de sala de aula continuam os mesmos. A ideia ainda é o repasse de informações, mais que a proposta da construção coletiva do conhecimento e da reflexão. Avançamos em algumas instituições e processos de aprendizagem, como oportunizar a pesquisa prévia, a discussão e a reflexão de situações concretas de uma determinada área do conhecimento. Temos um método muito utilizado na medicina como PBL – Aprendizado Baseado em Problemas.

Andragogia é um conceito popularizado pelo educador americano Malcom Knowles em seu livro *The Modern Pratice of Adult Education* (1970) e uma das principais influências no desenvolvimento da Teoria Humanista da aprendizagem. O conceito anteriormente foi utilizado por educadores europeus para se referir aos aspectos práticos do ensino e aprendizagem do adulto e ao estudo acadêmico da educação dos adultos.

(KNOWLES, 2011, p. 49) As duas dimensões da Andragogia, como definida por Knowles, são as proposições sobre as características do adulto e sobre os elementos do processo da educação que derivam dessas características. (KNOWLES, 2011, p. 178)

Knowles (1998), ao sistematizar a teoria andragógica, apresenta alguns princípios fundamentais da aprendizagem de adultos. Segundo o autor, o aprendiz adulto tem a necessidade de saber; possui autoconceito autônomo; suas experiências anteriores constituem-se em modelos mentais; sua prontidão para aprender está relacionada à vida; a orientação para aprendizagem deve ser centrada em um problema contextual e sua motivação para aprender é um valor intrínseco que pode ser traduzido em uma recompensa pessoal.

Sob esse cenário, todo professor, facilitador, moderador ou agente de ensino necessita considerar essas especificidades, e, ainda, trazer esse adulto para uma experiência de aprendizagem agradável. Assim, me deparei com a teoria de Mihaly Csikszentmihalyi (1999) que apresenta o *Flow*, traduzido para experiência ótima ou fluxo, como objeto desta discussão. Segundo Csikszentmihalyi "o fluxo é uma fonte de energia psíquica que concentra a atenção e motiva a ação. Como outras formas de energia, ele é neutro – pode ser usado para finalidades construtivas ou destrutivas. (CSIKSZENTMIHALYI 1999, p.136) É possível a um adulto aprender, concentrar-se e, ainda, ter bem-estar no processo de aprendizagem.

Princípios do Flow e sua aplicabilidade em sala de aula

Csikszentmihalyi (1999), como um dos principais expoentes da Psicologia Positiva, aponta as emoções como responsáveis pela qualidade das experiências dos indivíduos. A descoberta do fluxo (tradução do termo *flow*) evidencia que a qualidade de vida está intrinsecamente relacionada às emoções, sendo que a felicidade certamente não é a única emoção digna de ser considerada. Para Csikszentmihalyi (1999), uma vida repleta de complexas atividades de fluxo é mais digna de ser vivida. Daí o pressuposto principal, de que a vida psíquica dos indivíduos necessita de um controle. Assim, os indivíduos precisam aprender a se concentrar. Concentrar a atenção é o fundamento para executar operações mentais com algum tipo de profundidade. Cada vez mais, essa capacidade tem sido obstruída pelo excesso de informações, ocupações e exaustão no universo de toda a sociedade. O que não é diferente no contexto de estudantes de modo geral, e, nesta discussão, adultos em situação de aprendizagem. Aqui, me refiro a alunos que, de modo geral, estão na educação formal ou até mesmo em ambientes corporativos em processos de capacitação.

Avaliando a sala de aula, ela nos remete às mais variadas emoções e boa parte delas pode e deve ser considerada sob a regência do professor. A questão aqui é que tipo de ambiente o professor poderá criar para que haja terreno propício para a aprendizagem significativa? Considero que a aprendizagem significativa tem nas emoções do aprendiz um subsunçor[3]. Conforme Moreira, "o subsunçor"é um conceito, uma ideia, uma proposição já existente na estrutura cognitiva, capaz de servir de "ancoradouro" a uma nova informação, de modo que esta adquira, assim, significado para o indivíduo (isto é, que ele tenha condições de atribuir significado a essa informação. (MOREIRA, 2006, p.15)

Trazer as contribuições de Knowles (2011) no que tange à aprendizagem de adultos e aos estudos de Csikszentmihalyi (1999) em relação ao *Flow* na qualidade de perspectiva de abordagem didática de professores se faz necessário na educação de adultos. Para ilustrar essa reflexão, apoio-me nos estudos de Massimini & Carli (1988) e Csikszentmihalyi (1990), adaptando para a realidade de sala de aula na prática andragógica.

---

3 A palavra "subsunçor" não existe em Português, trata-se de uma tentativa de traduzir a palavra inglesa "subsumer". (MOREIRA, 2006:15)

Figura 1. A experiência de Flow e as variáveis habilidades e desafios elevados

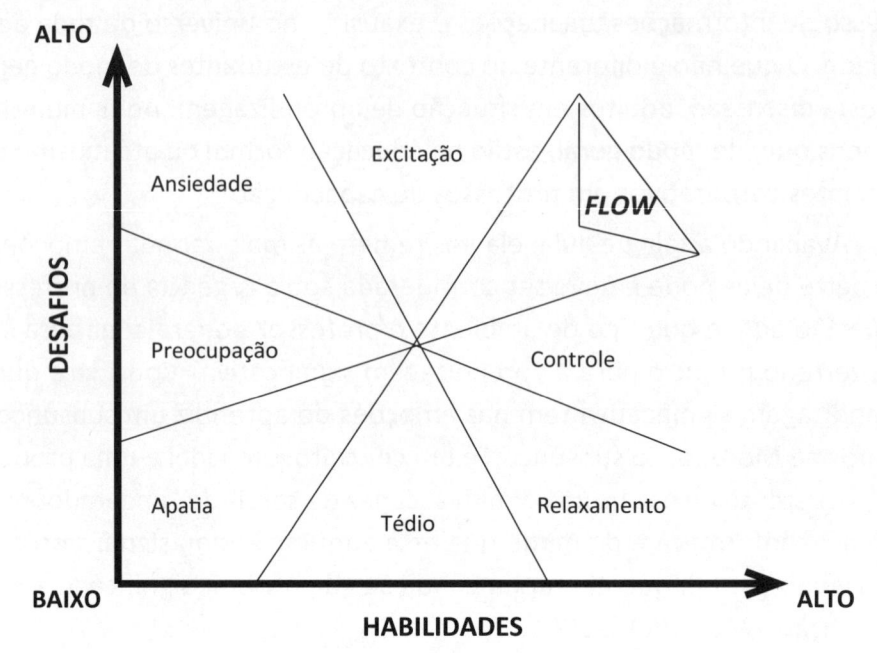

```
ALTO
 ↑
 │        Excitação
 │  Ansiedade          FLOW
D│
E│
S│
A│  Preocupação    Controle
F│
I│
O│
S│  Apatia              Relaxamento
 │         Tédio
 │
 └──────────────────────────→ ALTO
BAIXO      HABILIDADES
```

Fontes: Adaptação de Csikszentmihalyi (1990) de Massimini & Carli (1988). In: CSIKSZENTMIHALYI (1999, p.38)

Partindo da constatação que o *Flow* é alcançado quando habilidades e desafios estão elevados, conforme demonstra a Figura 1, a organização do trabalho docente deve ser planejada com base nessas premissas. Em sala de aula, é possível constatar indivíduos com variados níveis de maturidade intelectual, tarefa que nos remete a utilizar as contribuições de Gardner (1993) em relação às inteligências múltiplas, ao afirmar que cada indivíduo possui variadas inteligências e que, por assim dizer, não se trata de ser mais ou menos inteligente. Dessa forma, um diagnóstico prévio sobre o contexto dos aprendizes contribuirá significativamente na organização da aula.

Traduzindo a figura 1 ao contexto de sala de aula, o professor, durante a organização do trabalho docente, ou seja, do seu planejamento de aula, deverá levar em consideração as etapas do processo de experiência dos aprendizes. Isso significa que as atividades propostas vislumbrem a relação de desafios e habilidades, bem como as implicações dessa relação. A atividade deverá considerar o nível de habilidade do grupo e dos indivíduos, bem como a possibilidade de que a atividade proposta possa condicionar a apatia, o tédio, a ansiedade, a preocupação etc. Considero o estado de fluxo no contexto da sala de aula, e nesse estudo na educação de adultos, como aprendizagem significativa.

Para ilustrar essa proposta, apresento um *case* em que professores experienciaram o *Flow* em um processo de aprendizagem.

Flow na formação de professores: uma história

O Instituto de Pós-Graduação e Graduação (Ipog) promoveu uma capacitação de formação de professores com o objetivo de implementar o Método Ipog, que tem como premissa implantar diferenciais na educação de adultos sob os pilares da Andragogia, do ciclo experiencial[4] e dos Pilares da Educação para o século XXI, baseado no Relatório Delors[5].O público, professores de pós-graduação dessa instituição de ensino superior que oferece seus cursos em praticamente todas as capitais brasileiras, era altamente qualificado e experiente, com formações diversas e titularidades de mestres e doutores, sendo que o principal desafio foi trabalhar alguma experiência significativa, que desconstruísse o modelo tradicional de sala de aula, em que o professor repassa o conteúdo.

Propus uma atividade para discutir a abordagem construtivista da educação. O tema Teorias Construtivistas na Aprendizagem[6] era pouco comum à maioria dos participantes, por ser específico à área docente e, nesse contexto, o público não tinha sua base de formação na docência. Portanto, para muitos, uma novidade, para mim, um desafio.

---

4 O Ciclo de Aprendizagem de Kolb foi criado pelo teórico de educação Charles A. Kolb – mestre e doutor pela Harvard University. É um modelo de representação de como as pessoas aprendem, que atribui grande valor ao papel da experiência na aprendizagem. Kolb descreve o processo de aprendizagem tendo como base um ciclo contínuo de quatro estágios: Experiência Concreta (agir), Observação Reflexiva (refletir), Conceitualização Abstrata (conceitualizar) e Experimentação Ativa (aplicar).
5 . Este relatório foi elaborado em Paris pela Unesco com a finalidade de apresentar as diretrizes para a Educação do Século XXI.
6 A teoria construtivista da aprendizagem tem como premissa o requisito de que os conteúdos sejam ensinados de tal maneira que, em cada contexto particular, a probabilidade do envolvimento ativo dos aprendizes seja maximizada, dado que, quando isso ocorre, é mais provável que eles tenham sucesso no trabalho intelectual necessário para a reconstrução do significado. Piaget é um dos precursores dessa teoria. (LE FRANÇOIS, 2008)

A tarefa consistiu no seguinte: a construção coletiva de um palhaço com a utilização de papéis coloridos e cola. A equipe composta por cinco componentes deveria realizar a atividade sem conversar e montar em um painel a figura planejada. Cada membro da equipe possuía uma cor diferente de papel e todo o material deveria ser utilizado, não poderia haver sobras de papéis. Quando começaram a trabalhar, ali estavam adultos, rasgando papéis, movimentando-se, e, por serem professores, ficar sem conversar foi um alto desafio, considerando que a linguagem oral é a principal ferramenta de trabalho dos professores. Todavia todos encontraram uma forma de se comunicar e planejar. Quanto às habilidades, também foram altas, já que dar um formato de palhaço em um papel sem uso de tesoura exigiu dos participantes talentos, maestria e criatividade. Outro componente de alto desafio foi a construção coletiva, já que todos os componentes deveriam trabalhar. Outra alta habilidade e que envolveu a criatividade foi o uso total do material, pois não poderia haver sobras. A atividade transcorreu com muita energia e motivação e o tempo utilizado (30 minutos) foi suficiente para concluírem, com concentração, energia e realização da tarefa de forma prazerosa.

É papel, portanto, de quem conduz uma atividade de aprendizagem perceber e até planejar esse circuito, o qual seria:

• Verificar o equilíbrio entre habilidades (diagnosticar se o perfil do grupo se adequa à atividade proposta) e desafios (apresentação de atividades que possam ser exequíveis e até superar as habilidades existentes), para o alcance da meta que está prevista como conteúdo programático dentro de qualquer curso, módulo ou disciplina.

• Sem dúvida, criar algo desafiador, para que o adulto aprendiz veja nexo entre a atividade realizada e a aplicabilidade da mesma em seu cotidiano, ou seja, considerando os princípios da Andragogia.

• Mapear o nível de maturidade do grupo, para que a atividade proposta não seja elemento de estresse ou tédio, na qualidade de parâmetros evidenciados no *Flow*.

• Cumprir a meta da integração e valorizar o saber de todos, ainda que haja diversidade em sala de aula, o que é muito comum.

Nessa atividade, tivemos a alegria de ter em sala um dos expoentes da Psicologia Positiva no Brasil, Helder Kamei, que experimentou o que defendeu em sua dissertação de mestrado, como um dos pioneiros no tema, o *Flow* e suas possibilidades. Kamei (2016) afirma que são consequências imediatas da experiência do *Flow:* o crescimento do *self* em direção a níveis maiores de complexidade e o fortalecimento da autoestima. Assim, bem coloca: *"A satisfação reside nos passos que cada um precisa dar a caminho de uma meta, mais do que a conquista propriamente dita. Mais importante do que a chegada é o caminho percorrido".* (KAMEI, 2016, p. 90)

Considerações finais

É necessário que professores conheçam os fundamentos que norteiam a Teoria do *Flow* para que possam estimular seus aprendizes a entrarem em concentração, terem controle das situações de sala de aula, e que, além dos conteúdos assimilados, possam também ter experiências prazerosas que configurem emoções positivas. Isso não significa que somente as atividades lúdicas levem a esse estado mental, mas, essencialmente, é preciso que professores compreendam seu papel na organização da aula, considerando que as características do *Flow* podem e devem ser consideradas no planejamento.

13

Mindfulness em ambientes educacionais

Rodrigo Siqueira

O interesse por *mindfulness* tem crescido exponencialmente, perpassando diversas áreas do conhecimento, como a Psicologia Clínica, Neurociência, ambiente de trabalho e, claro, Educação. As razões para seu crescimento, tanto no campo da pesquisa acadêmica quanto na prática, estão ligadas a diversos fatores, tais como: altos índices de estresse na sociedade, atenção dispersa em meio a tantos estímulos oriundos e da expansão e profusão do uso de tecnologia em nossas vidas.

O campo educacional, como diversas áreas da sociedade, vive profundos desafios, maiores e mais profundos que apenas a desatenção de alunos. Altos níveis de estresse, ansiedade e depressão no corpo discente, estresse laboral no corpo docente, assim como condutas eticamente questionáveis em professores e alunos. *Mindfulness* tem algo a contribuir para melhorar esse quadro? Certamente.

Mindfulness: origens e crescimento

O termo *Mindfulness* tem sido mais comumente traduzido como Atenção Plena para o Português, e denota uma habilidade cognitiva passível de ser desenvolvida. Suas origens remontam às tradições orientais, sendo figura central na Psicologia Budista, cujas práticas meditativas serviram como base para as práticas meditativas secularizadas da Psicologia Ocidental (SIEGEL, GERMER, & OLENDZKI, 2008).

A definição de *mindfulness* mais popular - "prestar atenção de maneira particular: intencionalmente, no momento presente, sem julgamentos" (KABAT-ZINN, 1994, p. 4) – tem sua origem no trabalho seminal de John Kabat-Zinn na Escola de Medicina da Universidade de Massachusetts. Responsável pelo desenvolvimento e validação do primeiro programa baseado em *mindfulness* testado pela comunidade científica, o de redução de estresse baseado no *mindfulness*, em Inglês, *Mindfulness Based Stress Reduction* (MBSR).

De fato, três axiomas interligados são claramente identificados quando definimos *mindfulness*: intenção, atenção e atitude (SHAPIRO, CARLSON, ASTIN, & FREEDMAN, 2006). A intenção é a razão para se praticar. Aliviar o estresse? Iluminação espiritual? Aumentar o desempenho acadêmico? Temos que ter em mente qual nosso propósito com a prática, para que a energia e a disciplina para se engajar na prática se estabeleçam. A atenção, no contexto do *mindfulness*, se refere à observação momento a momento da experiência interna (isto é, pensamentos, emoções e sensações) e da experiência externa (por exemplo, sons), acompanhada da capacidade de regular a atenção, mantendo-a focada em um único ponto (como a respiração) ou deixando-a aberta ao que surgir no campo experiencial. A atitude se refere à forma, à qualidade da atenção que é direcionada ao momento presente. Podemos prestar atenção de forma crítica, enviesada (e sem noção disso), ou podemos prestar atenção de forma mais curiosa e receptiva. Fica claro que *mindfulness* não se trata apenas de estar atento ao momento presente, ou ao "aqui e agora". Há uma atitude de abertura e curiosidade ao que se apresenta no momento que é parte essencial do *mindfulness*.

Pesquisas científicas sobre *mindfulness* trazem uma boa notícia: é possível treinar a mente – por meio de práticas específicas - a estar mais atenta ao presente, com abertura e aceitação. Dessa forma, encontramos na Psicologia Ocidental referências ao *mindfulness* tanto como uma habilidade passível de ser desenvolvida, quanto como um conjunto de práticas meditativas que possibilitam isso. Embora a meditação esteja relacionada às religiões orientais, na ciência moderna, suas práticas foram secularizadas e não possuem reminiscências religiosas, sendo seus efeitos amplamente testados e comprovados com rigor científico. No contexto do *mindfulness*, para tais práticas – chamadas de práticas de *mindfulness* - o objetivo central é permitir ao praticante maior consciência reflexiva sobre sua vida mental, habilitando-o a transformar seus hábitos cognitivos, emocionais e, mesmo, comportamentais.

As práticas envolvem essencialmente atividades de regulação atencional e emocional, por exemplo, o *mindfulness* na respiração, que envolve a observação e investigação das sensações de cada etapa da respiração; o escaneamento corporal, envolvendo a observação e investigação das sensações das partes do corpo, de forma sistemática e vagarosa; a audição atenta, quando nos colocamos atentos, abertos, sem julgamentos e curiosos à fala do outro, entre outras práticas.

Ao se praticar, tais exercícios desenvolveriam não apenas um estado temporário de maior consciência da experiência presente com abertura e aceitação (isto é, estado *mindful*), mas também uma disposição em sustentar esse estado em sua mente. A literatura científica tem apontado diversos efeitos salutares do desenvolvimento desse estado, como maior bem-estar psicológico, autoconsciência, regulação emocional, criatividade e até mesmo comportamento ético. (BROWN, RYAN, & CRESWELL, 2007; OSTAFIN & KASSMAN, 2012; RUEDY & SCHWEITZER, 2010) Tais benefícios, entre outros, não poderiam ser – e não foram – ignorados por pesquisadores e profissionais de diversas áreas, entre elas, a área educacional.

Mindfulness e(m) Educação

São diversos benefícios que podem ser destacados com a inclusão de práticas de *mindfulness* em um contexto educacional, cuja responsabilidade vai além da transmissão e assimilação de conteúdos teóricos. Na revisão de Shapiro e colaboradores (2011), os autores encontraram diversos benefícios da prática de meditação, em especial, de *mindfulness,* na educação superior. A tabela 1 ilustra e sintetiza seus achados:

Efeitos da meditação em variáveis relacionadas à Educação	
Dimensão	Resultados encontrados
Performance Cognitiva e Acadêmica	Habilidade em sustentar e orientar a atenção
	Processamento de informação mais rápido e preciso
	Impacto positivo no desempenho acadêmico
Gerenciamento do Estresse com a vida acadêmica	Redução de estresse, ansiedade e depressão
	Melhor regulação emocional e cultivo de estados psicológicos positivos
Desenvolvimento pessoal do indivíduo	Desenvolvimento de criatividade
	Desenvolvimento de habilidades interpessoais
	Aumento na empatia
	Cultivo de autocompaixão

Fonte: adaptado de Shapiro, Brown, & Astin (2011)

Analisando a tabela 1, percebemos que os benefícios vão além da capacidade de se sustentar a atenção ao presente. Melhorias significativas de *performance* cognitiva, como no processamento de informação e no desempenho acadêmico, são encontradas. A vida acadêmica por si só pode ser bastante estressante, e a prática de *mindfulness* demonstra impacto na redução de estresse e de outros afetos negativos, além do cultivo de estados psicológicos mais saudáveis. Nesse ponto, é importante destacar que os professores também se beneficiam no processo. Frequentemente expostos a longas e desafiadoras jornadas de trabalho, podem apresentar altos índices de estresse e, assim, encontrar na prática de *mindfulness* importante aliada para resiliência e habilidades de regulação emocional para lidar com tais demandas.

De fato, há evidências de que o nível de *mindfulness* de educadores de uma escola secundária e outros profissionais da Educação (por exemplo, conselheiros) contribui para evitar o *burnout* e seus componentes, como exaustão emocional e pouca realização no trabalho (ABENAVOLI, JENNINGS, GREENBERG, HARRIS, & KATZ, 2013). Outro estudo, realizado com educadores de escola elementar e secundária dos Estados Unidos e Canadá, apontou que, após um treinamento em *mindfulness* com 36 horas de duração ao longo de oito semanas, foram obtidos maiores níveis de *mindfulness*, atenção focada e autocompaixão, e adicionalmente, menor sintoma de estresse ocupacional e *burnout*. (ROESER *et al.*, 2013)

O campo educacional não se restringe à transmissão e assimilação de conteúdo. A formação integral do ser está no cerne do propósito educacional, em especial, na educação superior, muito embora pouca atenção prática se dê a questões relacionadas às chamadas *soft skills*, as habilidades emocionais e comportamentais intra e interpessoais. Certamente, *mindfulness* também tem sua contribuição nesse sentido, pois possui relação com o desenvolvimento da criatividade, por aumentar a flexibilidade cognitiva e a abertura à experiência. Mais ainda, estimula o desenvolvimento de empatia e autocompaixão, estimulando maior senso de confiança, respeito e proximidade com outras pessoas, além de uma abordagem mais gentil com si mesmo perante falhas. Todos esses aspectos são fundamentais não apenas em um ambiente educacional, mas na vida em sociedade.

Em relação à prática de *mindfulness*, outro aspecto relevante ao campo educacional é a habilidade de se observar o fluxo dos próprios pensamentos com aceitação e curiosidade. Tal fato pode levar o indivíduo a reconhecer padrões de pensamentos que resultam de crenças limitantes, tal como "nunca aprenderei matemática". A consciência desses padrões limitantes permite a oportunidade de se questionar a veracidade deles. (SHAPIRO *ET AL.*, 2011)

Os protocolos de mindfulness

O trabalho mais efetivo de *mindfulness*, em qualquer contexto, seja em clínicas, hospitais, organizações ou escolas, ocorre prioritariamente por meio das chamadas de intervenções baseadas em *mindfulness*, em Inglês, *mindfulness-based interventions* (MBIs). As MBIs são protocolos, ou seja, práticas sistematizadas que foram desenvolvidas e validadas para fins específicos (por exemplo, redução de estresse), sendo direcionadas para determinados públicos (como o de adultos). (Creswell, 2017)

No campo educacional, protocolos foram sendo desenvolvidos de forma a atender às necessidades existentes nesse contexto, estando voltados não apenas para os alunos, mas também para os professores, visto que o processo de ensino aprendizagem e de produção do conhecimento envolve a interação harmônica entre essas partes. Adicionalmente, outros atores do processo educacional são envolvidos, como gestores e os responsáveis pelo aluno, quando o protocolo é destinado a crianças e adolescentes.

Como o campo educacional é uma área vasta e complexa, com públicos distintos, as intervenções usadas, embora compartilhem características comuns, são, sem surpresa, diferentes. Não podemos usar as mesmas práticas, com a mesma abordagem, duração e sequência, replicando modelos para crianças, adolescentes e o público de nível superior e esperar os mesmos resultados. Assim, percebemos nos últimos anos um crescimento de protocolos que, desenhados para públicos específicos, vêm apresentando resultados promissores. (TATTON-RAMOS, SIMÕES, NIQUICE, BIZARRO, & RUSSELL, 2016)

Alguns protocolos

A seguir, ilustramos alguns protocolos desenvolvidos para ambientes escolares:

Dot-Be (.B)

Desenvolvido no Reino Unido, sendo oferecido para crianças de 11 a 18 anos. Embora seja inspirado na estrutura dos protocolos direcionados a adultos, suas práticas são lúdicas e de menor duração (15 minutos). Para saber mais sobre esse programa, acesse https://mindfulnessinschools.org/

Learning to BREATHE (L2B)

Reconhecido em 2015 pela CASEL (*Collaborative for Academic, Social, and Emotional Learning*) como um protocolo efetivo no desenvolvimento de habilidades sociais e emocionais. Voltado para adolescentes, tem seis semanas de duração, com um encontro semanal. Possui como objetivos centrais melhorar a atenção e a regulação atencional, o desenvolvimento de emoções saudáveis, como gratidão e compaixão. Para saber mais sobre esse programa, acesse: http://learning2breathe.org/

MindUp™

Esse protocolo foi desenhado para desenvolver nos professores e crianças habilidades de *mindfulness*. Possui quatro pilares estratégicos: baseado na Neurociência, inspirado na Psicologia Positiva, realizado por meio de atividades de *mindfulness* (por exemplo, movimento atento, escuta atenta) e ser um catalisador de habilidades sociais e emocionais, como maior gentileza, gratidão e ação consciente. Para saber mais sobre esse protocolo, acesse: https://mindup.org/

Uma experiência própria

Entre 2014 e 2016, tivemos a oportunidade de conduzir ao longo de dois anos práticas de *mindfulness* abertas aos alunos e demais membros de uma importante IES de negócios localizada na cidade do Rio de Janeiro. Com dois encontros semanais de 30 minutos em uma sala cedida pela faculdade, realizávamos práticas que incluíam atenção plena na respiração, ao corpo, meditação da bondade amorosa e conversas em duplas com atenção plena. Adicionalmente, os participantes eram convidados a realizar as mesmas atividades em casa, além de realizar práticas informais, como almoçar ou tomar banho com atenção plena. O projeto começou sob a desconfiança e também curiosidade por grande parte da comunidade acadêmica, mas, após um ano, muitos alunos reportaram benefícios, tais como: maior bem-estar; maior regulação emocional em momentos de exame acadêmico; melhor relacionamento interpessoal com professores e colegas da sala e mesmo melhoria no processo decisório sobre escolhas profissionais, fruto de um maior esclarecimento de seus próprios valores.

Após um ano de andamento do projeto e muitos depoimentos informais elogiosos por parte dos alunos, fomos convidados pela direção acadêmica para abrir o ano letivo da faculdade em 2015 com uma palestra vivencial de *mindfulness* para todos os professores, coordenadores e direção. Os resultados de nossa experiência, embora não tenham sido coletados por meio de uma pesquisa acadêmica formal[1], ilustram claramente que habilidades cognitivas, emocionais e comportamentais foram e podem ser cultivadas, trazendo benefícios não apenas aos alunos, mas a todos os envolvidos, como seus familiares, com impactos não apenas no processo de construção de conhecimento, mas também direcionamento de carreira profissional.

Reflexão final

Todas as intervenções de *mindfulness* são bem-vindas quando implementadas de forma responsável. Entender o potencial dessa técnica passa também por compreendermos os desafios que nossa sociedade nos apresenta como educadores. O desenvolvimento de alunos não apenas mais atentos, mas, sobretudo, mais responsáveis, conscientes de seu papel transformador na sociedade, é fundamental ao processo educacional e *mindfulness* possui importante papel nesse sentido. Um maior estado de consciência ao que fazemos, como nos relacionamos e qual o impacto de nossas ações, palavras e pensamentos em nossas vidas, mas também no outro.

---

[1] Ver depoimentos espontâneos de alunos e professores em nosso perfil social no LinkedIn: *https://www.linkedin.com/in/rodrigo-siqueira-a7805290/*

Mindfulness nas escolas: uma intervenção breve

Renata Gomes

A Psicologia Positiva é hoje um movimento sólido que já mostrou que seu corpo investigativo vem produzindo importantes comprovações da sua aplicação prática na prevenção e promoção da saúde mental. A partir do estudo de fatores que potencializam o desenvolvimento de aspectos positivos dos seres humanos, seus grupos e instituições, a intervenção positiva favorece o desenvolvimento de potencialidades humanas que permitem lidar com situações adversas, de sofrimento, que possibilitam o florescimento.

Da mesma forma, *mindfulness* vem sendo alvo de pesquisas desenvolvidas no mundo todo, investigando a sua aplicabilidade em diversos espaços e contextos, bem como os resultados dessa aplicação. As práticas de *mindfulness* são relacionadas ao desenvolvimento da consciência do momento presente, com curiosidade e aceitação, sem julgamentos, que promovem uma postura de apreciação, como uma verdadeira oportunidade de estar plenamente vivo e desperto para os acontecimentos diários da vida. (GERMER, SIEGEL, FULTON, 2016)

No presente capítulo, iremos abordar a inserção da Psicologia Positiva nas escolas, com o uso do *mindfulness* como instrumento promotor de bem-estar, atenção, gentileza, trazendo uma explanação teórica e uma experiência vivenciada em uma escola de educação infantil. Sabendo-se que a infância é um período determinante do nosso desenvolvimento, o que aconteceria se desde essa etapa aprendêssemos a lidar com as nossas emoções e os conflitos muitas vezes delas advindos? Vamos discutir porque trazer a Psicologia Positiva para o espaço educacional através das práticas de *mindfulness*.

A importância do florescimento humano

Ao descrever o modelo PERMA (que apresenta um acrônimo dos cinco elementos em Inglês: Positive Emotion, Engagement, Relationships, Meaning, Achievement) Seligman (2011) apresenta a pluralidade que contribui para a existência do bem-estar. Assim, uma intervenção a partir da Psicologia Positiva em uma escola tem como objetivo fundamental a promoção da saúde mental e o florescimento positivo dentro da comunidade escolar.

A escola, assim como nossa sociedade, vive um processo de transformação contínua. Isso exige dos alunos e professores, ao longo das suas vidas, o desenvolvimento de novas funções e responsabilidades, como criadores e gestores de conhecimento e também como indivíduos que têm de enfrentar desafios sociais, profissionais e pessoais no caminho para o desenvolvimento de sua sociedade. Isso requer um repensar suas habilidades emocionais e uma preocupação do setor de Educação com seu bem-estar e qualidade de vida.

A sociedade atual, com suas novas configurações, imersa em tecnologias, que tornam cada vez mais relevantes a informação e o conhecimento, bem como as práticas que surgem a partir desses, obriga a um replanejamento das competências emocionais. Essas configurações exigem considerar o papel das emoções na prática educativa, seja de quem ensina, seja de quem aprende. Novas ideias e novas formas de ensinar são necessárias para ensinar crianças e adolescentes não somente a sobreviverem, mas a prosperarem nessa sociedade cada vez mais complexa.

Escolas como campo de intervenção com a Educação Positiva

Grande parte da população mundial, resguardadas as condicionantes sociais e políticas de cada país, passa parte significativa de suas vidas dentro do ambiente escolar. Desse tempo, guardamos diversas lembranças de momentos importantes das nossas vidas. Sejam lembranças positivas ou negativas, constituem registros que serão carregados ao longo das nossas vidas.

A Educação Positiva é *um* paradigma desenvolvido recentemente que, de modo geral, refere-se à aplicação da Psicologia Positiva em contextos educativos (GREEN, OADES, & ROBINSON, 2011). Norrish e outros (2013) propõem como objetivo da Educação Positiva a promoção da prosperidade, ou da própria saúde mental positiva dentro da comunidade escolar.

Seligman (2011), ao apresentar suas reflexões sobre a Educação Positiva, propõe que as escolas poderiam se encarregar do ensino de habilidades acadêmicas, complementando com o ensino de habilidades que nutrem o bem-estar e a realização, sem que o ensino de nenhuma delas fosse prejudicado. Destaca, ainda, que ensinar o bem-estar seria um componente importante para a melhoria da aprendizagem, uma vez que "um estado de humor positivo produz maior atenção e um pensamento mais criativo e holístico". (SELIGMAN, 2011, p. 93)Considerando essa proposição de Seligman e seu convite para pensarmos a Educação Positiva, pode-se falar dela como a união da ciência da Psicologia Positiva com o ensino das melhores práticas para incentivar e apoiar as escolas e indivíduos dentro de suas comunidades a prosperarem e florescerem.

Nessa mesma linha, Mathew e Murray (2015) definem a Educação Positiva como um termo-chave, usado para descrever intervenções empiricamente validadas e programas de Psicologia Positiva que têm impacto no bem-estar de estudantes e também de professores, bem como de toda a comunidade escolar.

E por que pensar a escola como campo de intervenção? Nas escolas, lidamos com crianças desde a mais tenra idade que, com sua capacidade de se admirar, estão abertas a novas experiências e curiosas, o que facilita o desenvolvimento das virtudes estudadas pela Psicologia Positiva. (SNYDER & LOPEZ, 2009)

Mais um motivo é pensar as escolas como espaços idealizados para fazer diferença na vida das crianças. Porém, não se trata de qualquer diferença; é para ser uma diferença significativa, pois é esperado que, na escola, as crianças aprendam com as diversas disciplinas habilidades que irão prepará-las, por exemplo, para o mundo do trabalho.

Seguindo essa proposta, Delors e outros (1996), em seu relatório para a Unesco, apontava a Educação como o caminho mais eficaz para o desenvolvimento mais harmonioso e autêntico das pessoas e das sociedades. Dentre todos os caminhos, a Educação, balizada por quatro pilares: aprender a conhecer, aprender a fazer, aprender a conviver e aprender a ser, seria promotora dessa diferença por favorecer o desenvolvimento humano.

A Escola, portanto, pode ser vista como um terreno fértil para a semente positiva, um *locus* perfeito para a promoção dos preceitos da Psicologia Positiva, a fim de que o objetivo da Educação não fique reduzido ao ganhar a vida, o pão de cada dia, mas, sim, capacitando para que a vida seja agradável em cada pedacinho. (SNYDER & LOPEZ, 2009)

Por que pensar a Psicologia Positiva também na Educação e falar de Educação Positiva?

Um dos benefícios da Educação Positiva é não focar somente nos conhecimentos acadêmicos, mas sim em quem você é como pessoa, ensinando a se conhecer melhor. A Educação Positiva considera a saúde, o bem-estar e o florescimento tão importantes quanto os aprendizados acadêmicos, sobre os quais as escolas desempenham um papel fundamental no apoio, proteção e empoderamento de crianças e jovens. (SELIGMAN, 2011) A proposta é expandir a Educação para além dos objetivos tradicionais acadêmicos para o desenvolvimento pessoal, social, aumentando os níveis de bem-estar.

Seligman em 2011 chamou a atenção para os índices alarmantes de depressão entre jovens no mundo todo, com surgimento abaixo dos 15 anos, sendo que, há 50 anos, o surgimento da depressão acontecia por volta dos 30 anos, em média.

No relatório de 2017 sobre depressão e outros transtornos mentais, a Organização Mundial da Saúde (OMS) apresenta estimativas de que, em 2015, o número de pessoas com depressão era de 300 milhões (proporção de 4,4% da população), revelando um aumento de 18,4% entre os anos de 2005 e 2015. O número de pessoas com transtornos de ansiedade era quase o mesmo, estimado em 264 milhões (proporção de 3,6% da população), com um aumento de 14,9% no mesmo período. Os dados englobam a população mundial a partir dos 15 anos, embora a OMS admita a presença desses transtornos antes dessa idade.

Diante desse cenário, se a proposta da escola é o ensino, educar sobre emoções e bem-estar se torna um aspecto determinante na promoção da saúde, e também na prevenção do adoecimento.

Alinhados com essa proposta, Norrish e outros (2013) defendem que os domínios de bem-estar estão integrados na Escola em três níveis: vivê-lo, ensiná-lo, e incorporá-lo, na qual toda a comunidade escolar precisa estar envolvida, dos funcionários aos pais.

Peterson (2006) corrobora essa mesma abordagem ao defender que as intervenções positivas não devem ser aplicadas somente individualmente, mas também podem ser direcionadas para o desenvolvimento institucional. O autor aponta as escolas como instituições que precisam promover não só a excelência acadêmica, como também contribuir para o desenvolvimento moral de pessoas atenciosas, carinhosas, responsáveis socialmente.

Essa mesma preocupação e cuidado são observados nos programas de *mindfulness*, em que a prática pessoal do instrutor é fundamental para a condução dos programas. Para ensinar é preciso viver e incorporar.

Por que *mindfulness* e Educação?

Diversos estudos mostram a integração entre Psicologia Positiva e *mindfulness*, em que as práticas de *mindfulness* contribuem para o desenvolvimento dos elementos que promovem o nosso bem-estar. (NETTO, 2016) A partir do desenvolvimento da atenção e consciência do momento presente, desenvolvem-se também estados mentais relacionados a uma competência emocional, social, e também emoções positivas. Há uma base de pesquisas sólidas e também em expansão que sugerem que essa é uma abordagem eficaz na promoção da saúde psicológica e do bem-estar.

Apontamos, no início do capítulo, as questões vividas na atualidade – sejam relativas à complexidade do mundo ou às demandas atuais em que vivemos, como da própria configuração da escola, com suas especificidades – que vão dos relacionamentos lá estabelecidos à própria necessidade de desempenho acadêmico.

Vimos que a depressão está presente cada vez mais cedo na história do desenvolvimento. Porém, essa prematuridade não acontece somente com a vivência da depressão, mas também com transtornos como ansiedade e experiências estressoras. Hedges (2011) realizou estudos examinando a associação entre o estresse precoce e o desfecho cognitivo em modelos animais e humanos. O autor identificou que a vivência de situações estressoras no início da vida podem estar associadas a *deficits* posteriores na função cognitiva. Esses dados reforçam a necessidade de que a Escola inclua programas como os desenvolvidos com *mindfulness* para trabalhar questões vivenciadas no próprio ambiente escolar que são geradoras de estresse e ansiedade.

Em relação à eficácia desses programas, Meiklejohn, Phillips, Freedman e outros (2012) apontam estudos que demonstram que treinar alunos em *mindfulness* desenvolve uma gama de benefícios cognitivos, sociais e psicológicos. Esses benefícios incluem melhoria da atenção, das habilidades acadêmicas, das habilidades sociais, regulação emocional e autoestima, e também relatos de melhoria do humor, diminuição da ansiedade, do estresse e da fadiga. Greco, Baer e Smith (2011) também apresentam essa comprovação em estudo de validação da escala *Child and Adolescent Mindfulness Measure* (CAMM), de medida da atenção plena da criança e do adolescente nos Estados Unidos. Os autores encontraram escores positivamente correlacionados com qualidade de vida, competência acadêmica e habilidades sociais e negativamente correlacionados com queixas somáticas, internalização de problemas e externalização de comportamentos-problema.

Schonert-Reichl e Lawor (2010), em pesquisa feita sobre os efeitos de um programa educacional baseado em *mindfulness*, observaram que houve um aumento significativo do otimismo, considerando avaliação pré e pós-programa. Da mesma forma, foram identificadas melhorias nas dimensões dos componentes sociais competentes. No mesmo estudo, as autoras investigaram a opinião dos professores, que relataram ser facilmente capazes de integrar os exercícios de atenção plena nas salas de aula.

As práticas de *mindfulness* favorecem o aprendizado da resiliência, do foco, da compaixão, da percepção de si e do outro, no desenvolvimento da inteligência emocional e social, além da oportunidade de encontrar em si fonte de tranquilidade. Não é camuflar as emoções ou inibi-las, mas, sim, conhecê-las, saber que elas fazem parte, que não é errado sentir emoções, e que também não é preciso descontar no outro o sentimento de emoções desagradáveis.

Mindfulness na Educação Infantil

A escrita do presente capítulo partiu de uma experiência com três turmas do primeiro ano da educação infantil (75 crianças de cinco a sete anos de idade), com a aplicação de um programa de oito semanas. A montagem do mesmo seguiu algumas referências, como a abordagem desenvolvida pelo *Mindful Schools*[1], que capacita instrutores para trabalhar com *mindfulness* da Educação Infantil ao Ensino Médio. Uma outra referência foi o trabalho desenvolvido por Amy Saltzman[2], descrito em seu livro *Still Quiet Place*, no qual desenvolve um programa de *mindfulness* para crianças, para que essas aprendam a se beneficiar das práticas de atenção plena.

O programa desenvolvido foi pensado considerando as abordagens citadas, fazendo uma aproximação das duas. O programa proposto pelo Mindful Schools acontece ao longo de 16 semanas, já o da Amy Saltzman acontece em oito. A delimitação em oito semanas para essa intervenção se deu em relação à organização do tempo escolar. Os encontros aconteceram ao longo de oito semanas, com 30 minutos de duração cada um, dentro do horário de aula, seguindo o seguinte cronograma de práticas realizadas:

---

1 Mindful Schools é uma organização sem fins lucrativos fundada em Oakland (CA/EUA) em 2007, que iniciou seu programa em uma única escola, e hoje ministra treinamentos de *mindfulness* para quem deseja aplicar o programa em escolas. Já formou profissionais em todos os estados dos EUA e também em mais de cem países.
2 Iniciou seu trabalho informalmente, praticando com o filho. Desenvolveu pesquisas formais no Departamento de Psicologia da Universidade de Stanford, apoiada por Amishi Jha, da Universidade de Miami.

Dia 1 – Prática foco nos sons

Dia 2 – Prática foco na respiração

Dia 3 – Prática foco no corpo

Dia 4 – Prática foco na alimentação

Dia 5 – Prática foco nos pensamentos gentis para si e para o outro

Dia 6 – Prática foco dar e receber gentilezas

Dia 7 – Prática foco nas emoções: História da Tartaruguinha[3]

Dia 8 – Prática foco na gratidão

A escolha das práticas obedeceu a cronologia inicial da proposta do Mindful Schools, porém, como o tempo disponível para trabalhar o presente programa era menor (o programa do Mindful Schools segue 16 semanas), fez-se a opção por inserir outras práticas e outra cronologia. Os encontros começavam retomando a temática da semana anterior e finalizavam com a inserção de uma nova temática/prática. Embora não tenha acontecido um treinamento específico para as professoras, seja para a prática individual, seja para a condução em sala de aula, as mesmas replicavam as temáticas trabalhadas no encontro ao longo da semana. A prática da respiração tornou-se frequente em diferentes momentos ao longo do dia e das semanas. No momento do lanche, era resgatada a prática do comer consciente. Se alguém precisava de algum tipo de ajuda, a gentileza entrava em foco. Quando a questão era alguma irritação, raiva, frustração, a carapaça da Tartaruga Melissa, Tati Splash ou Vitória (nomes dados pelas crianças de cada uma das turmas), entrava em ação e ajudava a focar nos sentimentos presentes naquele momento e a refletir sobre a melhor solução para o que estava acontecendo.

Ainda é prematuro relatar os resultados obtidos com as oito semanas do programa (conclusão em maio/2017). Entretanto, pelos relatos da coordenação, das professoras, das crianças e também de alguns pais, foi possível observar principalmente menor reatividade e maior consciência dos sentimentos, dos comportamentos; e também uma maior abertura

---

[3] Esta prática foi retirada do relato de Mark Greenberg (criador do currículo PATHS - Promoting Alternative Thinking Strategies - um programa de alfabetização emocional para crianças), no livro *Como lidar com emoções destrutivas*: para viver em paz com você e os outros.

das crianças para o momento presente, tomando consciência dos acontecimentos a cada momento.

Conclusão

Ensinar *mindfulness* é ensinar a prestar atenção com propósito, para estar presente e ser gentil com o que se vê, sente, conhece, desenvolvendo a capacidade de viver cada vez mais consciente. Saltzman (2014) define consciência como uma capacidade humana universal para prestar atenção com bondade e curiosidade. Não é atenção por atenção, ou consciência simplesmente para seguir os padrões, é tomar consciência de si, com amorosidade, com uma atitude de bondade consigo, com seus pensamentos, sentimentos, sensações, impulsos e ações. Essa consciência tem sido observada nas crianças que passaram pelo programa.

Muitos estudos estão sendo realizados sobre *mindfulness*, sua aplicabilidade e efetividade na Educação, o que exige uma postura reflexiva diante desse movimento. *Mindfulness* não é uma pílula mágica que vai trazer concentração, atenção e aprendizado, da mesma forma que não é uma panaceia que atende a todos. Mas, com certeza, é uma prática a ser pesquisada como alternativa para lidar com o bombardeio de informações e estímulos que as crianças recebem todos os dias, para aprenderem a lidar com suas emoções, não para evitá-las, mas conhecê-las e ter maior consciência para escolher como agir a partir delas.

Storytelling Positivo

Daniel Vieira

A Parábola do Queijo

Certo dia, um fazendeiro resolveu fazer um queijo, então pegou o leite e o colocou em uma vasilha. O leite sentiu-se feliz, pois em seu estado liquido podia se moldar a qualquer forma. O fazendeiro derramou sobre o leite um catalisador e, dentro de alguns minutos, o leite começou a se solidificar, ficando então em pedaços. Por um momento, o leite sentiu medo, mas, ao ver a habilidade e tranquilidade do fazendeiro, também se acalmou.

Em instantes o fazendeiro retirou o leite talhado da vasilha e começou a colocá-lo em uma fôrma redonda, e o queijo rapidamente o questionou: "Por que me colocar nesta fôrma?" O fazendeiro lhe disse: "Eu lhe darei uma forma, basta aguardar". O fazendeiro o espremeu e deixou o excesso de água escorrer. Depois de algumas horas, o queijo tinha uma forma redonda e firme. Isso o deixou muito feliz e satisfeito, mas o fazendeiro disse: "Não é isso ainda. Eu tenho mais pra você». O queijo foi enrolado em um pano e colocado em uma prateleira para secar ainda mais.

Passados alguns dias, o queijo estava curado, firme e quase sem nenhuma água. Sentiu-se confiante e muito feliz, pois sua forma era segura e robusta, mas o fazendeiro o retirou desse lugar e o colocou em um armário mais distante e escuro e por lá ficou vários dias.

O queijo começou a sentir-se só e angustiado, e, nesse momento, começaram a aparecer nele algumas manchas pretas - o queijo estava mofando -, foi então que começou a reclamar: "Estava em minha forma líquida. Moldava-me facilmente a qualquer ambiente. Depois, me tornei queijo e já tinha uma forma, estava pronto. Agora fui colocado aqui para mofar e perder".

Assim que o queijo estava todo manchado, o fazendeiro o retirou do armário e o colocou na mesa e disse: "Agora, sim, você está pronto. Eu o fiz para ser um queijo raro e de grande valor. A sua forma agora é muito melhor do que era no início".

Moral da história: nunca se contente com sua forma atual e não se apavore com o tempo de maturação. Muitos desistem antes mesmo de estarem prontos e maduros.

O grande tesouro extraído de todas as histórias é a verdade. Mas o que há de verdade em uma história em que um queijo sente e fala? Essa é a parte da construção de uma história, a verdade é a mensagem que gera reflexão. Uma boa história tem de ser verdadeira, mesmo quando totalmente inventada. Uma metáfora costuma se mostrar muito mais atraente para o público do que uma sequência de explicações secas. Ela favorece a concentração, o entendimento e a comunicação como um todo.

Neste capítulo, apresentarei como as histórias que contava se tornaram uma ferramenta didática em minhas aulas, alinhadas com a Psicologia Positiva.

Minha história com as histórias

Comecei a lecionar aos 20 anos de idade. Nessa época, entrei para a educação como forma de complementar minha renda, trabalhando, inicialmente, com formação de alunos adultos no ensino médio em escolas de periferia à noite. Como um bom iniciante nessa prática, preparei-me bastante, montei o plano de aula de todo o semestre – leituras, exercícios, provas, entre outros elementos – mas, ao começar as aulas e conhecer os alunos e suas realidades, percebi que seria uma árdua tarefa continuar seguindo meu planejamento. Os planos são frios, rígidos e possuem uma só perspectiva – a do professor – e para o sucesso é necessário avaliar o contexto em que o conteúdo será inserido. Os alunos estavam cansados pela longa e exaustiva jornada de trabalho; alguns com fome e esperando apenas o momento da merenda e outros poucos se esforçando para entender o que eu dizia. Então, parti para as histórias, e em cada aula minha havia um protagonista e uma jornada a ser seguida; conexões emocionais começaram a se estabelecer por meio das histórias que contava. Mal sabia que ao usar as histórias que conheci na infância e juventude, grande parte delas contada pelo meu pai, eu já estava usando o *storytelling* como ferramenta didática no processo de aprendizagem.

Contar histórias é algo natural aos homens. Já nascemos carregados de histórias – como nossos pais se conheceram, como foi a nossa gestação e nascimento – e tudo isso contribuiu para nossa identidade. Segundo Xavier (2015 p.83), "A matéria-prima de todos os que se dedicam a contar histórias é a vida", e, apesar de essa história ser uma parábola[1], o texto apresentou a vida de seus personagens, seu conteúdo ficcional pode ser visto por diversos olhares e seu sentido é repassado por meio da jornada de um queijo como protagonista, criando uma conexão com a realidade da audiência (aqui cito leitores, espectadores ou alunos).

Um pouco sobre *storytelling*

Ser um *storyteller*[2] pode parecer uma tarefa fácil, pois nos é natural narrar os fatos de nosso dia a dia, mas contar histórias com vistas a construir sentimentos, padrões comportamentais e até pensamentos de uma nação não é somente uma arte, ou uma repetição de experiências, é preciso técnica e arte. As histórias que contava, foi necessário estruturá-las, para que isso não se tornasse um elemento solto e desconectado do processo que estava propondo em sala de aula.

Por isso, para definir o termo *storytelling* é necessário utilizar-se da arte, para reprodução de um fato, por meio do qual há o despertamento emocional e um sentido envolvente, e também da técnica, para construção narrativa dos acontecimentos, dilemas, conflitos e soluções, como forma de criar uma experiência memorável. O professor Adilson Xavier (2015) utiliza-se até de um neologismo para essa explicação: "*Storytelling* é a tecnarte de moldar e juntar as peças de um quebra-cabeça, formando um quadro memorável".

Então, para uma definição mais formal, usarei a expressão do autor

---
[1] Narrativa alegórica que transmite uma mensagem indireta, por meio de comparação ou analogia.
[2] Termo utilizado para as pessoas que constroem as histórias.

espanhol Antonio Núñes, citada por Xavier (2015): "uma ferramenta de comunicação estruturada em uma sequência de acontecimentos que apelam a nossos sentidos e emoções". (XAVIER, 2015, p.120)

Já Galvão (2015) afirma, sobre *storyteling*:

> A capacidade de contar histórias está em nossa essência. Por mais que a vida em sociedade, a formação escolar e acadêmica tolham tal habilidade, ela sempre poderá ser resgatada – especialmente se contarmos com a ajuda de ferramentas de estruturação de storytelling. A partir do momento em que lançamos um olhar mais apurado sobre os elementos que formam uma narrativa, ampliamos a compreensão sobre as histórias, os filmes e os livros que já compõem nosso repertório. Consequentemente, transformamos também nossa capacidade de criar, estruturar e recontar histórias, num movimento natural e inevitável. (GALVÃO, 2015. p.21)

Apesar de constantemente sermos bombardeados por um enorme volume de informações, distrações tecnológicas e de entretenimento, as histórias permanecem como elemento de formação de nossa identidade, criando conexões entre as pessoas, mas não promovendo milagres, necessitando que a técnica deva estar alinhada ao propósito desejado. Começamos a construir nossas histórias pelo fim, pelo objetivo desejado com a narrativa; precisamos saber para onde vamos, ou entraremos em um caminho sem fim. A premissa é a motivação da história, a "moral da história", segundo Robert McKee (MACKEE, 2016, p. 116), a premissa "raramente é uma afirmação completa. Geralmente, é uma questão aberta: o que aconteceria se...?"

Todo acontecimento é uma história? A resposta é não. Todo acontecimento pode se tornar uma história. A parábola do queijo não foi um causo contado aleatoriamente, há um sentido no enredo e há também elementos essenciais para deixar a narrativa interessante e atraente. (GALVÃO, 2015, p.35) São eles: a ideia governante, o universo da história, o protagonista e seu desejo, e as forças antagônicas.

Contar histórias com esses elementos (ideia governante, o universo da história, o protagonista e as forças antagônicas) nos conduz a universos atemporais e inúmeras descobertas por diversos pontos de vista: o leite se transformou em queijo. O que podemos enxergar nessa metáfora?

> A grande diferença entre a estória e a vida é que na estória descartamos as minúcias da existência diária nas quais seres humanos agem esperando certa reação permissiva do mundo e, de certa forma, alcançam o que esperam. (MCKEE, 2006, p. 143)

A única verdade que jamais pode ser negligenciada em uma história é a verdade emocional, uma característica eminentemente humana. Clichês não promovem um mergulho verdadeiro na mensagem; traçar um sentido, uma premissa adequada é indicar um mergulho na condição humana e preparar um caminho para *insights* de mudanças de paradigmas.

A Jornada do Herói: Storytelling Positivo

"Agora sim você está pronto. Eu lhe fiz para ser um queijo raro e de grande valor, a sua forma agora é muito melhor do que era no início".

Esse foi o fim da parábola citada logo no início deste texto. E não é de se esperar um final feliz em todas as histórias que lemos ou assistimos? Talvez pudéssemos acrescentar um "E viveram felizes para sempre", mas o que ressalto é a jornada do queijo até esse fim. Toda história é uma construção que começa com uma pergunta, ou um problema, o fim apresenta a resposta a esse problema e o meio é um despertamento do leitor a como essa questão foi solucionada.

Para enfatizar esse "como", esse despertamento positivo contido nas histórias, faz-se pertinente o entrelace de alguns conceitos da Psicologia Positiva.

Inicialmente, podemos entender que bem-estar é um constructo[3]. Segundo Seligman (2011), a Teoria do Bem-Estar tem cinco elementos: emoção positiva, engajamento, sentido, relacionamentos positivos, e realização. O arco narrativo de uma história não precisa ser necessariamente feliz; precisa ser satisfatório, ou seja, a construção precisa ter um fim e a capacidade de gerar na audiência (aqui me refiro a leitores, espectadores ou alunos) emoções positivas.

---
3 Constructo: construção puramente mental, criada a partir de elementos mais simples, para ser parte de uma teoria.

Achor (2012) consolida a expressão "construção da felicidade" em seu livro.

> Sonja Lyubomirsky, uma líder no estudo científico do bem-estar, escreveu que prefere a expressão "criação ou construção da felicidade" à expressão mais popular "busca da felicidade", já que pesquisas demonstram que está em nossas mãos criar a nossa própria felicidade. (ACHOR, 2012, p.86)

Segundo Seligman (2011, p.27), "a emoção positiva é a pedra angular da teoria do bem-estar". A emoção positiva representa o que sentimos, a saber: prazer, entusiasmo, êxtase, calor, conforto e sensações afins. (SELIGMAN, 2011)

Pela importância das emoções positivas na construção do bem-estar, é que me utilizo do termo Positivo para complementar a definição de Storytelling. Logo, Storytelling Positivo pode ser visto como a construção de histórias, utilizando experiências que toquem nossas emoções e nos movam ao futuro por meio da transformação de nossa mentalidade.

Ao contar histórias em sala de aula, percebi que a receptividade dos alunos mudou. Antes fechados e cansados, e, com o passar das aulas e das histórias, percebia o interesse pelo assunto que iria discorrer e um tratamento mais amistoso comigo; me viam não só como professor, mas alguém disposto a despertá-los e a entendê-los. Havia envolvimento emocional na sala de aula.

O envolvimento emocional do público é sustentado pela empatia. Robert Mckee (2006), um dos maiores nomes do *storytelling*, mundial afirma: "Nós sentimos empatia por razões muito pessoais, se não egocêntricas. Quando nos identificamos com um protagonista e seus desejos na vida, estamos de fato torcendo por nossos próprios desejos na vida". (MCKEE, 2006, p.141) A minha intenção na época era mais do que ministrar um conteúdo aos alunos, era despertar o interesse pelos estudos, pelas aulas, e, claro, pelas minhas aulas, gerando um ambiente descontraído e um campo fértil para o aprendizado.

Vejo sempre o protagonista das histórias como um herói, alguém que passa por desafios, dilemas pessoais e até conflitos globais, mas, de alguma forma, sai dessa jornada transformado.

> Um herói vindo de um mundo cotidiano se aventura numa região de prodígios sobrenaturais; ali encontra fabulosas forças e obtém uma vitória decisiva; o herói retorna de sua misteriosa aventura com o poder de trazer benefícios aos seus semelhantes. (CAMPBELL, 2007, p. 36)

Apresento a abordagem do Storytelling Positivo como uma metodologia para construção de histórias com vistas a promover emoções positivas no ambiente de sala de aula e ampliar o campo de ensino-aprendizagem. Esse ambiente que não é feito somente de planos de aula e metodologias de ensino, como também de pessoas que se relacionam e trazem consigo experiências e estados humor que foram construídos antes da experiência de sala de aula e que contribuem e interferem em todo o processo de ensino-aprendizagem.

> (...) Uma terceira razão é que um bem-estar maior melhora a aprendizagem, o objetivo tradicional da educação. Um estado de humor positivo produz maior atenção e um pensamento mais criativo e holístico. Isso contrasta com o humor negativo, que produz atenção diminuída e um pensamento mais crítico e analítico. (SELIGMAN, 2011, p.93)

Algo que também contribui para gerar o processo de identificação do público com a história é a qualidade arquetípica[4] na estruturação do personagem. Quando na parábola, um fazendeiro e um queijo seguem sua jornada, e suas características humanas e particulares são gradativamente apontadas, apesar de ficcional, sua jornada se parece com a vida de muitas pessoas reais, é uma forma de identificação com a verdade.

Dessa forma, a função do Storytelling Positivo não é somente entreter, distrair ou criar um ambiente agradável, como também o de promover possibilidades de desenvolvimento pessoal e geração de bem-estar. É preparar o solo para lançar boas sementes.

---

[4] Os arquétipos são conjuntos de imagens primordiais originadas de uma repetição progressiva de uma mesma experiência durante muitas gerações, armazenadas no inconsciente coletivo e que se revelam muitas vezes por meio de imagens simbólicas. (JUNG, 2008, p.83)

Uma história sem fim

"Estava em minha forma líquida. Moldava-me facilmente a qualquer ambiente. Depois, me tornei queijo e já tinha uma forma, estava pronto. Agora fui colocado aqui para mofar e perder".

Essa frase da parábola mostra como o queijo havia construído a sua forma de pensar sobre sua jornada. E quantos de nós não interpretamos um caso, uma situação conflituosa sobre nosso próprio olhar? A transformação só pode ser notada em sua essência após sua conclusão.

A ideia de contar histórias como forma de criar um espaço para a conexão com o sentido e com o tema proposto pelo *storyteller* está também intimamente ligada à capacidade de que as histórias têm de conectar o aluno com o seu potencial, com suas possibilidades de desenvolvimento, por meio da jornada do protagonista.

Os elementos necessários para construção das histórias são distribuídos em atos[5]. Os atos apresentam o personagem e uma ambientação incitante, complicações progressivas, clímax e a moral da história, como forma de dar fluência ao enredo, captar a atenção do público e gerar a emoção desejada.

Há alguns anos, não atuo mais na educação do ensino médio. Após minha formatura em administração, não deixei a sala de aula. Aliava a atuação em empresas com sala de aula, até que, numa bela semana de fevereiro de 2014, decidi encerrar minha atuação efetiva como gestor e focar somente em Educação de adultos e treinamentos empresariais. Hoje, viajo para várias cidades do País, lecionando conteúdos relacionados ao desenvolvimento do potencial humano, geralmente em módulos de pós-graduação, a estrutura deste tipo de trabalho tem aulas de sexta-feira à noite, sábado das 08h00 às 18h00 e domingo das 8h00 às 12h00.

Divido a aula em atos, em nosso primeiro encontro (Ato I) faço uma ambientação e aponto que algo incitante acontecerá: termino a sexta-feira com a história de passageiros que embarcam em um avião rumo a um destino, apresentando os alunos como passageiros e o professor como piloto,

---

5 Ato: é uma série de sequências que culminam em uma cena climática, causando uma grande reversão de calores, mais poderosa em seu impacto do que em qualquer cena ou sequência anterior. (MCKEE, 2006, p.52)

mas, em um determinado momento da aula, há um problema em terra, e não será possível pousar o avião, mas que há combustível suficiente para voar. Em nosso segundo encontro (Ato II), sábado pela manhã, retomo a história com complicações progressivas, comentando sobre sentimentos e expectativas sobre o vôo. À tarde, apresento mais um conflito: uma turbulência inesperada, mas superamos, e, por fim (Ato III), no domingo, o clímax e a moral da história, temos a feliz notícia de que o problema foi resolvido e podemos pousar o avião.

Ao concluir todo o conteúdo proposto no plano de ensino, o comandante se despede dos passageiros e entrega o comando da aeronave, chamada vida, nas mãos de cada um. E finalizo com a moral da história: seja você o piloto de suas escolhas.

Os resultados que tenho obtido em sala de aula são sempre de boas lembranças do fim de semana, quando são enfatizadas as emoções positivas vividas durante a experiência na sala de aula. As histórias não demonstram **o que** fazer diante de uma adversidade, mas mostram **como** o personagem resolveu o conflito, a função do Storytelling Positivo não é dar conselhos, mas gerar identificação de forças e potencialidades e criar um campo onde as pessoas sejam capazes de pôr novas ideias em prática para si mesmas.

Entre viagens, histórias, teorias e experiências, o que vale ressaltar é o que nos resta durante todo esse processo, essa conexão emocional entre alunos e professor é uma grande sensação de bem-estar, um sentimento não só de "dever cumprido", mas de alegria. O Storytelling Positivo tem me proporcionado grandes emoções. Pode, sim, despertar o potencial da audiência, mas, sem dúvida é um exercício para quem, assim como eu, tem em seu propósito o desejo de disseminar o que se conquistou com conhecimento e experiências.

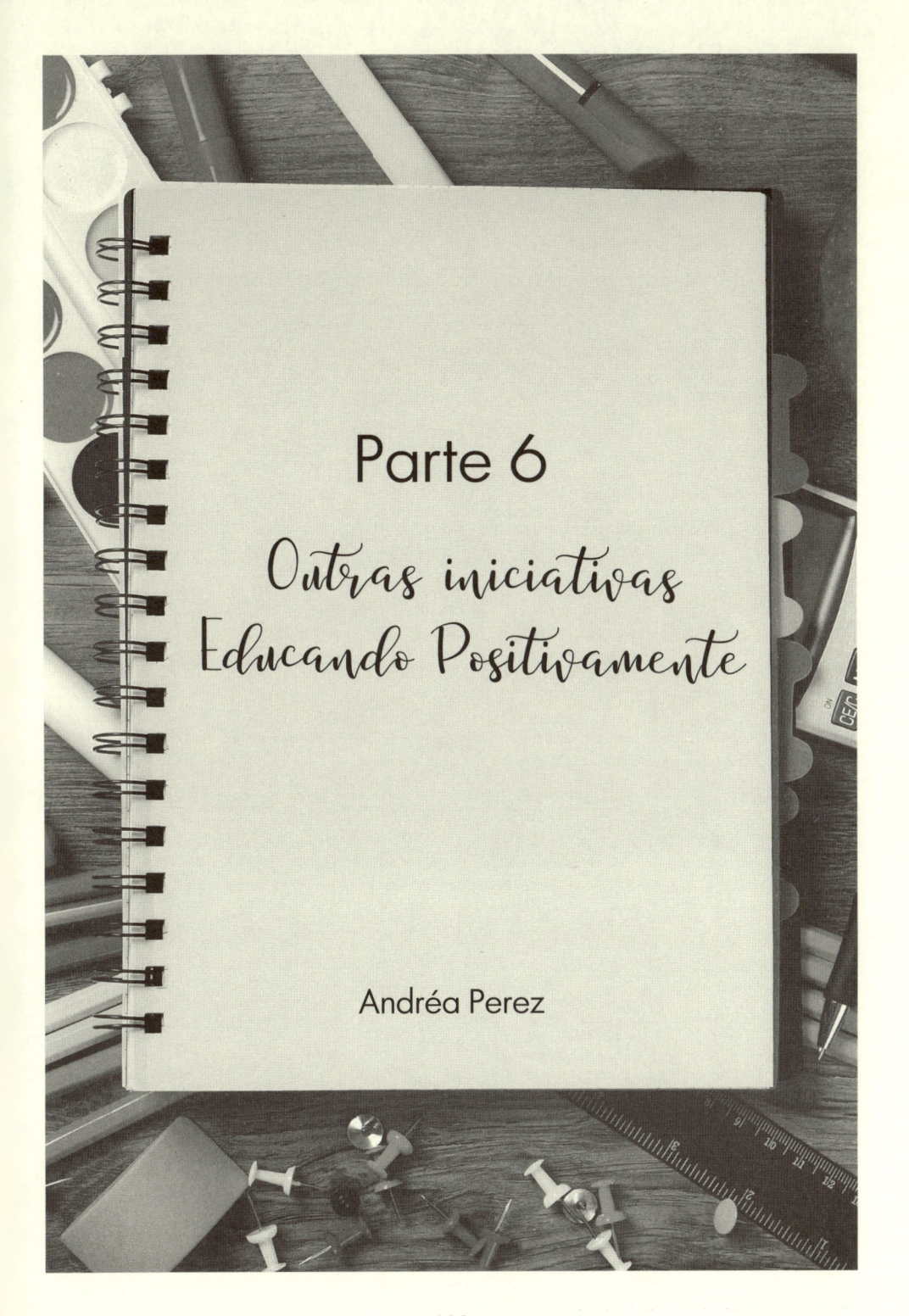

Parte 6

Outras iniciativas Educando Positivamente

Andréa Perez

Organizar uma obra com tanta riqueza de novos conhecimentos é sempre um desafio. É imensa a preocupação de usar da exatidão para enquadrar cada tema, o mais precisamente quanto possível.

Devido à relevância de todos os temas que o leitor recebe nesta parte, os quais nem requerem muita apresentação teórica, sugiro deliciar-se com a densidade de conhecimento dos capítulos que se enquadram aqui.

São temas de tanta especificidade profissional, científica e ética e que vêm desenvolvidos por grandes estudiosos, logicamente reconhecendo o calibre dos demais dos capítulos anteriores, que tenho a absoluta certeza de que irão favorecer a vocês diversas outras formas de aplicação da Psicologia Positiva na Educação, e que os leitores nem imaginaram ainda.

Nesta parte, vocês poderão perceber a riqueza de multidisciplinaridade da Psicologia Positiva sobre a qual conversamos no Capítulo 2, quando a abordei conceitualmente. Sempre destaco isso, já que essa multidisciplinaridade é que desbrava fronteiras e faz chegar mais vida à Psicologia Positiva.

Surpreenda-se com o que encontrará a seguir e que essa leitura final dos capítulos o inspire a ser um agente da Psicologia Positiva na Educação.

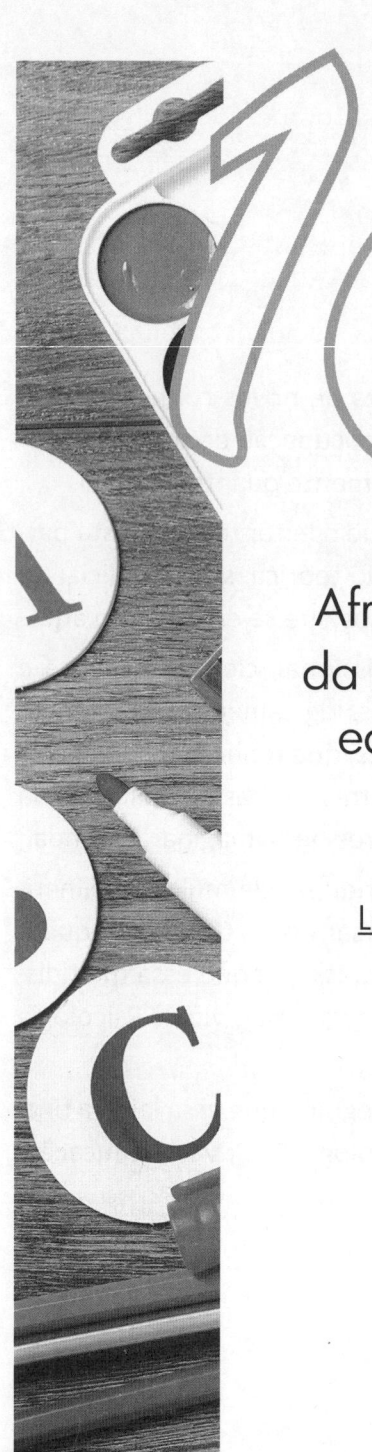

Afrorresiliência: contributos da resiliência na mobilidade educacional de mulheres afrodescendentes

Lucienia Libania Pinheiro Martins e
Francis Musa Boakari

A Psicologia Positiva é um movimento recente dentro da Psicologia, que visa o reconhecimento e o desenvolvimento das virtudes humanas. Tem por objetivo trabalhar e potencializar as capacidades e as qualidades positivas das pessoas. Representa uma área de estudo recente em relação às demais áreas de atenção dessa ciência, com contribuições inumeráveis para compreensão do desenvolvimento humano.

Seligman (1998 *apud* SNYDER; LOPEZ, 2009, p. 19) afirma que a "missão dos estudiosos da Psicologia Positiva é relembrar ao campo da Psicologia que os objetivos de sua criação fugiram da rota, pois a Psicologia não é somente o estudo da doença, da fraqueza e do dano; é o estudo da força e da virtude".

A Psicologia Positiva contribui com os estudos sobre resiliência por ressaltar os aspectos positivos do desenvolvimento, indicativos de uma vida saudável. É entre esses fenômenos, considerados positivos no desenvolvimento humano, que se encontra a resiliência, uma adaptação positiva a despeito das adversidades.

Consoante Snyder e Lopez (2009), a Psicologia Positiva se encontra com a resiliência quando procura identificar quais características positivas auxiliam as pessoas acometidas por adversidades a redirecionarem suas vidas.

O presente capítulo é resultado de uma pesquisa de mestrado realizada na Universidade Federal do Piauí (UFPI) no programa de Pós-Graduação em Educação. A pesquisa completa já foi publicada na obra intitulada *Afrorresilientes: A resiliência de mulheres afrodescendentes de sucesso educacional* (Martins, 2013). Como parte deste livro, busca contribuir com os estudos da Psicologia Positiva que propõe o reconhecimento e o desenvolvimento das virtudes humanas, dentre as quais, a resiliência faz parte. Esse estudo teve como foco principal perceber as contribuições da resiliência na mobilidade educacional ascendente de mulheres afrodescendentes.

Resiliência e afrodescendência

Para Munanga (2003), um dos marcos dos problemas referentes à população brasileira afrodescendente surgiu há mais de 400 anos, quando sequestraram os primeiros africanos trazidos ao Brasil para serem escravizados. De fato, os problemas foram iniciados com os primeiros contatos baseados em cobiça, ganância e espírito desumanizador dos europeus. Todos os direitos necessários para o desenvolvimento pessoal, educacional e profissional foram-lhes usurpados e reservados somente aos homens e às mulheres livres, em particular as/os exploradoras/es da Europa.

Olhar para o passado significa visualizar os primeiros comportamentos de superação de adversidades, de transformação e de crescimento desse grupo. A resiliência do afrodescendente é indiscutivelmente singular em relação a qualquer outro grupo por ser alicerçada na resistência, na alegria e na perseverança porque na África tinha uma cultura que respeitava a vida de todos e todas. Para Boakari (2013), a vida de todo ser humano é tão válida quanto a de qualquer outra. O ser humano é humano e é visto assim além de sua aparência fenotípica. A sua filosofia existencial, que ainda se traduz na ideia de que uma pessoa é um ser possível porque as outras pessoas também estão sendo, explica a sua aceitação dos primeiros europeus como seres que mereciam respeito e dignidade. E qual foi a resposta tanto na África quanto na América Latina?

Estudos sobre resiliência promovem uma desconstrução do valor atribuído ao afrodescendente no imaginário coletivo, que por séculos carrega estigmas e estereótipos que não condizem com a sua realidade de não ser reconhecido e valorizado como humano merecedor de dignidade e respeito.

Falar em afrorresiliência é reconhecer o valor da luta permanente da população afrodescendente, positivamente avaliar as suas conquistas históricas, apontar para os erros desumanizantes das populações europeias e estar preparado para aprender a aprender a valorizar todas as pessoas como gente que são gente como outras pessoas – afrodescendente é tão gente quanto um eurodescendente, que é tão humano quanto um indigenodescendente, como é um descendente asiático. As descendências são importantes porque ajudam a explicar as diferenças que possibilitam as diversidades que formam o Brasil.

Em suma, a resiliência surge dentro da nova vertente da Psicologia Positiva, entre os fenômenos indicativos de vida saudável. Pouco a pouco vai conquistando o seu próprio campo de investigação e de análise. O discurso hegemônico foca o humano e refere-se à resiliência como um processo de "superação" de adversidades em indivíduos, grupos e organizações. (YUNES, 2001) O percurso pelo campo da Psicologia Positiva faz-se necessário pela compreensão da importância que os sentimentos/emoções positivos desempenham no cotidiano de cada pessoa.

A resiliência relacionada às questões afrodescendentes é um campo pouco pesquisado, denotando que é passível de mais investigações. Resiliência e Psicologia Positiva podem contribuir não somente para ajudar a entender melhor e talvez desenvolver e fazer emergir as forças e as virtudes do caráter, como também para relembrar o desejo de Luther King de que "os meus filhos não sejam julgados pela cor de sua pele, senão pela retidão do seu caráter". Nesse processo, a compreensão por meio dos estudos, das forças e das fortalezas dos afrodescendentes, somados às outras múltiplas formas já existentes, como as realizadas pelos movimentos sociais e pelas políticas públicas, muito podem influenciar no desmonte aos racismos, às discriminações e aos sexismos.

As condições acerca da resiliência em mulheres afrodescendentes sugerem, contudo, que os processos não são universais nem igualmente eficazes nos diferentes grupos sociais, por isso não existem "receitas" mágicas para o sucesso educacional, pois todas as mulheres afrodescendentes passarão pela necessidade de adequação das estratégias aos contextos específicos de vida. A afrorresiliência é uma tentativa de chamar atenção às capacidades imensuráveis de afrodescendentes de historicamente construir saídas, estratégias de superação, apesar das crueldades cometidas contra elas/es.

Metodologia

As participantes da pesquisa compunham um grupo de 60 mulheres que se autodeclararam afrodescendentes com formação superior, inseridas no mercado de trabalho, residentes na cidade de Teresina, Piauí. O critério de seleção desse grupo teve como base o seguinte objetivo de pesquisa: caracterizar a resiliência em um grupo de mulheres afrodescendentes que conseguiram superar as adversidades presentes na sua trajetória de vida e conquistaram o ensino superior.

Trata-se de um estudo quantitativo, exploratório e descritivo, que não permite generalização. As participantes foram selecionadas aleatoriamente, mas não com a pretensão de formar uma amostra representativa de mulheres afrodescendentes, pois não existem números oficiais sobre a população de mulheres afrodescendentes com curso superior em Teresina.

O instrumento utilizado foi o Quest_Resiliência, que é um instrumento traduzido, adaptado e validado do *Resilience Quotient Test* (Teste Quociente de Resiliência ou RQTeste), explicado por Reivich e Shatté (2002). A obra dos referidos autores e o instrumento foram traduzidos e adaptados à realidade brasileira por Barbosa (2006).

A escala Quest_Resiliência está alicerçada nos conceitos dos Modelos de Crenças Determinantes (MCDs), que representam a crença de uma pessoa e sua habilidade de lidar com situações. Essas crenças organizam, de forma determinante, a noção sobre as competências, agindo diretamente no processamento dessas informações, influenciando nos estilos comportamentais de cada pessoa. "Os esquemas (modelos) determinantes são as superestruturas cognitivas localizadas na memória inconsciente que estruturam o pensamento real, já as crenças são os modelos traduzidos em palavras". (BARBOSA, 2010, p. 8) Desse modo, o Quest_Resiliência organiza essas crenças em oito modelos, que são utilizados como modelos mentais para interpretar e solucionar problemas, os quais estão representados na figura a seguir.

Fonte: a autora (2012).

Figura 1 – Fatores componentes da resiliência, segundo Barbosa (2010).

Quando o contexto temporal é favorável e as relações acontecem num contexto também adequado, os modelos funcionariam melhor. Onde se encontra um ou outro desses fatores, as consequências das atitudes e comportamentos de resiliência poderiam não ser efetivados.

Algumas considerações

Os processos internos que organizam as crenças e possibilitam um comportamento resiliente sofrem intervenção direta dos fatores externos. Tais fatores podem desencadear o surgimento de "barreiras internas": pessimismo e falta de empatia, falta de sentido de vida, entre outros. Muitas vezes, essas barreiras são construídas dentro dos processos educativos, que não permitem uma reflexão sobre a ação e muito menos uma reflexão com introspecção, que possibilitaria a identificação de algumas causas internas que fazem muitas mulheres afrodescendentes abandonarem a escola.

Boakari (2007) acrescenta que a liberdade é tolhida para os definidos como diferentes. Sugere que é preciso que a percebamos em nós e nos outros para termos ações mais efetivas de reconhecimento por meio de uma "pedagogia do diferente" (BOAKARI, 2007); a/o diferente é cada um de nós. Aceitar essa realidade é alicerce para aprender a aprender que é força-motriz das educações contemporâneas.

Para Freire (1987, p. 70), "a educação como prática da liberdade, ao contrário daquela que é prática da dominação, implica a negação do homem abstrato, isolado, solto, desligado do mundo, assim como também a negação do mundo como uma realidade ausente dos homens". A partir desse pensamento, é possível compreender que a educação poderia contextualizar a situação das mulheres afrodescendentes, assim haveria uma maior possibilidade de identificar as barreiras que impedem seu crescimento, sejam elas internas ou externas.

Bénard (1996) aponta, em suas pesquisas, que as escolas que estabelecem altas expectativas para todos os seus alunos e as que lhes oferecem apoio para alcançá-las – sendo esse apoio entendido como um fator de resiliência – são as que têm altos índices de sucesso na tarefa pedagógica. Práticas educativas baseadas em altas expectativas poderiam colaborar para o sucesso educacional de mulheres afrodescendentes.

A partir dessas reflexões, é dada a relação entre a resiliência presente nas participantes da pesquisa e as características resilientes que podem ser desenvolvidas pela educação. No interior dessa discussão, Teixeira (2003, p. 98) acrescenta uma característica importante para o sucesso educacional, quando diz que "somente aqueles que conseguem estabelecer redes de solidariedade chegam ao ensino superior público, aos outros resta a inércia social".

Gomes (2003, p. 170) colabora ao dizer que a educação pode facilitar esse processo de solidariedade, pois "a escola é uma instituição em que aprendemos e compartilhamos não só conteúdos e saberes, mas, também, valores, crenças e hábitos, assim como preconceitos raciais, de gênero, de classe e de idade". Ou seja, os recursos internos são fundamentais na trajetória educacional, pois ajudam no processo de superação das adversidades presentes na formação educacional.

Esse estudo possibilitou a identificação de como a resiliência se apresenta em um grupo de mulheres afrodescendentes, por meio da análise dos resultados e da contextualização dos dados com a realidade dessas mulheres. Existem inúmeras possibilidades de que outras estruturas internas (cognitivas, afetivas, emocionais) tenham contribuído com esse processo.

A resiliência em mulheres afrodescendentes é, para a educação, um campo fértil, pois o desenvolvimento dessas competências e habilidades pode favorecer o sucesso educacional de muitos afrodescendentes, homens e mulheres, que foram paralisados pelas adversidades, muitas vezes associadas a questões específicas da sua raça, seu gênero e sua classe social.

Para Vargas (2009, p. 111), "a resiliência é uma excelente defesa psicológica contra as agressões impostas pela sociedade contemporânea", e pode ser defesa para esses grupos, sem confundi-la com insensibilidade ou conformismo ou, ainda, com resignação. A resiliência, aqui entendida como afrorresiliência, constitui-se na consciência de forças internas presentes e aplicação das capacidades necessárias para usá-las, para superar desumanidades praticadas por outras pessoas, muitas vezes expostas na forma de preconceito, discriminação e racismo.

Isso implica dizer que a resiliência na vida de mulheres afrodescendentes deve ser percebida como um processo para crescimento, de positividade, ou melhor, de mais fortalecimento para situações estressoras que acontecerão, bem como poderá facilitar a superação dos entraves presentes durante a sua formação universitária e além deste nível educacional.

Os resultados desse estudo, muito antes de elucidar os caminhos que levam à resiliência em mulheres afrodescendentes, possibilitaram a compreensão de alguns de seus aspectos. É fundamental, no entanto, a continuidade desse estudo e, sobretudo, que a Psicologia direcione seus esforços científicos para os aspectos funcionais do indivíduo e para as suas potencialidades, e não apenas para os problemas humanos.

É necessária a ratificação da proposta de que os modelos de resiliência identificados, compreendidos e mensurados não são traços de personalidade ou características genéticas, pois não existe essa classificação de que uma pessoa seja resiliente e outra não. Pessoas se comportam de forma resiliente diante de circunstâncias específicas, ou seja, perante alguns obstáculos e diante de outros, não. Assim, é indispensável avançar nos estudos sobre a resiliência e a afrodescendência e, sobretudo, não omitir que a Psicologia não deve se eximir em contribuir com estudos que favoreçam o seu desenvolvimento.

Assim, a resiliência faz parte e contribui com os estudos da Psicologia Positiva. Para além do próprio conceito do construto, as variáveis que estão envoltas no conceito de resiliência ampliam a necessidade de conhecer e aprofundar os estudos sobre as virtudes presentes no desenvolvimento que é o que move os estudos da Psicologia Positiva. Nesse movimento, é necessário o acompanhamento permanente com avaliações objetivas e subjetivas, sempre com o intuito de fazer valer a ideia de que a RESILIÊNCIA pode ser uma aliada para a superação das adversidades no campo educacional, quando se dispõe dos recursos necessários para o seu desenvolvimento.

17

Educação continuada para líderes

Como aplicar o capital psicológico positivo na gestão de equipes, potencializando os talentos e pontos fortes no perfil de liderança

Ana Carla Conforto

A gestão de pessoas vem ganhando relevância nas organizações e a tendência de mercado aponta para o crescimento do investimento em capacitação de lideranças, conforme estudo realizado sobre o Panorama do Treinamento no Brasil (ABTD, 2016, p.9). Segundo a consultoria *Great Place to Work*® (2016), "os melhores ambientes de trabalho são a origem de empresas mais produtivas, lucrativas e sustentáveis". No Brasil, a pesquisa de clima, que mede a qualidade do ambiente no trabalho, é o indicador mais utilizado pelas empresas no que tange à gestão de pessoas (ABTD, 2016).

Essas informações sinalizam a importância de desenvolvimento de projetos voltados para capacitação de liderança em gestão de equipes, visando à criação de ambientes produtivos e positivos de trabalho.

Nosso objetivo com o presente artigo é apresentar um projeto de Educação Continuada para Capacitação de Lideranças, já implantado em empresas com resultados positivos, demonstrando como a liderança pode formar e gerir equipes, aplicando o Capital Psicológico Positivo e potencializando os talentos humanos e os pontos fortes em seu perfil.

Nossa visão sobre o contexto da liderança

Atualmente, não há dúvida de que a liderança é um fator determinante na busca de melhores resultados nas organizações. Nunca se investiu tanto em treinamento de líderes como nos últimos dez anos. Estudo realizado no Brasil sobre o Panorama de Treinamento e Desenvolvimento aponta que o investimento em treinamento e desenvolvimento cresceu de 2015 para 2016. "O volume de horas de treinamento por colaborador no Brasil foi 33% superior ao registrado no ano anterior. Cerca de 40% das ações de treinamentos realizadas são direcionadas para os líderes." (ABTD, 2016 p.7).

Liderar, segundo Henry Mintzberg (2004, p.143), "refere-se à energização de outras pessoas para que elas tomem boas decisões". Acreditamos que a energização de pessoas funciona como uma influência positiva para equipes e consideramos como um importante traço de perfil de liderança na construção de um ambiente de trabalho produtivo, significativo e satisfatório.

Temos observado, no trabalho de consultoria nas organizações, que o interesse das empresas no perfil de liderança, voltado para os aspectos positivos e qualidades humanas, vem se intensificando. Em geral, as expectativas das empresas giram em torno de um perfil de liderança com características de influência positiva, inspiração e encorajamento, determinação para lidar com adversidades, otimismo e adaptabilidade para mudanças. Muitas vezes, são capacidades que precisam ser estimuladas e desenvolvidas no perfil dos líderes.

Desenvolvemos nosso projeto buscando alinhamento com essas expectativas e fundamentação no estudo da Psicologia Positiva, especificamente do Capital Psicológico Positivo e dos Talentos e Pontos Fortes.

Capital Psicológico Positivo

O conceito de Capital Psicológico Positivo (PsyCap) foi introduzido no campo do comportamento organizacional por Luthans, Luthans e Luthans (2004).

O Capital Psicológico Positivo é um construto formado por quatro capacidades: autoeficácia, otimismo, esperança e resiliência, funcionando de forma conjunta e sinérgica. Representa

> um estado psicológico positivo de um indivíduo, que é caracterizado por: (1) confiança (autoeficácia) para assumir e colocar esforço necessário para ter sucesso em tarefas desafiadoras; (2) fazer uma

atribuição positiva (otimismo) sobre como obter sucesso no presente e no futuro; (3) perseverar em direção aos objetivos e, quando necessário, redirecionar caminhos para os objetivos (esperança), a fim de ter sucesso; (4) quando cercado por problemas e adversidades, resistir, recuperar e ir mais além (resiliência) para alcançar o sucesso. (LUTHANS; YOUSSEF & AVOLIO, 2007, p.18)

No nosso projeto, a aplicação do Capital Psicológico Positivo está direcionada para a liderança de equipes, buscando influenciar na construção de um clima de trabalho positivo, de superação de dificuldades e de otimismo diante das mudanças.

Acreditamos que quando o líder consegue aplicar o Capital Psicológico Positivo de forma integrada, constante e harmoniosa tende a obter resultados de desempenhos excelentes e de forma crescente, estimulando a equipe a ter um comportamento positivo.

Projeto Educação Continuada para Líderes: Aplicação do Capital Psicológico Positivo na Construção e Gestão de Equipes

A fundamentação pedagógica do projeto **Educação Continuada para Líderes: Aplicação do Capital Psicológico Positivo na Construção e Gestão de Equipes** (CONFORTO, 2015) está amparada nos conceitos da Psicologia Positiva, no Capital Psicológico Positivo e Talentos e Pontos Fortes e da Andragogia, entendida como a educação de adultos. (KNOWLES,1970) À medida que se tornam adultas e maduras, as pessoas sofrem transformações, como:

> 1) necessitam saber o motivo pelo qual precisam aprender algo; 2) possuem autoconceito de ser responsáveis pelas próprias decisões e vidas; 3) se definem pelas experiências que vivenciaram - a importância do papel das experiências na vida; 4) demonstram prontidão para aprender quando o tópico possui valor imediato; 5) são motivados a aprender quando percebem aplicação na solução de problemas e na execução de tarefas. (KNOWLES; HOLTON III; SWANSON, 2009, p. 72,74)

Acreditamos que o autoconhecimento, o desenvolvimento do senso crítico, da participação efetiva e da aplicabilidade dos conceitos na vida profissional e pessoal são fundamentais na educação de lideranças.

Estrutura do Projeto

Os objetivos principais do projeto são:

1- Trabalhar o construto do Capital Psicológico Positivo, visando fornecer subsídios para uma atuação inspiradora e positiva perante a equipe.

2- Estimular os líderes a ter maior autoconsciência. Acreditamos que os líderes que têm conhecimento sobre seu perfil e suas capacidades podem catalisar positivamente suas forças para potencializar sua atuação.

Desenhamos o projeto com três etapas interligadas para fornecer ao líder a oportunidade de se desenvolver no campo teórico e prático. Consideramos o Coaching como uma etapa do projeto, por entendermos que é uma forma didática de facilitar o processo da educação do adulto (Andragogia), uma vez que estimula o desenvolvimento do autoconceito, a solução de problemas e promove o aprendizado através da experiência.

1ª Etapa – Contexto teórico: *workshop* **Capital Psicológico Positivo**

No Contexto Teórico é apresentado o conceito do Capital Psicológico Positivo. Apesar de definirmos essa primeira etapa como teoria, a proposta é trabalhar no formato de *workshops*, com oficinas de trabalho para estimular a reflexão e o debate entre os líderes sobre o conceito e a aplicabilidade do Capital Psicológico Positivo na gestão de equipes.

A carga horária, o conteúdo e a metodologia devem ser definidos de acordo com as características da empresa, dos líderes que participarão do projeto e dos resultados esperados.

Em geral, trabalhamos o Capital Psicológico Positivo com estudo de caso, a partir das experiências dos líderes com suas equipes, estimulando-os a pensar em práticas que possam: (1) criar uma abordagem positiva nas diversas situações de trabalho, estimulando a equipe a buscar solução de problemas para superarem adversidades e seguir em frente; (2) esclarecer o papel de cada um e estimular a equipe a perceber o propósito do seu trabalho dentro no contexto da empresa e da equipe; (3) ajudar a equipe a visualizar o futuro e fazer um planejamento conjunto traçando objetivos e ações para atingi-los; (4) demonstrar sua confiança na equipe e estimular o desenvolvimento de cada um para que acreditem que são capazes de realizar o que é esperado e de superar desafios nas situações de trabalho.

2ª Etapa – Contexto de aplicação individual – Perfil de Liderança de Gestão de Equipes

Na segunda etapa trabalhamos individualmente com cada líder, aplicando o processo de Coaching, considerando o que afirma Whitmore (2006, p.2): a "essência do Coaching é liberar o potencial de uma pessoa para maximizar sua *performance*".

Nesse projeto, o Coaching tem como objetivo principal trabalhar a definição e o alcance de metas de desempenho, visando potencializar os talentos e os pontos fortes em direção a um perfil de liderança voltada para a gestão de equipes. Segundo Buckingham e Clifton (2006, p. 30;35), Talentos podem ser definidos como "padrões naturalmente recorrentes de pensamento, sentimento ou comportamento que possam ser usados produtivamente" e Pontos Fortes consistem em "um desempenho estável quase perfeito em uma determinada área ou atividade".

De forma individualizada, metas de desenvolvimento são estabelecidas com as lideranças e trabalhadas ao longo de sessões previamente acordadas. A quantidade de sessões deve ser calculada a partir das metas de cada liderança.

Utilizamos *assessments* para mapeamento de perfil comportamental e identificação dos Talentos. Aplicamos o modelo DISC (MARSTON, 1928) e o *Clifton StrengthsFinder®* (GALLUP, 2002), sendo o último o que permite identificar os cinco talentos humanos do respondente. Nossa percepção é que ambos têm contribuído para que a liderança utilize suas qualidades e tenha uma postura positiva perante a equipe. Caso o leitor tenha interesse em um *assessment* específico para medir o Capital Psicológico Positivo, existe o teste PCQ-24 (LUTHANS; YOUSSEF; AVOLIO, 2007), sendo estudado ainda o seu uso no nosso projeto.

O apoio aos líderes nesse momento é para que possam perceber como seus talentos e perfil comportamental podem potencializar sua atuação como líder. Como podem gerenciar seus pontos fortes, refletindo sobre questões como: quais pontos fortes são fundamentais para minha atuação como líder de uma equipe positiva? Que novas habilidades podem ser desenvolvidas para fortalecer meus pontos fortes como líder? Como posso melhorar meu desempenho como líder potencializando meus pontos fortes?

Em seguida, traçamos as metas de desenvolvimento e o plano de ação do líder para ser trabalhado nas sessões de Coaching. O plano de ação do líder, de curto, médio e longo prazo, é o principal produto dessa etapa.

3ª Etapa – Contexto de aplicação em equipe – Formando uma Equipe Positiva

Essa etapa é extremamente importante na avaliação dos resultados do projeto, pois ela representa a prática do líder na aplicação do Capital Psicológico Positivo na sua equipe, como um preceito na definição dos valores, das metas, da eficácia de ação, do acordo para superação de desafios, solução de problemas e postura positiva e otimista diante das adversidades.

Nessa etapa, usamos o processo de Coaching de equipe que é desenvolvido em sessões de grupo, com a presença de todos os integrantes que compõem o time. Tem como objetivos principais alavancar o desempenho do time, criar um ambiente de relacionamentos positivos e formar uma identidade a partir de metas estabelecidas e acordos na forma de atuação. O principal produto do Coaching em equipe é um plano de ação, desenvolvido pela equipe em conjunto com o líder, que direcione as ações da equipe de curto, médio e longo prazo.

Medindo os resultados

Temos obtido excelentes resultados com esse projeto. Em geral, utilizamos um instrumento de avaliação, desenvolvido especificamente para cada projeto, a partir das necessidades das empresas, que nos permite ter um acompanhamento das etapas para corrigir os rumos, sempre que necessário. Em geral, as expectativas de resultados das empresas com o projeto giram em torno de melhoria do clima e do desempenho das equipes e de motivação para superação de metas e desafios, além de lideranças com uma atuação mais positiva perante as adversidades. Os resultados obtidos mais significativos ao término do projeto, até a presente data, foram:

1- Melhoria no comportamento do líder diante da equipe, com avaliação feita pela própria equipe.

2- Aumento do índice do clima organizacional da equipe (especialmente nos aspectos qualidade do ambiente e relacionamento com a liderança) com evidência no resultado de pesquisa.

3- Melhoria na cooperação da equipe para solução de problemas e desafios, com avaliação feita pela própria equipe e pela liderança.

4- Melhoria no desempenho da equipe e individual, evidenciada nas avaliações de desempenho.

5- Melhoria no humor da equipe, com avaliação feita pela própria equipe e liderança.

6- Clareza do senso de direção da equipe, tanto em relação às metas e ações quanto à autoconfiança em executar o que foi planejado, com avaliação feita pela própria equipe e liderança.

7- Equipe mais motivada para novos desafios, com avaliação feita pelo líder da equipe e gestor do líder.

Conclusão

Trabalhar com educação de liderança é sempre um bom desafio. Dividido entre a cobrança por produtividade e a busca pela satisfação pessoal e de seus seguidores, o líder encontra-se cada vez mais desafiado e nem sempre satisfeito com os resultados. É nesse momento que um programa de educação continuada com Psicologia Positiva pode ajudar, no sentido de proporcionar a esse líder um catálogo de possibilidades para apoiá-lo no movimento de mudança para uma postura mais positiva em relação aos desafios.

A Psicologia Positiva vem ganhando espaço no mundo corporativo, contribuindo de forma significativa com técnicas cientificamente comprovadas, que podem ser aplicadas na educação profissional e de lideranças, com o objetivo de criar ambientes de trabalho positivos e produtivos. Ambientes com clima positivo de cooperação e confiança estimulam o profissional à superação dos desafios e a obterem resultados cada vez melhores. Esse talvez seja o maior desafio das lideranças.

Trabalhar com o Capital Psicológico Positivo tem sido um grande aprendizado profissional e pessoal. Aprendizado de como podemos ter uma visão mais positiva da vida, uma visão de oportunidades e esperança, uma vez que direciona o nosso olhar para o que o ser humano tem de melhor: suas capacidades e suas forças (qualidades humanas positivas). Não se trata de tê-las ou não, mas sim de reconhecê-las em si mesmo e aplicá-las ao longo da vida.

Além disso, o estudo e a experiência prática de trabalhar com o Capital Psicológico Positivo e Talentos e Pontos Fortes nos trouxe algumas conclusões: (1) é importante respeitar o potencial de cada um; (2) o esforço deve estar direcionado para as forças humanas e não para suas fraquezas; (3) a autoeficácia, resiliência, esperança e o otimismo podem ser desenvolvidos na vida pessoal e profissional e contribuem para um melhor rendimento e bem-estar do líder e de cada membro da equipe; (4) a qualidade do ambiente de trabalho pode influenciar o desempenho; (5) ambientes com clima positivo de cooperação e confiança estimulam o profissional à superação dos desafios e as equipes a obterem resultados cada vez melhores.

Acreditamos que, ao lidar com seres humanos, precisamos estar abertos a pensar em novas possibilidades e reformular rumos continuamente, e, por isso, nosso projeto se apresenta como um canal aberto para modificações e ajustes sempre que necessário.

Afinal, muito longe de sermos perfeitos, somos felizes por sermos humanos.

18

Educação Emocional Positiva – saber lidar com as emoções é uma importante lição. Programa Psicoeducacional

Miriam Rodrigues

Pense em uma sala de aula. O que lhe vem à mente? Integrar habilidades para a felicidade entre conteúdos de matemática, história, geografia, português... seria possível?

Trabalhar com Psicologia Positiva nas escolas implica quebrar alguns modelos enraizados, pois tudo o que é novo naturalmente assusta. E a própria Psicologia Positiva também é muito recente, com seu início no final da década de 90. Quando pensamos nesse movimento aplicado à Educação e, aqui no Brasil, constatamos algumas iniciativas isoladas. Por isso é uma ação que merece nossa atenção e cuidado.

Deparamo-nos com algumas posturas resistentes dos educadores quanto ao que eles supõem que deverão ter que mexer em suas rotinas para abrir espaços, para se falar e ouvir sobre emoções, pensamentos, forças pessoais, resoluções de problemas e habilidades socioemocionais.

Ministro cursos de Educação Emocional Positiva (EPP), programa o qual será apresentado neste capítulo em linhas gerais, desde 2012 em escolas, instituições, Secretarias de Educação e para profissionais da área da Saúde e Educação e, até hoje, ainda me deparo com expressões faciais e manifestações verbais de dúvida e desconfiança. Do tipo: vai falar de felicidade e bem-estar aqui? Como? Juntamente, ouço de muitos dos professores, em um primeiro momento, a angústia de não saberem onde irão encaixar mais esse "conteúdo" na grade. E aos poucos, no transcorrer das atividades, essa resistência vai diminuindo, as barreiras vão se desconstruindo, pois percebem que os temas propostos vão além da escola, são habilidades para a vida. E os professores se sentem cuidados e vistos. Suas emoções são levadas em consideração, e eles também passam a aprender a olhar as emoções e pensamentos de seus alunos de maneira mais empática. E é a partir das atividades vivenciais que eles vão constatando que o conteúdo ensinado irá auxiliar em sua prática na sala de aula e também em suas vidas pessoais. Desse modo, conseguimos atrair o olhar dos educadores para cultivar em seu dia a dia as ações preconizadas pela Psicologia Positiva, e são todos esses aspectos que irei abordar ao longo deste capítulo.

Foco na prevenção

Quando estamos no ambiente escolar, um ponto importante a ser destacado é a visão preventiva, ou seja, controlar fatores de risco que antecedem o transtorno mental. Durante muito tempo, acreditou-se que falar de saúde mental era apenas focar nas patologias e nos transtornos, o que afastou a nossa atenção em cuidar da saúde mental como um todo, incluindo o lado saudável e seus promotores. Segundo a Organização Mundial de Saúde – OMS (2005), saúde mental na infância e adolescência é: "(...) a capacidade de se alcançar e se manter um funcionamento psicossocial e um estado de bem-estar em níveis ótimos". (WHO, 2005)

E quando temos como preceitos a recomendação da OMS para que possamos promover esse estado de bem-estar ótimo, vamos ao encontro da Psicologia Positiva integrada à Educação. A Psicologia Positiva nos possibilita ter parâmetros alicerçadores para incutir as habilidades da vida feliz para educadores e alunos, e como ambos podem aprender e ensinar, cocriando um espaço interno e externo de prosperidade e florescimento.

"Um grama de prevenção vale um quilo de cura."
- autor desconhecido

E é a partir desses pressupostos que gostaria de compartilhar com vocês o meu trabalho de Educação Emocional Positiva.

Educação Emocional Positiva – EEP

A Educação Emocional Positiva (RODRIGUES, 2013) é um programa psicoeducacional que visa instrumentalizar pais, educadores e profissionais da saúde, para desenvolver nas crianças e adolescentes as competências socioemocionais e habilidades para o bem-estar. Esse programa é o primeiro a integrar atividades de Arte-educação com conceitos dos mais importantes teóricos da Inteligência Emocional, como Daniel Goleman, Mark Greenberg, Claude Steiner e John Gottman com a Psicologia Positiva, envolvendo também conceitos da Terapia do Esquema de Jeffrey Young.

O programa visa que as informações e posturas aprendidas possam corresponder a um fator de proteção, ou seja, fatores que fortalecem os aspectos saudáveis do indivíduo, visando prevenir psicopatologias posteriores como ansiedade, violência, depressão e problemas psicossomáticos. Além disso, propõe-se a auxiliar para que o indivíduo possa desenvolver as competências fundamentais para interagir no mundo de forma autônoma e produtiva, conseguindo estabelecer relações interpessoais saudáveis, trabalhar em grupo, ser assertivo e ter recursos para gerenciar emoções intensas.

No Brasil, até o momento, 1.227 profissionais já realizaram o curso de formação em Educação Emocional Positiva, durante o qual os profissionais aprendem recursos lúdicos para trabalhar com os alunos: exercícios de interiorização, respiração consciente, técnicas de relaxamento, rodas de conversa, protocolos de assertividade, otimismo aprendido, utilização das forças pessoais, empatia, técnicas de autocontrole, contestação de pensamentos distorcidos, consciência emocional, hábitos da vida feliz e cultivo de emoções positivas.

O curso é dividido da seguinte maneira:

Módulo 1 - Esquemas Mentais descritos por Jeffrey Young / Distorções cognitivas / Atividades lúdicas de Terapia Cognitiva para adultos e crianças / Conceitos básicos de Neurociências e Neuropedagogia.

Módulo 2 - Psicologia Positiva, conceitos e exercícios / Forças pessoais / Emoções positivas / Otimismo aprendido x Desamparo aprendido / Como controlar a fisiologia das emoções / Como construir o bem-estar / Educação para a felicidade / Como criar um sistema imunológico emocional fortalecido.

Módulo 3 - Comunicação Efetiva / Protocolos de assertividade / Como evitar a manipulação / Resolução de problemas.

Módulo 4 - Educação Emocional, conceitos e exercícios / O que é uma emoção/ Conhecendo as diferentes emoções/ Amor nossa emoção suprema / Como lidar com emoções perturbadoras / Ensinando empatia.

Módulo 5 - Conceitos de Arte-educação / Significado psicológico dos materiais.

Módulo 6 - Atividades práticas de Educação Emocional Positiva / Baralho das forças pessoais.

Módulo 7 - Atividades práticas de Educação Emocional Positiva / Hábitos da vida feliz.

Em resumo, a Educação Emocional Positiva fundamenta-se em quatro palavras centrais: Perceber – Nomear – Verbalizar – Comportamento.

Espera-se que o profissional possa ser capaz de ensinar seus alunos a:

1. Perceberem a emoção que estão sentindo em si e perceberem a emoção do outro.

2. Nomearem a própria emoção e a do outro.

3. Verbalizarem adequadamente a própria emoção e a do outro.

4. Terem um comportamento construtivo perante uma emoção e perceberem que o próprio comportamento interfere no comportamento do outro. E terem comportamentos saudáveis diante da emoção do outro.

EEP nas escolas e capacitação de profissionais

O curso de Educação Emocional Positiva já foi realizado em Secretarias de Educação de alguns municípios do estado de São Paulo. Houve cursos nas cidades de São Paulo, Goiânia, Rio de Janeiro, Manaus, Vitória, Cuiabá, Belo Horizonte, Curitiba, Itanhaém, Quirinópolis, Maceió, Campinas.

Recursos em Psicologia Positiva para crianças

Uma das necessidades que observei durante os cursos foi a de materiais voltados para a aplicação prática da Psicologia Positiva. Em 2013, em meu primeiro livro, *Educação Emocional Positiva*, apresentei várias atividades de Arte-educação para se trabalhar em sala de aula. E, mesmo com as atividades descritas no livro, percebi a sede de educadores por novos materiais. Para atender a essa demanda, criei um caderno de atividades de Educação Emocional Positiva que auxilia o profissional a trabalhar todos os temas aprendidos no curso, facilitando a implantação da EEP no currículo escolar.

Atualmente, a *Wish School*, em São Paulo, uma das escolas referência pelo Ministério de Educação e Cultura (MEC) de inovação e criatividade na Educação Básica (2015), adota a EEP no currículo escolar, e com isso as crianças possuem aulas quinzenais em que aprendem sobre emoções "positivas" e "negativas", comportamentos, pensamentos, resolução de problemas... e, durante o intervalo de cada aula, os professores trabalham os temas que foram vistos na aula de EEP.

Um exemplo bem tocante, que gostaria de compartilhar, foi a experiência vivida pela turma de 6/7 anos. Todas as crianças da sala estavam se correspondendo com uma criança síria pelo Twitter (essa atividade era feita durante as aulas). Elas encaminhavam desenhos, palavras construtivas e assim foi durante um bom tempo.

Houve um momento em que essa criança síria mandou um vídeo e, ao fundo, ouviam-se os sons de bombas, e, em outro vídeo, a criança relatava que sua casa tinha sido destruída pelo bombardeio, mas que tanto ela como seus familiares haviam sobrevivido. Nessa situação, a professora trabalhou com a turma a meditação da gentileza amorosa. Essa prática da gentileza amorosa foi, ainda, vivenciada pelos familiares da turma, pois as próprias crianças ao chegarem em casa pediram que seus pais fizessem a meditação da gentileza amorosa; houve muita comoção diante desse fato. A partir do exemplo, nota-se, desse modo, como o aprendizado é vivencial - compaixão e empatia devem ser vividas e as crianças podem extrair significado dessas experiências e generalizar e aplicar em suas vidas.

Outro instrumento criado foi o Baralho das Forças Pessoais - A Psicologia Positiva aplicada às crianças (RODRIGUES, 2015), idealizado para auxiliar no reconhecimento das forças descritas no **VIA Classification** (PETERSON & SELIGMAN, 2004), que é a pedra fundamental de muitos programas de Psicologia Positiva. O Baralho das Forças Pessoais contém cartas que explicam, de maneira simples, as virtudes e cada força pessoal, acompanhando um caderno de atividades as quais o profissional pode aplicar de modo coletivo ou individual. O Baralho das Forças Pessoais já está sendo utilizado em várias escolas pelo Brasil, tendo havido muitos retornos positivos daqueles que o utilizam. Uma história muito bonita, e que nos surpreendeu positivamente pela sua simplicidade e eficácia, foi a que aconteceu em uma escola pública no interior de São Paulo, quando a diretora conseguiu acabar com a depredação da mesa do refeitório que estava ocorrendo há tempos ao pintar na mesa os nomes dos alunos com suas forças pessoais. Nessa minha jornada de empenho com o objetivo de favorecer os educadores e professores com mais possibilidades de práticas, desenvolvi as obras: *As Descobertas de Vavá e Popó - contribuições da Psicologia Positiva para crianças de 4 a 97 anos* (RODRIGUES, 2015) e o *Como nasce a esperança - aprendendo sobre o otimismo* (RODRIGUES, 2016), que são dois livros infantis que abordam as emoções positivas e a esperança, respectivamente, e que possuem também sugestões de atividades.

Oficina de pais

Um ponto importante dentro do programa EEP são as oficinas de pais. Elas são mediadas por um profissional, e os encontros são quinzenais, com duas horas de duração. Procuramos criar um espaço de escuta acolhedor com atividades que permitem reflexões e aprendizado.

Assim como acontece com os educadores, inicialmente, os pais se apresentam resistentes, pois acreditam que "levarão broncas".

O objetivo da oficina é criar um espaço de trocas para que todos possam aprender manejos para lidarem com suas próprias emoções (na qualidade de pais) e recursos construtivos para a criação dos filhos. Quando os pais constatam que esse espaço é voltado para se instruir sobre os hábitos da vida feliz e potencializar os vínculos, passam a querer aplicar as atividades com seus filhos. E assim percebemos que a Psicologia Positiva vai cumprindo seu papel, de auxiliar indivíduos a florescerem desde a criação dos filhos.

Precisamos brincar sobre isso

A brincadeira é a linguagem natural da criança. Macacos pregos, quando filhotes, brincam de pega-pega. E durante suas brincadeiras dão cambalhotas e atingem o mais alto das copas das árvores, e essas habilidades aprendidas durante as brincadeiras são fundamentais para que eles possam ter os recursos necessários para fugir de predadores quando adultos. Brincar promove emoções positivas e, como nos afirma Barbara Fredrickson (2009), em sua teoria do ampliar-e-construir (de *broaden-and-build*), emoções positivas ampliam e constroem recursos físicos, cognitivos e sociais.

Criar, nas aulas de EEP, brincadeiras com os temas propostos propiciam o aprendizado das competências tão necessárias para o estabelecimento de relações interpessoais mais saudáveis. As competências não nascem prontas, elas são construídas ao longo da infância. E é por meio da brincadeira que vamos ajudar a internalização de ações e competências que auxiliam na construção da felicidade e do bem-estar.

"Saúde socioemocional é o principal alicerce da estruturação do adulto. Esse programa desenvolvido por Miriam Rodrigues integra metodologia de ponta para o desenvolvimento de habilidades fundamentais para as crianças e adolescentes" - Rodrigo Affonseca Bressan, professor adjunto da Universidade federal de São Paulo (Unifesp).

Espero que, em um futuro próximo, possamos ter mais ações dentro e fora das escolas que possam promover fatores de proteção em saúde mental, cuidando dos aspectos saudáveis dos seres humanos, além de auxiliar os processos que contribuem para a prosperidade dos indivíduos e comunidades, criando condições para que indivíduos possam florescer.

A Educação Emocional Positiva desde 2012 pretende ser uma dessas ações.

Educação e trabalho: Contribuições do Coaching Vocacional Positivo

Renata Livramento

"Trabalho e Educação têm muitos vínculos, e são inseparáveis na nossa busca pela rota do bem-estar humano." (Aldo Paviniani)

O mundo do trabalho tem crescido de forma muito complexa e especializada, com muitas profissões emergentes e voltadas para produtos e serviços abstratos, bem distintos das atividades historicamente desenvolvidas por nossa espécie (KOSINE, STEGER & DUCAN, 2008). Nesse contexto, cada vez mais os indivíduos encontram dificuldades em definir seus rumos educacionais e profissionais. Em recente Censo realizado pelo MEC sobre a educação superior no Brasil, constatou-se que o número de indivíduos que interrompem sua graduação é maior do que o daqueles que a terminam. Dentre as possíveis causas para uma evasão de 49% no ensino superior, o próprio ministro da educação, Mendonça Filho, aponta a falta de orientação vocacional no ensino médio como fator de grande relevância. (PORTAL BRASIL, 2016)

Além disso, sabe-se que o trabalho apresenta uma função primordial no desenvolvimento da identidade dos indivíduos. (COUTINHO 1993) Pesquisas indicam que aqueles que têm dificuldade em desenvolver suas identidades são mais confusos sobre suas profissões e carreiras. (COHEN, CHARTRAND & JOWDY, 1995) Em contrapartida, indivíduos que têm uma carreira bem desenvolvida demonstram um maior senso de identidade

(VALLIANT & VALLIANT, 1981; WEHYING, BARTLETT, & HOWARD, 1984; BLUSTEIN, DEVENIS & KIDNEY, 1989) e são mais satisfeitos com seus trabalhos. (WEIR, 2013) Pesquisas de Psicologia Positiva na área da Educação e do trabalho corroboram com esses resultados e ampliam a percepção do significado do trabalho na felicidade e bem-estar dos indivíduos. (SELIGMAN, 2009, 2011; SELIGMAN *et al.*, 2009)

Assim sendo, acredito que processos de orientação que ajudem os indivíduos em suas escolhas profissionais são necessários, e contribuem não apenas para uma melhoria da Educação no País, como também para o desenvolvimento de pessoas mais satisfeitas com suas profissões e suas vidas. E, partindo da ideia de que o trabalho é uma importante forma de realização do ser humano, desenvolvi o modelo de Coaching Vocacional Positivo. Este capítulo tem por objetivo apresentar esse modelo, seus objetivos, e discutir suas contribuições à Educação Positiva.

A importância do trabalho e da educação para o trabalho

Segundo Sverko & Vizek-Vidovic (1995), o trabalho apresenta quatro funções, sendo uma econômica, duas sociais, e uma psicológica. Em relação à função econômica, o trabalho é a fonte de satisfação das necessidades de sobrevivência dos indivíduos. Em relação às funções sociais, o trabalho é fonte de satisfação das necessidades de interação, encontro e pertinência; bem como fonte de *status* e prestígio, ou seja, necessidade de localização na escala social. E por fim, o trabalho apresenta uma função psicológica fundamental, que é ser a fonte de identidade, significação pessoal, autoestima e autorrealização.

Tais funções estão inseridas em um contexto maior, a chamada era do conhecimento, que vem passando por intensas transformações e cujos impactos no campo do trabalho e da Educação são imensos. Novas profissões surgiram (por exemplo: minerador de dados, *designer* de games, analista de mídias sociais etc.), novos contratos de trabalho, novos locais de trabalho (*home office, coworking*, nômades digitais etc.). Nem tudo o que o indivíduo faz tem conexão direta nem com sua formação escolar, nem com suas experiências anteriores; ele pode mudar o rumo de sua carreira a qualquer momento - quer seja por vontade, por uma maior identificação com outra profissão ou por necessidade, visto que as mudanças são incessantes. Segundo Coimbra, Parada & Imaginário (2001), essas e várias outras transformações engendradas pela globalização e pela revolução informacional e tecnológica levam os indivíduos a lidar com um ambiente imprevisível e turbulento, e exige que façam "uma reflexão contínua sobre a definição e condução das suas metas, pessoais e profissionais, de vida. (COIMBRA, PARADA & IMAGINÁRIO, 2001, p. 11)A preparação para o trabalho, tanto quanto o desempenho de papéis profissionais, exige, nesse contexto, educação permanente, adaptabilidade profissional (SAVICKAS, 1997) e gerenciamento de carreira (CAMPOS & COIMBRA, 1991), requerendo esforços constantes e crescentes na medida em que as mudanças tornam-se cada vez maiores e mais frequentes.

Coaching Vocacional Positivo

Desenvolvi o modelo "Coaching Vocacional Positivo" a partir de minha experiência com Orientação Profissional, Psicologia Positiva e Coaching. Nesses 22 anos de trajetória profissional, pude conduzir inúmeros processos de orientação profissional, e percebi, ao longo do tempo, que outras metodologias contribuíam fortemente para um melhor resultado.

A Orientação Profissional e/ou Vocacional já é um campo bem desenvolvido dentro dos contextos da Educação e da Psicologia. "Geralmente as expressões ligadas à orientação são: vocacional, profissional e educacional, para nos restringirmos ao campo do comportamento vocacional." (MARTINS, 1978, p. 13)

> O conceito *vocacional* tem sido entendido como referente à vocação. Vocação, do latim *vocatione*, significa ato de chamar, escolha, chamamento, predestinação, tendência, disposição, talento, aptidão. O conceito *profissional* é definido "como respeitante ou pertencente à profissão, ou a certa profissão"; "que exerce uma atividade por profissão ou ofício". O conceito *orientação profissional*, na perspec-

tiva psicológica, significa a ajuda prestada a uma pessoa com vistas à solução de problemas relativos à escolha de uma profissão ou ao progresso profissional, tomando em consideração as características do interessado e a relação entre essas características e as possibilidades no mercado de emprego. (MELO-SILVA, LASSANCE & SOARES, 2004, p. 33)

Escolhi o termo vocacional justamente por ele significar um chamado, uma inclinação ou competência que estimula os indivíduos a exercerem atividades associadas aos seus desejos de seguirem um caminho específico. (HOUAISS, 2016) Tal conceito converge para o conceito de sentido, presente na Psicologia Positiva, e uma forma de os indivíduos encontrarem sentido em suas vidas é se envolverem profundamente em atividades que lhes proporcionem alcance e desenvolvam suas competências (NAKAMURA E CSIKSZENTMIHALYI, 2002), sendo o trabalho um campo muito fértil para isso. Afinal, como afirma Lukäcs (1978: p. 5), "os seres humanos criam e recriam sua existência pela ação consciente do trabalho".

Além do aporte teórico e instrumental da orientação profissional, utilizo no meu modelo intervenções oriundas do Coaching. Conforme Sampaio (2014), o processo de Coaching Vocacional utiliza técnicas específicas para facilitar a exploração de competências, favorecer a mudança de comportamentos e desenvolver um plano de ação para a consecução das metas relacionadas ao âmbito profissional. De acordo com Bench (2008), é um processo que ajuda o indivíduo a explorar o que ele deseja resolver, clarificar e entender. Em sendo a minha atuação no Coaching, prioritariamente, em Coaching de Psicologia Positiva, escolhi dar ênfase a essa abordagem no meu modelo de Coaching Vocacional Positivo.

Assim, utilizo também a orientação teórica e instrumental da Psicologia Positiva, já que essa e o Coaching se encaixam naturalmente, na medida em que ambos pressupõem que as pessoas são basicamente saudáveis, cheias de recursos e motivadas para o crescimento. (BISWAS-DIENER & DEAN, 2007) Dentre as temáticas da Psicologia Positiva utilizadas no Coaching Vocacional Positivo destacam-se as emoções positivas (FREDRICKSON, 2009), que precisam estar presentes em todo o processo e também como resultado do mesmo; as virtudes e forças de caráter, que auxiliam no desenvolvimento de potenciais e qualidades humanas (PETERSON & SELIGMAN, 2004) – e o sentido de vida, que, além de ser um dos componentes do bem-estar (SELIGMAN, 2009, 2011), orienta o indivíduo sobre o que ele pode fazer para ter uma vida feliz e significativa. (HAIDT, 2006) Outras temáticas também são utilizadas, por exemplo, a Teoria da Esperança (SNYDER, 1994), a Autoeficácia (BANDURA, 1994), o Otimismo (SELIGMAN, 1990), dentre outras.

O Coaching Vocacional Positivo é um processo que visa auxiliar os indivíduos em questões relativas à escolha ou redefinição profissional. Assim sendo, ele não se dirige somente a alunos do ensino fundamental e médio, mas também a adultos que queiram reavaliar ou refazer suas escolhas em relação à sua profissão. Para tanto, é necessária uma escolha que esteja em sintonia com o conhecimento de si mesmo e da realidade do mercado de trabalho. Uma escolha refletida e discutida que envolve uma ampla gama de emoções, sentimentos e atitudes que favoreça o indivíduo a se assumir como responsável por si e estabelecer uma nova identificação profissional. Afinal, como defende Jenschke (2002, p 24), é de grande relevância que esse processo "prepare as pessoas para enfrentarem as permanentes transformações sociais e as situações de vida do indivíduo".

O modelo Coaching Vocacional Positivo envolve um processo estruturado em quatro pilares (autoconhecimento, conhecimento das profissões e seus mercados de trabalho, escolha e planejamento profissional, e autoavaliação), cuja base alicerça-se em três abordagens já apresentadas: Psicologia Positiva, Coaching e Orientação Profissional, conforme pode ser visto na figura 1:

Os quatro pilares foram inspirados no modelo de Sampaio (2014), cujos objetivos são:

1. **Autoconhecimento**: aumentar a consciência sobre personalidade, interesses e preferências ocupacionais, recursos, habilidades, pontos fortes, forças de caráter, dentre outras informações, que aprofundam o conhecimento do indivíduo sobre si mesmo, fazendo a relação disso com a demanda profissional apresentada.

2. **Conhecimento das profissões e mercados de trabalho**: apresentar as possibilidades de carreira que o indivíduo tem e analisar seus respectivos mercados de trabalho, para permitir uma escolha mais consciente.

3. **Escolha e planejamento profissional**: assessorar o indivíduo em sua escolha (ou redefinição) profissional, e elaborar um plano de ação para a consecução de seus objetivos.

4. **Autoavaliação**: auxiliar o indivíduo em sua autoavaliação a respeito de todo o processo, identificando se há algum ponto que precisa ser melhor elucidado para que se sinta mais seguro.

Cabe salientar que, apesar de os pilares terem sido inspirados no modelo de Sampaio (2014), eles não são uma cópia do mesmo, pois a forma de trabalhar cada aspecto foi ampliada e revista por mim, utilizando, inclusive, outras abordagens. Apenas o escopo, ou seja, a ideia geral foi retirada do citado modelo.

Outro aspecto a ser destacado é de que o Coaching Vocacional Positivo é um modelo cujos aspectos operacionais (número de sessões, *assessments* que serão utilizados, ferramentas aplicadas, dentre outros) são personalizados. Ou seja, a forma de aplicação do modelo depende da demanda e das características idiossincráticas de cada indivíduo, pois acredito que cada pessoa é única e como tal deve ser tratada.

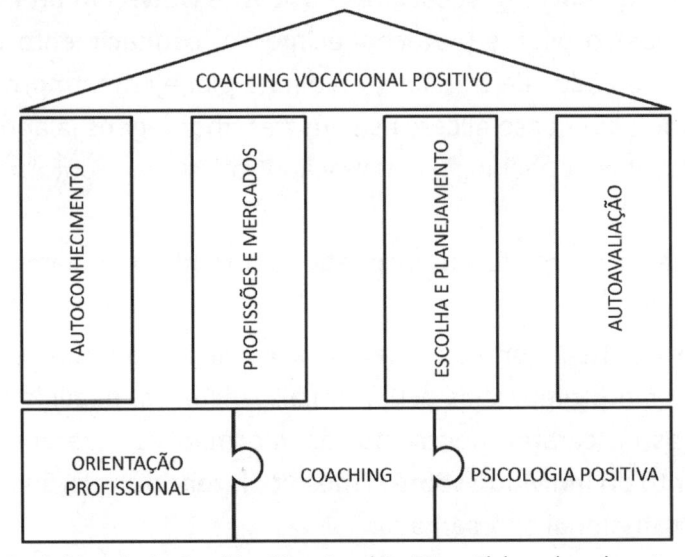

Fig. 1: Modelo do Coaching Vocacional Positivo - Elaborado pela autora

Coaching Vocacional Positivo e Educação Positiva

Como bem nos ensina Paulo Freire (1996), educar vai muito além de treinar o educando no desempenho de destrezas. A educação deve preparar os indivíduos para serem autônomos em todas as esferas da vida. É um processo de formação humana. Nas palavras de Severino (2006, p. 621): "A educação não é apenas um processo institucional e instrucional, mas fundamentalmente um investimento formativo do humano, seja no âmbito da relação pedagógica pessoal, seja no âmbito da relação social coletiva".

Alinhado com a proposta de uma educação para a vida, Seligman (2011) propõe que as escolas se tornem instituições positivas e voltadas ao florescimento humano. A Educação Positiva "é definida como educação para habilidades tradicionais e também para a felicidade". (SELIGMAN et al., 2009: p 293) Trata-se de um processo que foca em habilidades que ajudam os indivíduos a construir emoções positivas, fortalecer suas relações interpessoais, melhorar suas resiliências pessoais, promover a atenção plena, desenvolver suas forças de caráter, além de encorajar um estilo de vida saudável (GREELONG GRAMMAR SCHOOL, 2017). Tudo isso sem se esquecer dos aspectos cognitivos e acadêmicos já trabalhados na educação tradicional. Afinal,

> Uma educação que não desperte a sensibilidade, que não desenvolva as forças de caráter, que não abra ao aluno os leques de suas próprias inteligências e talentos, que não o situe no mundo para cumprir um propósito nobre pelo uso de sua capacidade criativa, sem jamais perder o senso crítico e a autonomia de pensamento, não pode ser chamada de educação. É, no máximo, o que se convencionou chamar de ensino. Ensino temos muito, educação temos bem pouca. (MEIRA, 2017)

Portanto, é dentro dessa proposta de educação integradora e positiva que o Coaching Vocacional Positivo se apresenta, pois os aspectos relacionados à profissão e ao trabalho devem ser considerados também, para que os indivíduos construam uma vida significativa e feliz. Segundo Kosine, Steger & Ducan (2008), ajudar os indivíduos a vincular suas forças pessoais à identificação e busca por opções de carreiras satisfatórias é uma perspectiva empolgante para a educação para o trabalho. Pesquisas indicam que quando os indivíduos percebem sua profissão como expressão do seu sentido de vida elas são mais satisfeitas com suas vidas e suas ocupações. (BISWAS-DIENER & DEAN, 2007) Além disso, o Coaching Vocacional Positivo ajuda o indivíduo a fazer a ponte entre momentos educacionais diferentes e, consequentemente, identidades diferentes, por exemplo, no caso da escolha profissional, quando o sujeito faz a transição de sua identidade de estudante para a construção de sua identidade profissional.

Felicidade Infantil: o que faz nossas crianças felizes?

Claudia Hofheinz Giacomoni

A Psicologia Positiva, área da Psicologia voltada aos estudos da vida satisfatória, ou da vida feliz, tem estudado também o desenvolvimento positivo infantil. Passamos a buscar respostas para questões como as seguintes: "O que faz uma criança feliz? As crianças têm consciência da própria felicidade? Quais os aspectos da vida infantil que mais contribuem para a felicidade? Como a felicidade se manifesta na infância?" Este capítulo visa apresentar a evolução dos direitos das crianças e adolescentes a partir do século XIX e uma série de achados científicos que explicam como se constitui a felicidade das nossas crianças, como ela se manifesta ao longo do desenvolvimento e como elas percebem e explicam a felicidade. A importância da realização de estudos a partir da visão das próprias crianças viabiliza o desenvolvimento de programas de intervenção mais efetivos com elas.

A Felicidade das Crianças – um direito em crescimento contínuo

Por meio de projetos especiais, pesquisadores vêm buscando compreender o que é felicidade para uma criança, nas suas diferentes fases do desenvolvimento. Tais resultados podem permitir, futuramente, o planejamento de ações de promoção da felicidade infantil.

O século XIX, denominado o "Século das Crianças", destaca-se pelo estabelecimento do conceito de infância. (ARIÉS, 1981; BORSTELMANN, 1983) A ciência voltou seu interesse para o desenvolvimento infantil como nunca anteriormente. A Psicologia também acompanhou esse movimento, observando-se nas últimas décadas o aumento sem precedentes no volume de estudos sobre a infância. Concomitantemente, identificaram-se avanços nas políticas públicas mundiais relativas aos direitos infantis. A Declaração dos Direitos Humanos Universais (www.un.org/humanrights), homologada pela Assembleia Geral das Organizações das Nações Unidas (ONU), realizada em 1948, em seu artigo 25 apresenta o conceito de infância e define os direitos das crianças quanto aos cuidados e ao seu bem-estar. Em 1989, a Assembleia Geral da ONU adotou a Convenção sobre os Direitos da Criança, visando a assegurar a sobrevivência, o desenvolvimento, a proteção e a educação infantil em todo o mundo. No Brasil, um dos maiores avanços legislativos no que tange à infância foi a aprovação do Estatuto da Criança e do Adolescente (ECA), por meio da Lei Federal nº 8.069/1990. O Estatuto prevê que se proporcione o desenvolvimento (físico, mental, moral, espiritual e social) das crianças e dos adolescentes e a efetivação dos direitos fundamentais referentes à vida, à saúde, à alimentação, à educação, ao esporte, ao lazer, à profissionalização, à cultura, à dignidade, ao respeito, à liberdade e à convivência familiar e comunitária. Além disso, a ONU, com o Fundo das Nações Unidas para a Infância (Unicef), vem acompanhando a situação mundial da infância ao longo desses últimos anos.[1] A avaliação da situação infantil vem sendo feita utilizando-se o Índice de Desenvolvimento Humano (IDH) e, mais recentemente, o Índice de Desenvolvimento Infantil (IDI). O IDI foi desenvolvido pelo Unicef com o intuito de contribuir para os estudos sobre o desenvolvimento das crianças e adolescentes. São avaliadas inúmeras condições sociais e econômicas (percentual de crianças com mães de escolaridade precária, cobertura vacinal, percentual de mães com cobertura pré-natal adequada, taxa de escolarização bruta na creche e na pré-escola) computadas num escore, apresentado por uma escala de 0 a 1, onde 1 corresponde à melhor condição de desenvolvimento infantil e zero, à pior.

---

[1] Para acesso aos relatórios e aos artigos ver www.unicef.org/brazil/pt/resources.html.

Pesquisas científicas, paralelamente ao desenvolvimento legislativo no que tange à infância, também foram surgindo. A partir da década de 1990, estudos sobre felicidade infantil também se tornaram objeto de interesse. Encontram-se na literatura científica psicológica diferentes modelos e perspectivas que procuram explicar a felicidade.

Bem-estar subjetivo: estudos sobre a satisfação com a vida e os afetos na infância

Entre os estudos sobre a felicidade, um modelo destacou-se em explorar o tema, denominado de *bem-estar subjetivo*. Bem-estar, por definir a sensação de se sentir bem, e subjetivo, por se tratar de processo intrínseco, onde somente a própria pessoa pode relatar a sua experiência de felicidade. (DIENER, 1984) Sob o rótulo de bem-estar subjetivo, encontram-se os estudos sobre a felicidade, qualidade de vida subjetiva, satisfação de vida etc. Ed Diener[2] é um dos pesquisadores de maior destaque e referência nos estudos sobre bem-estar subjetivo. A felicidade, ou o bem-estar subjetivo, tem sido explicado com um modelo multidimensional, composto pela satisfação para com a vida e pela vivência de mais afetos positivos (alegria, contentamento, excitação) e menos afetos negativos (tristeza, raiva, medo). Os autores vêm procurando confirmar o modelo multidimensional do bem-estar de adultos aplicando-o em crianças (satisfação de vida, afeto positivo e afeto negativo), assim como identificar os domínios mais relevantes da vida infantil. (HUEBNER, 1991B)O bem-estar subjetivo busca explorar os fatores que identificam as pessoas felizes nos diferentes graus (feliz, moderadamente feliz ou extremamente feliz) e é definido pela experiência interna, ou seja, é avaliado a partir da perspectiva do próprio indivíduo. (DIENER *et al.*, 1997; DELL'AGLIO, KOLLER, & YUNES, 2006) Os autores alertam para o fato de que as pessoas avaliam as condições de vida de forma diferente, dependendo das suas expectativas, valores e experiências prévias, assim como o processo pode ser de longo prazo e não somente momentâneo. (DIENER *et al.*, 1997; DIENER & LUCAS, 2000)Um dos primeiros autores a estudar a satisfação de vida infantil foi o psicólogo

---

[2] http://internal.psychology.illinois.edu/~ediener/

escolar norte-americano Scott Huebner (HUEBNER, 1991a; 1991b; HUEBNER & ALDERMAN, 1993; DEW & HUEBNER, 1994; TERRY & HUEBNER, 1995). De forma geral, os estudos realizados sobre bem-estar subjetivo de crianças apontam para medidas positivas. Huebner (1991a) identificou alguns domínios específicos da vida da criança, extraídos da literatura de desenvolvimento infantil, que compõem a satisfação de vida infantil (vida familiar, vizinhança, vida escolar, amizades, *self*, oportunidades de lazer e a cidade em que vive).

Posteriormente, estudos foram sendo ampliados e os resultados confirmados. Observa-se que, em geral, a satisfação de vida infantil não é influenciada significativamente por variáveis demográficas, tais como, idade, sexo, série escolar, profissão dos pais e configuração familiar (família intacta *versus* reconstituída). A experiência subjetiva de satisfação para com a vida em crianças e jovens não está relacionada à idade que a criança possui, ou ao fato de ser menino ou menina, bem como não tem nenhuma relação com o desenvolvimento escolar em que ela se encontra. A satisfação de vida infantil é influenciada, assim como nos adultos, pelas características de personalidade que se possui. Crianças com alta satisfação de vida possuem uma visão de si mesmas mais positiva (autoestima), normalmente são mais tranquilas e extrovertidas (não ansiosas) e tendem a acreditar que o que acontece consigo está sob seu próprio controle (*locus* de controle interno). Além disso, entre os domínios de satisfação de vida infantil, as pesquisas apontam que os voltados ao relacionamento interpessoal, como a satisfação com a família, mostram-se mais significativos. A família é mais fortemente associada à satisfação de vida global que a satisfação obtida com os amigos.

No Brasil, alguns estudos surgiram também a partir da década de 1990. (GIACOMONI, 1998; 2002; ASSUMPÇÃO JR., KUCZYNSKI, SPROVIERI & ARANHA, 2000; ARTECHE & BANDEIRA, 2003; GIACOMONI & HUTZ, 2006; GIACOMONI & HUTZ, 2008) Inicialmente, foram estudos descritivos sobre a felicidade e de desenvolvimento de instrumentos para avaliar a qualidade de vida e o bem-estar subjetivo de crianças e adolescentes, sobre a satisfação de vida e os afetos positivos e negativos. A seguir, serão apresentados os resultados de estudos nacionais publicados na última década e que trazem luz para a compreensão da felicidade infantil e adolescente a partir de nossa cultura. (CAMARGO, ABAID & GIACOMONI, 2011; GIACOMONI, SOUZA & HUTZ, 2014a; 2014b; 2016a; 2016b 2016c)

Como uma criança define a felicidade pode fornecer subsídios para o desenvolvimento de ferramentas de avaliação e para a criação de programas de intervenção, visando à promoção da felicidade. Pesquisadores brasileiros buscaram conhecer o que as crianças pensam sobre felicidade a partir de uma abordagem qualitativa (GIACOMONI, SOUZA & HUTZ, 2014b). Quando perguntadas sobre "o que é a felicidade?", as crianças identificaram, em primeiro lugar, os afetos positivos ("é alegria", "é emoção", "é estar de bom humor", "contente" e as expressões dos afetos "é rir", "é sorrir"). O domínio de vida "lazer" não fazia parte do último Modelo Multidimensional de Satisfação de Vida Infantil apresentado por Huebner (1994), mas aparece indicada no estudo de 1991. Contudo, os resultados do estudo nacional, acima citado, indicam fortemente o lazer como um domínio significativo na satisfação de vida das crianças. Os meninos mencionaram mais conteúdos de lazer e de atividades físicas e divertidas associadas à palavra felicidade. A felicidade, segundo as crianças, é vinculada às situações e oportunidades de passeio, de viagem, de brincadeira, e às atividades físicas. O bem-estar parece estar associado à possibilidade de vivenciar momentos de diversão e de quebra da rotina. Outro domínio relacionado à felicidade foi a "família". Aparece de forma substancial nos relatos das crianças "ter uma família", "ter o amor do pai e da mãe", "ter irmãos", os quais são descritos como um aspecto condicional para a felicidade infantil.

Num esforço de ampliar o conhecimento sobre a autopercepção infantil da própria felicidade, Giacomoni, Souza e Hutz, em 2016, investigaram, valendo-se de perguntas semiestruturadas que envolviam a autopercepção, crenças e causas atribuídas a ela, e a descrição da origem da felicidade, como as seguintes: 1) Tu achas que tu és feliz? Por quê? 2) Tu consegues ficar feliz? Por quê? 3) Tu achas que ser feliz depende de ti? e 4) De onde vem a felicidade? Foram entrevistadas 200 crianças brasileiras com idades entre cinco e 12 anos. Quando perguntadas se elas se consideravam felizes, 85% responderam afirmativamente, 12% que algumas vezes sim (dependendo de condições) e 2% não se consideravam felizes. Destaca-se o alto percentual de crianças (85%) que se considera feliz. A crença em atingir a felicidade foi uma certeza em 88% das crianças participantes. Não houve diferenças entre os sexos (meninos e meninas) nem por tipo de escola (escola pública ou privada). As crianças atribuíram sua felicidade à família, ao *self* positivo e ao lazer, sem distinção de sexo ou de tipo de escola. Ser feliz foi vinculado às relações interpessoais positivas, especialmente com a família e com os amigos – dois contextos fundamentais ao desenvolvimento infantil. Além disso, ser feliz também foi associado a ser alegre, amável, saber resolver problemas e ajudar pessoas, levando-nos a pensar o quanto o autoconceito, a autoestima e o altruísmo são importantes para a compreensão da felicidade infantil. Fattore, Mason e Watson (2009) investigaram a felicidade em crianças australianas e encontraram resultados semelhantes. Elas se referiram ao próprio bem-estar também como por um senso positivo de *self*, pelas atividades divertidas e proteção fornecida pelos pais. No estudo brasileiro de 2016, alcançar a felicidade foi atribuído mais ao lazer pelos meninos, mais à família pelas crianças de escola pública, e mais a sentimentos positivos pelas crianças de escola privada. O entendimento das crianças sobre a felicidade é material fértil para a criação de intervenções em escolas de educação básica.

Em busca de indicadores de bem-estar subjetivo infantil, muitos pesquisadores de diferentes países nos últimos anos realizaram estudos sobre o que promove bem-estar subjetivo infantil. Para uma revisão dos estudos, consultar Giacomoni, Souza e Hutz (2016c).

Utilizando entrevistas individuais com crianças de cinco a 12 anos (200 crianças), estudantes de escolas públicas e privadas do Rio Grande do Sul, foi realizado um levantamento de indicadores de bem-estar subjetivo. (GIACOMONI, SOUZA & HUTZ, 2016c) Questionadas sobre: 1) O que uma criança precisa para ser feliz? 2) O que te deixa feliz? e 3) O que não te deixa feliz?, os resultados encontrados referentes a esses indicadores de bem-estar subjetivo infantil foram consistentes. Ao serem questionadas sobre "O que uma criança precisa para ser feliz?", as respostas indicaram que a satisfação de desejos e afetos reforça a importância da família como promotora de bem-estar subjetivo infantil. Encontram-se na literatura muitos estudos internacionais que também posicionam a família em primeiro lugar como promotora de bem-estar subjetivo infantil, ou dados que a associam a relacionamentos significativos ou relações afetivas. (CHAPLIN, 2009; HUEBNER, 1994; PARK et al., 2004; THE CHILDREN'S SOCIETY, 2012; THOILLIEZ, 2011; UUSITALO-MALMIVAARA, 2012) As categorias referentes ao "lazer" e a "brincar" emergiram, indicando a relevância dessas atividades para a felicidade infantil. No que se refere à questão que tratou dos indicadores de empecilhos à felicidade das crianças, quase metade das unidades de relatos dos escolares foram relativos a violência, brigas na família e maus-tratos. Observou-se que a família pode constituir-se como fator de risco ou de proteção, assumindo um papel de promotora de bem-estar ou não. Esse estudo teve como objetivo identificar possíveis fatores promotores de bem-estar e qualidade de vida infantil além do ambiente familiar. A escola e as relações de pares também surgiram como promotores de felicidade na infância. Outro achado muito interessante e em consonância com a literatura sobre bem-estar subjetivo infantil foi que as crianças citaram datas festivas como promotoras de felicidade (festas, ocasiões especiais), a exemplo do trabalho de Thoilliez (2011) com as crianças espanholas. A comemoração do aniversário, a entrada na escola, datas comemorativas nacionais são eventos normalmente relatados e associados ao bem-estar infantil.

Conclusão

Dentro de uma perspectiva positiva de Psicologia, o presente capítulo buscou iluminar os achados mais relevantes, baseados em evidências científicas, sobre a felicidade infantil. Dentre os principais resultados, a partir da voz das próprias crianças, os conteúdos de lazer e de atividades físicas divertidas precisam integrar a avaliação do bem-estar infantil. Além disso, a família foi identificada como o fator mais significativo da felicidade nessa fase do desenvolvimento.

Conclusão

Andréa Perez

Quando adquirimos uma obra pronta nas livrarias, não imaginamos, dependendo do livro, logicamente, o tamanho da dedicação que foi reservada à sua construção. Quando se trata de uma obra com inúmeros autores, muito mais tempo e trabalho são dedicados para que você receba em mãos algo que venha a fazer, pelo menos, um pouco de diferença na sua vida. Para mim, essa é a forma de construir obras aqui na Coletânea Biblioteca Positiva. Além das análises e, muitas vezes, das trocas sobre alinhamentos de cada temática de cada capítulo, as partes conceituais que apresento são de muita densidade, reunindo uma imensa revisão da literatura para tentar apresentar o que chamamos de "estado da arte" das temáticas desenvolvidas, ou seja, aquilo que de mais recente e importante está sendo considerado no momento. Essa é sempre a minha tentativa e isso pode ser constatado no elenco de referências bibliográficas ao final do livro, para os que buscam ir às fontes primárias, para conhecerem mais a fundo o que os autores abordaram com mais detalhes. Estou falando muito sério, não é mesmo? Estou mesmo e é intencional.

Primeiramente, porque quero deixar uma mensagem a vocês sobre a importância que deve ser reservada ao estudo, às publicações, a tudo que envolve a Psicologia Positiva. Trata-se de um campo de muita especificidade, mas, ao mesmo tempo, nos dá asas a acreditar que podemos alçar voos altos, e a desejarmos levar mais pessoas nessa viagem sobre a felicidade humana e as qualidades positivas, nos proporcionando um novo olhar para a vida. Mas é preciso cautela para que o impulso não se transforme numa precipitação equivocada. O trabalho com a Psicologia Positiva precisa ser absolutamente sério e responsável, sem promessas ou entregas impossíveis àqueles que buscam potencializar suas vidas. É preciso mergulhar a fundo na pesquisa dos estudos já existentes, para não pecar em tornar-se raso no que aplica ou pretende ensinar. Precisamos ser sérios ao estudar, para podermos ser sérios com as pessoas, acima de tudo.

Em segundo lugar, reservei-me começar a falar sobre a importância da dedicação ao trabalho, pois o tema central desta obra é a Educação. Como vimos, não é com ações breves, medidas paliativas, normatizações inócuas, reflexões superficiais, quaisquer formações de profissionais que será possível elevar o patamar dos resultados da Educação de forma duradoura e de qualidade no mundo. Trata-se de um campo que traz repercussões sérias, de cunho social e econômico, das quais dependem as próximas gerações e as que estão sendo formadas neste momento. É preciso muito trabalho. São inúmeras as condicionantes que precisam ser reconfiguradas no trato do acesso à Educação, para todos, independentemente de aspectos físicos, mentais, sociais, econômicos, étnicos, religiosos, de gênero, entre outros, para que tenhamos uma área educacional em que haja grande preocupação com a inclusão, para dar direito a todos às mesmas oportunidades.

Em terceiro lugar, optei pela seriedade do tom, para que pensemos no que podemos contribuir para que professores sejam mais respeitados e tenham suas condições de vida mais asseguradas, para estarem aptos técnica, física e emocionalmente para colaborar com a formação de nossos filhos, que se tornarão os futuros líderes, empresários, políticos e professores. E diante de nossa trajetória educacional estar sendo contínua ao longo dos anos, chegando à terceira idade, como vimos, é preciso que também nossos professores sejam devidamente valorizados, por nos especializarem nos diversos campos de conhecimento e em novas carreiras que surgem a cada momento de forma galopante.

Em quarto lugar, explano com seriedade em respeito às instituições de ensino e órgãos reguladores políticos, legais e sociais que estão conduzindo ou tentando conduzir uma mudança de paradigma, que perpassa por algo muito além ao cenário escolar, mas que requer, para pleno sucesso, a colaboração e participação de pais, que não podem estar alheios ao trabalho desenvolvido com seus filhos, pois o oposto pode significar interromper todo um trabalho de muita dedicação em sala de aula.

Já em quinto lugar, é preciso ser sério e prudente, e constatar de forma definitivamente que muito temos a fazer para que a Psicologia Positiva aplicada na Educação permeie de forma ampla as raízes da educação tradicional, mais voltada apenas ao desenvolvimento do conhecimento factual. Chegar a um ponto ideal sobre essa aplicação pode ser vislumbrado como algo inverossímil, mas, se não começarmos a ter ações que transformem o cenário atual, não conseguiremos dar concretude ao sonho de ver as instituições de ensino incluindo em sua pauta o bem-estar e a valorização das qualidades e talentos humanos. E somente com seriedade, empenho, cientificidade, trabalho e muito idealismo será possível convencer quem detém o processo decisório nas mãos a fazer pela educação de todos.

Por fim, e logicamente como peça-chave de tudo isso, precisamos ser sérios no trato do ser humano, seja criança, jovem, adulto ou idoso. É preciso condicionarmo-nos, como profissionais, a ofertamos em sala de aula, em nossos trabalhos, em nossas iniciativas, em nossas obras, a oferecer sempre o nosso melhor. E esse melhor é construído quando nos dedicamos, genuinamente, a sermos, primeiramente, melhores em nossas vidas, em nossas relações humanas, para depois nos considerarmos aptos a favorecer o melhor nos outros com a Psicologia Positiva. Repudio intensamente incongruências que, em mercados em crescimento, como é o caso da Psicologia Positiva no momento, observamos em muitos agentes, com discursos inconsistentes com suas ações e posturas. Quem trabalha com a Psicologia Positiva há de reservar, para começo de conversa, o respeito: às individualidades; às diferenças de comportamento, de sentimento e pensamento; e aos desníveis imensos, e na maioria das vezes injustos, de oportunidades de todas as pessoas. Em especial, precisamos, como profissionais em atuação com a Psicologia Positiva aplicada à Educação, olhar o outro em suas potencialidades inatas de aprendizagem e de ter uma vida feliz e plena como qualquer outra pessoa. É preciso ter uma atitude empática, sem arrogância e suposta detenção única e privilegiada de conhecimento, para que assim esse saber possa se multiplicar à medida que não nos incomodemos mais em dividir.

Minha mensagem final, depois de toda essa seriedade *sine qua non*, é de nutrir em você, leitor, o desejo de juntar-se a nós, autores deste e de outros volumes da Coleção Educando Positivamente, engajados em construir e ajudar a formar histórias de vidas pessoais e de uma sociedade mais feliz, com a Psicologia Positiva aplicada na Educação, pois nossa maior potencialidade está quando damos as mãos em projetos humanos que contribuam para o crescimento do outro.

Porque como sempre digo já há muitos anos:

Juntos Somos Melhores.

Sobre os autores

Ana Carla Conforto (cap. 17)

Pedagoga com pós-graduação em Psicologia Positiva Integrada ao Coaching. Master Coach certificada pela International Association of Coaching (IAC). MBA em Gestão de Negócio e Recursos Humanos. Facilitadora de Times de Trabalho certificada pelo Instituto David Hutchins. Consultora e educadora empresarial com 27 anos de experiência em desenvolvimento e aplicação de Programas de Educação de Lideranças e Projetos de Recursos Humanos. *Coach* empresarial com vasta experiência em Coaching executivo e de equipe. Sócia-Diretora da Conforto Consultoria e Educação Corporativa.

Andréa Perez (introdução, partes 1 a 6, cap. 1, 2, 3 e 11, conclusão)

Fundadora da Rede Felicidade Agora é Ciência e membro-fundadora do Instituto Brasileiro de Psicologia Positiva. Mestre em Sistemas de Gestão e pós-graduada em Psicologia Positiva e Coaching. Idealizadora do Positive Meeting, do Positive Mentoring, do Diálogos em Psicologia Positiva, da Coletânea Biblioteca Positiva em Livros e em Games com a Editora Leader, na qual atua como *positive writers hunter*, organizadora, analista crítica e revisora de obras em Psicologia Positiva. Autora e/ou organizadora de inúmeras obras em Psicologia Positiva. É docente em cursos de MBA e Pós-Graduação em Psicologia Positiva e Coaching, e atua em mentoria, Coaching, *trainer e ainda como TEDx Speaker.*

Carmen Silva Carvalho (cap. 5)

Mestre em Educação, Linguagem e Tecnologias. Pós-graduada em Docência Universitária. Especialista em Educação a Distância. Formação Internacional em Coaching Apreciativo, formação internacional em Coaching pela Sociedade Latino Americana de Coaching (SLAC). Neurocoach e gestor *coach*. Membro de Equipe de Constelações Sistêmicas e Organizacionais. Especialista em Desenvolvimento do Potencial Humano, Inteligência Emocional e Psicologia Positiva. Certificada em Eneagrama, Storytelling, MBTI I e Modelo Disney de Gestão de Pessoas e Qualidade de Atendimento. Sócia-fundadora do Instituto Goiano de Psicologia Positiva (IGPP). Professora, consultora e palestrante.

Clarisse Lourenço Cintra (cap. 8)

Psicóloga, mestra em Psicologia pela Universidade Federal do Espírito Santo (Ufes) e atualmente cursa especialização em Terapia Cognitivo-Comportamental (Instituto WP). Atua como psicóloga em consultório particular e como pesquisadora e coordenadora de Educação e Projetos do Grupo de Estudos e Práticas em Psicologia Positiva (GEPPsi+). Iniciou seus estudos e pesquisas em Psicologia Positiva em 2012, ministrou aulas da disciplina de Psicologia Positiva na Ufes, em 2014 e 2016, ano em que também concluiu seu projeto de mestrado dedicado ao campo da Educação Positiva.

Sobre os autores

Claudia Hofheinz Giacomoni (cap. 20)

Psicóloga pela Pontifícia Universidade Católica/RS (PUC), mestre e doutora em Psicologia pela Universidade Federal do Rio Grande do Sul (UFRGS). É professora do Departamento de Psicologia do Desenvolvimento e da Personalidade e do Programa de Pós-Graduação em Psicologia da UFRGS. Atua na área da Avaliação Psicológica e Psicologia Positiva. Fundadora e secretária da Associação Brasileira de Psicologia Positiva (ABP+), membro da Internacional Positive Psychology Association (Ippa), do Instituto Brasileiro de Avaliação Psicológica (Ibap). Coordenadora do Núcleo de Estudos em Psicologia Positiva (Nepp), www.ufrgs.br/nepp.

Daniel Vieira (cap. 15)

Mestre graduado em Administração e Especialista em Gestão Empresarial, formação em **P**ersonal e **E**xecutive **C**oaching, Master Coaching Sistêmico, Practitioner em Programação Neurolinguística, formação em Storytelling, profissional em Roteiro, Eneagrama, em Neurociência, consultor certificado MBTi®, analista em Dinâmica da Espiral. Atua na área de T&D e em cursos de pós-graduação, atuação como *coach*, palestrante e escritor com ênfase em desenvolvimento humano e abordagem sistêmica.

Francis Musa Boakari (cap. 16)

Pós-doutor na área da Educação para a Diversidade pela Auburn University, Estados Unidos (1996); Ph.D em Sociologia da Educação; mestrado em Psicologia da Educação e graduado em Ciências Sociais, Sociologia pela University of Iowa, EUA. Possui graduação em Estudos Religiosos – University of Ibadan, Nigéria. É professor adjunto do Departamento de Ciências Sociais da Universidade Federal do Piauí (UFPI). Entre 2002 e 2008, foi professor no Programa de Doutoramento em Educação na Universidade Incarnada, San Antonio, Texas, EUA. Pesquisa as riquezas das educações e afrodescendência. Tem concentrado seus esforços na reconstrução de sua terra natal, Serra Leoa, depois da Guerra dos Diamantes, 1991-2001.

Gabriele de Oliveira Ribas (cap. 9)

Formação em Psicologia. Especialização em Psicologia Transpessoal. Especialização em Arteterapia. Mestrado em Saúde e Gestão do Trabalho. Autora do livro infantil *A Rosa da Gratidão*. Coautora do livro *Psicologia Positiva: teoria e prática*. Organizadora do livro *Psicologia Sem Fronteiras*. Autora do *Caderno do Eu: 30 exercícios de escrita terapêutica para o autoconhecimento* e do *Caderno do Nós: 30 exercícios de escrita terapêutica para casais*. Idealizadora do *Caderno da Gabi*, blog que traz inspirações para escrita autêntica, criativa e terapêutica.

www.cadernodagabi.com.br
cadernodagabi@gmail.com

Gilmar Carneiro (cap. 7)

Coach de educadores e líderes, palestrante internacional, escritor e *trainer com mais de* dez anos de experiência e fundador do Educadores Plenos, programa de desenvolvimento para educadores, baseado nos temas da Psicologia Positiva.

MBA em Administração de Empresas (FGV), formado em Psicologia Positiva (IBRPP), Life & Leader Coach (SBC) e Advanced Coach (Abracoaching). Acredita que a transformação na educação se dá pelo empoderamento dos educadores, ao alinhar suas carreiras com seus propósitos de vida para que exerçam sua paixão da maneira mais inspiradora, realizada e bem-sucedida possível.

www.educadoresplenos.com.br
gilmarlifecoach@gmail.com
YouTube: Fale com o Gilmar

Gláucia Yoshida (cap. 12)

Doutora em Ciências da Educação, mestre em Educação Escolar Brasileira, especialista em Docência Universitária: Formação e Vivência; em Desenvolvimento Humano e Psicologia Positiva; em Psicanálise e Inteligência Multifocal em Ciências Sociais. *Master coach*, formação em Constelação Familiar; em PNL, Qualificada MBTI; e em Educação Sistêmica. Tem experiência profissional e pesquisa nos seguintes temas: formação docente, gestão educacional, docência universitária, aprendizagem humana. Editora-chefe da Revista *Especialize On-line IPOG*, professora de graduação e pós-graduação, 28 anos na educação superior e há 18 anos dedicando-se à formação de professores.

Helder Kamei (cap. 10)

Fundador do Instituto FLOW de Psicologia Positiva, Coaching e Liderança e presidente da Associação de Psicologia Positiva da América Latina (Appal). Coautor do Programa Semente. Psicólogo, mestre em Psicologia Social e do Trabalho pela Universidade de São Paulo (USP). Autor de *Flow e Psicologia Positiva: Estado de fluxo, motivação e alto desempenho*, e coautor de *Psicologia Positiva: Teoria, Pesquisa e Intervenção*, e *Psicologia Positiva nas Organizações e no Trabalho*. Professor de Psicologia Positiva no Ipog, Franklin Covey, Vital Smarts e IBC, e autor do blog http://www.flowpsicologiapositiva.com.

Juliana Vieira de Araujo Sandri (cap. 9)

Enfermeira. Doutora e mestre em Enfermagem pela Universidade Federal de Santa Catarina. Professora titular da Universidade do Vale do Itajaí nos cursos de Enfermagem; do Mestrado em Saúde e Gestão do Trabalho e do Curso Superior de Extensão Universidade da Vida. Membro titular do Conselho Municipal do Idoso. Articuladora da Comissão de Integração Ensino e Serviço da Foz do Rio Itajaí-açu. Participa dos projetos de extensão: Atendimento ao idoso em situações de demências juntamente com os seus familiares/cuidadores; Grupo de Apoio aos Cuidadores e Familiares de Demências ou outras Doenças Similares.

Sobre os autores

Lucienia Martins (cap. 16)

Atualmente é aluna do Doutorado em Psicologia na Universidade do Porto (UP), em Portugal, com dupla titulação com a Universidade de São Paulo (USP). Possui Mestrado em Educação pela Universidade Federal do Piauí (UFPI). É especialista em Docência do Ensino Superior (2009) e em Psicopedagogia (2010) pela FAP. Possui Bacharelado em Psicologia pela Faculdade Integral Diferencial - FACID-DEVRY (2009). Atua na área de Psicologia como pesquisadora, professora e palestrante. Publicou em 2013 o livro *Afrorresilientes: a Resiliência de Mulheres Afrodescendentes de Sucesso Educacional*. É organizadora e coautora do livro *Educação, Gênero e Afrodescendência: A dinâmica das lutas de mulheres na transformação social*.

Maria Aparecida Mussi (cap. 4)

Diretora Pedagógica do Colégio Eduardo Guimarães – RJ. Terapeuta clínica - TCC e Psicologia Positiva; formação em Psicologia e pós-graduação em Educação Infantil na PUC-RJ; MBA em Psicologia Positiva - PSI+; em Terapia Cognitivo-Comportamental – CPAF; em Pedagogia - Faculdade de Educação Notre Dame; em Terapia de Família - Instituto Mosaico; Neuropsicologia e reabilitação – testes e práticas – CEAD. Especialização em Educação Especial - Colégio Eduardo Guimarães **e** em Neuropsicologia - CNA **(**Paulo Mattos**)**. Pós-graduação em Psicologia Pedagógica - Fundação Getúlio Vargas**.**

Mariana David (cap. 6)

Graduada em Psicologia pela Pontifícia Universidade Católica/GO (PUC-GO), com MBA em Desenvolvimento Humano e Psicologia Positiva pelo Instituto de Pós-Graduação e Graduação/GO (Ipog/GO) e Pós-Graduação em Tecnologia Educacional pela Universidade Federal de Pernambuco (UFPE). Ampla vivência na área educacional, com interesses voltados para a "Ciência da Felicidade" e para os benefícios da Educação Positiva. As crianças são fontes de inspiração e apoiá-las em seu desenvolvimento pleno alimenta seu propósito maior e impulsiona a esperança em dias melhores, ao poder contribuir com a meta PERMA 51.

mariana2509@yahoo.com.br

Miriam Rodrigues (cap. 18)

Psicóloga, especialista em Psicologia Clínica e Medicina Comportamental pela Universidade Federal do Estado de São Paulo (Unifesp). Idealizadora do programa Educação Emocional Positiva. Autora dos livros *Educação Emocional Positiva - saber lidar com as emoções é uma importante lição*, *As descobertas de Vavá e Popó - contribuições da Psicologia Positiva para crianças de 4 a 97 anos*, *Baralho das Forças Pessoais - a Psicologia Positiva aplicada às crianças*, *Como nasce a esperança? Baralho de Histórias - instrumento de conceitualização e intervenção cognitiva* e *Tem monstro aqui em casa*.

miriam@miriamrodrigues.psc.br
Fanpage: Miriam Rodrigues - Educação Emocional Positiva

Renata Gomes Netto (cap. 14)

Graduada em Psicologia pelo Centro Universitário Newton Paiva (1999) e mestre em Psicologia pela UCB (2005). Formação em Coaching pela SBC (2011) e em Terapia Cognitivo Comportamental pelo IWP (2015). Certificação em Psicologia Positiva (Clínica Sofia Bauer, 2014). Facilitadora de Mindfulness (Promoção da Saúde baseada em Mindfulness – Mente Aberta/Universidade Federal do Estado de São Paulo (Unifesp); Prevenção de Recaída baseada em Mindfulness – Centro Brasileiro de Pesquisa e Formação em MBRP/Unifesp; Mindful Schools). Docente no ensino superior, com experiência no ensino presencial e à distância. Encontrou na Psicologia Positiva um grande referencial para trabalhar os projetos em que acredita: desenvolver pessoas. Tem aprofundado seus conhecimentos em *mindfulness* e compaixão.

(38) 98825-9453
renatagnetto@gmail.com

Renata Livramento (cap. 19)

Fundadora e presidente do Instituto Brasileiro de Psicologia Positiva. Doutora e mestre em Administração, especialista em Psicologia Clínica, e graduada em Psicologia e Administração. Coordenadora do MBA em Psicologia Positiva e da Pós-Graduação em Educação Positiva, ambos pelo Centro Universitário UNA. Certificada em Disciplina Positiva pela Positive Discipline Association. É *master coach*, incluindo o Positive Psychology Coaching, com o dr. Tal Ben Shahar, e Appreciative Coaching, com dra. Ann Clancy. Idealizadora dos Programas Felicidade em Ação® e Doe Sentimentos Positivos®. Coordenadora do Action for Happiness em Belo Horizonte. Autora de livros de Psicologia e Psicologia Positiva.

Rodrigo Pereira Siqueira (cap. 13)

É professor universitário há mais de 15 anos, tendo conquistado prêmios e homenagens de alunos em todas as instituições em que lecionou. *Head* de Educação e Treinamento da Sati Education (satieducation.com), empresa especializada em Coaching e treinamentos baseados em *mindfulness* e Psicologia Positiva voltados para o ambiente corporativo e educacional superior. Faz doutorado no programa EICOS do Instituto de Psicologia da Universidade Federal do Rio de Janeiro (UFRJ), onde pesquisa e desenvolve um protocolo de *mindfulness* voltado para lideranças corporativas. Ministra palestras e *workshops*.

rodrigo@satieducation.com

Valeschka Martins Guerra (cap. 8)

Psicóloga graduada, especialista em Sexualidade Humana e mestre em Psicologia Social pela Universidade Federal da Paraíba (UFPB) e doutora em Psicologia Social pela University of Kent, da Inglaterra. Atualmente é professora do Departamento de Psicologia Social e do Desenvolvimento e do Programa de Pós-Graduação em Psicologia da Universidade Federal do Espírito Santo (Ufes). Coordena o Grupo de Estudos e Pesquisas em Psicologia Positiva (GEPPSI+).

Referências Bibliográficas

Introdução

OADES, L. G., ROBINSON, P., GREEN, S., & SPENCE, G. B. (2011). *Towards a positive university*. **Journal of Positive Psychology**, 6 (6), 432-439.

SELIGMAN, M. E. P. *Florescer* - Uma nova compreensão sobre a natureza da felicidade e do bem-estar. Rio de Janeiro: Editora Objetiva, 2011.

WHITE, M. A., & MURRAY, A. S. *Evidenced-Based Approaches in Positive Education* – Implementing a Strategic Framework for Well-being in Schools. London: Springer, 2015.

PARTE 1
Capítulo 1

ALTO COMISSARIADO DAS NAÇÕES UNIDAS PARA REFUGIADOS. *Turn the Tide*. Refugee Education in Crisis. Genebra: UNHCR, 2018a. Disponível em: <http://www.unhcr.org/5b852f8e4.pdf>. Acesso em: 12 set 2018.

ALTO COMISSARIADO DAS NAÇÕES UNIDAS PARA REFUGIADOS. *Global Trends* - Forced Displacement in 2017. Genebra: UNHCR, 2018b. Disponível em: <http://www.unhcr.org/5b27be547.pdf>. Acesso em: 12 set 2018.

ASSEMBLEIA GERAL DAS NAÇÕES UNIDAS (AGNU). *Resolution A/RES/1386(XIV)* – Declaration of the Rights of Children. UN Official Document System, 1959. Disponível em: <http://www.un.org/en/ga/search/view_doc.asp? symbol=A/RES/1386(XIV)>. Acesso em: 14 set 2018.

ASSEMBLEIA GERAL DAS NAÇÕES UNIDAS (AGNU). *Resolution A/RES/70/1* - Transforming our world: the 2030 Agenda for Sustainable Development. UN Official Document System, 2015. Disponível em: <https://documents-dds-ny.un.org/doc/UNDOC/GEN/N15/291/89/pdf/N1529189.pdf?OpenElement>. Acesso em: 11 set 2018.

ASSEMBLEIA GERAL DAS NAÇÕES UNIDAS (AGNU). *Resolution A/RES/71/1* – New York Declaration for Refugees and Migrants. UN Official Document System, 2016. Disponível em: <http://www.un.org/en/development/desa/population/migration/generalassembly/docs/globalcompact/A_RES_71_1.pdf>. Acesso em: 12 set 2018.

GPE. *About us*. (2018a) Disponível em: <**Erro! A referência de hiperlink não é válida.**> Acesso em: 12 set 2018.

GPE. *Strategy*. (2018b) Disponível em: <https://www.globalpartnership. org/about-us/strategy>. Acesso em: 12 set 2018.

OECD. *About*. OECD. Disponível em: <http://www.oecd.org/about/>. Acesso em: 12 set 2018.

OECD. *Education at a Glance 2018*. OECD Indicators. DOI: Publishing https://doi.org/10.1787/eag-2018-en.OECD Disponível em: <https://read.oecd-ilibrary.org/education/education-at-a-glance-2018_eag-2018-en#page1>. Acesso em: 12 set 2018.

OMS. *World Report on Disability* (2011). Relatório Mundial sobre a Deficiência. São Paulo: Secretaria de Estado dos Direitos da Pessoa com Deficiência de São Paulo, 2011. Disponível em: <http://apps.who.int/iris/bitstream/handle /10665/44575/9788564047020_por.pdf;jsessionid=4BF3CDAE85BB96FEE5E9A9DB172ECCEE?sequence=4>. Acesso em: 12 set 2018.

ONU. *Transformando Nosso Mundo*: A Agenda 2030 para o Desenvolvimento Sustentável. (2018a) Disponível em: <https://nacoesunidas.org/pos2015/agenda2030/>. Acesso em: 11 set 2018.

ONU. *Quality Education*: Why it Matters. (2018b) Disponível em: <https://www.un.org/sustainabledevelopment/education/>. Acesso em: 11 set 2018.

ONUBR. *UNICEF*: metade dos adolescentes no mundo são vítimas de violência na Escola (2018). Disponível em: <https://nacoesunidas.org/unicef-metade-dos-adolescentes-no-mundo-sao-vitimas-de-violencia-na-escola/>. Acesso em: 12 set 2018.

SHAPIRO, J. *How To Train 68.8 Million Teachers*. Because That's How Many The World Needs. (2016) **Forbes**. Disponível em: <https://www.forbes.com/sites/jordanshapiro/2016/10/09/how-to-train-68-8-million-teachers-because-thats-how-many-the-world-needs/#7058ca19476e>. Acesso em: 12 set 2018.

UNESCO. Education Transforms Lives. (2017) Disponível em: <http://unesdoc.unesco.org/images/0024/002472/247234e.pdf>. Acesso em: 11 set 2018.

UNESCO. *World Education Forum 2015 Report*. Disponível em: < http://unesdoc.unesco.org/images/0024/002437/243724e.pdf> Acesso em: 12 set 2018.

WORLD EDUCATION FORUM (WEF). *Incheon Declaration* -ED/WEF2015/MD/3 (2015). Disponível em: <http://unesdoc.unesco.org/images/ 0023/002331/233137e.pdf>. Acesso em: 12 set 2018.

Capítulo 2

AUTHENTIC HAPPINESS. *Learn About Positive Psychology*. Disponível em: <www.authentichappiness.sas.upenn.edu/newsletter.aspx ?id=1554>. Acesso em: 25 jun 2013.

AUTHENTIC HAPPINESS. *Wellcome to Authentic Happiness*. Disponível em: <www.authentichappiness.sas.upenn.edu/Default.aspx>. Acesso em: 26 jun 2013.

BANDURA, A. *Self-Efficacy mechanism in human agency*. **American Psychologist**, vol. 37, p. 122-147, 1982.

BANDURA, A. *Self-Efficacy*. The Exercise of Control. United States: Freeman and Company, 1997.

BANDURA, A. *Self-efficacy:* Toward a Unifying Theory of behavioral Change. Psychological Review, vol. 8, no. 2, p. 191-215, 1977.

BANDURA, A. *Social Foundations of thoughts and Action*. New York: Prentice Hall, 1986.

CORRÊA, A. P. *Psicologia Positiva*: Teoria e Prática. São Paulo: Editora Leader, 2016.

CSIKSZENTMIHALYI, M. *Finding Flow* - The Psychology of Engagement with Everyday Life. New York: Basic Books, 1997.

CSIKSZENTMIHALYI, M. *Flow* – The Psychology of Optimal Experience. New York: Harper & Row, 1990.

CSIKSZENTMIHALY, M., & SELIGMAN, M. E. P. *Positive Psychology* – An Introduction. In: American Psychologist – Special Issue on Happiness, Excellence, and Optimal Human Functioning. Washington, DC: **American Psychological Association**, p. 5-14, 2000.

DIENER, E. *The Science of Well-Being*. The Collected Works of Ed Diener. New York: Springer, 2009.

FREDRICKSON, B. *Positividade* – Descubra a força das emoções positivas, supere a negatividade e viva plenamente. Rio de Janeiro: Rocco, 2009.

GABLE, S. L., & HAIDT, J. *What (and Why) Is positive Psychology?* **Review of General Psychology**, vol. 9, n. 2, 103-110, 2005.

GOODREADS. *Flourish*: A Visionary New Understanding of Happiness and Well-Being by Martin E. P. Seligman. Disponível em: <https://www.goodreads.com/book/show/9744812-flourish#other_reviews>. Acesso em: 14 set 2018.

HELD, B. S. *The negative Side of Positive Psychology*. **Journal of Humanistic Psychology**, vol. 44, n. 1, Winter, p. 9-446, 2004.

IVTZAN, I., LOMAS, T., HEFFERSON, K., & WORTH, P. *Second Wave Positive Psychology*. Embracing the Dark Side of Life. New York: Routledge, 2016.

KASHDAN, T., & BISWAS-DIENER, R. *The Upside of Your Dark Side*. Why Being Your Whole Self-Not Just Your "Good" Self – Drives Success and Fulfillment. New York: Hudson Street Press, 2014

LOPEZ, S. J., & GALLAGHER, M. W. *A Case for Positive Psychology*. In: The Oxford Handbook of Positive Psychology. Washington: Oxford University Press, 2011.

LYUBOMIRSKY, S. *A Ciência da Felicidade* – Como Atingir a Felicidade Real e Duradoura. Rio de Janeiro: Elsevier, 2008.

LYUBOMIRSKY, S., SHELDON, K. M., & SCHKADE, D. *Pursuing Happiness*: The Architecture of Sustainable Change. **Review of General Psychology**, vol. 9, n. 2, 111-131. Education Publishing Foundation, 2005.

LYUBOMIRSKY, S., & LAYOUS, K. *How Do Simple Positive Activities Increase Well-being?* **Association of Psychology Science**, 2013.

SCORSOLINI-COMIN, F., FONTAINE, A. M. G. V., KOLLER, S. H., & SANTOS, M. A. dos. *Da Felicidade Autêntica ao Bem-estar*: a Psicologia Positiva em Florescimento. In: Psicologia: Reflexão e Crítica. **PPGPSICO, Springer Open**, vol. *26*, p. 663-670, 2013.

SELIGMAN, M. E. P. *Aprenda a Ser Otimista*. Rio de Janeiro: Nova Era, 2012.

SELIGMAN, M. *Introduction*. Online especialization Course - Foundations of Positive Psychology. **Coursera**. Pennsylvania University, 2017.

SELIGMAN, M. E. P. *Building Human Strength*: Psychology's Forgotten Mission. In: APA Monitor, **American Psychological Association**, 1998.

SELIGMAN, M. E. P. *Felicidade Autêntica* – Usando a Psicologia Positiva para a Realização Permanente. Rio de Janeiro: Objetiva, 2009.

SELIGMAN, M. E. P. *Florescer*. Uma Nova Compreensão sobre a Natureza da Felicidade e do Bem-estar. Rio de Janeiro: Objetiva, 2011.

SNYDER, C. R., & LOPEZ, S. J. *Psicologia Positiva*. Uma abordagem Científica e Prática das Qualidades Humanas. Porto Alegre: Artmed, 2009.

VAN ZYL, L. E. *Seligman's Flourishing*: An Appraisal of what lies beyond happiness. (2013) **SA Journal of Industrial Psychology. Tydskrif vir Bedrysielkunde**, 39(2), Art.# 1168, 3 p. http://dx.doi.org/10.4102/sajip.v3912.1168. Disponível em: <htpp://www.sajip.co.zza/index.php/sajipp/printerFriendly/1168/1431>. Acesso em: 26 abr 2016.

VAN ZYL, L. E., & DU TOIT, D. *Carl Jung's contribution to positive organizational psychology*. Research paper presented at the 15th Annual Society of Industrial / Organizational Psychologists in Conference, Petroria, South Africa, 2013.

VAN ZYL, L. E., & ROTHMANN, S. *Beyond smiling:* the development and evaluation of a positive psychology intervention aimed at student happiness. **Journal of Psychology in Africa**, 22(3) , p. 78-99, 2012.

WONG, P. T. P. *Positive Psychology 2.0:* Towards a balanced interactive model of the good life. **Canadian Psychology**, 52(2), p. 69-81. http://dx.doi.org/10.1037/a0022511, 2011.

Capítulo 3

ADLER, A. *Positive Education*: Educating for Academic Success and for a Fulfilling Life. Papeles del Psicólogo. **Psychology Paper**, vol. 38(1), pp. 50-57. Disponível em: <https://doi.org/10.23923/ppap.psicoll2017.28211>, 2017.

BOND, L., BUTLER, H., THOMAS, L., CARLIN, J., GLOVER, S., BOWES, G., & PATTON, G. (2007). *Social and school connectedness in early secondary school as predictors of late teenage substance use, mental health, and academic outcomes*. **Journal of Adolescent Health**, 40(4), 357e9-357.e18.

BONIWELL, I. & RYAN, L. *Personal Well-being Lessons for Secondary Schools Positive Psychology in Action for 11 to 14 Year Olds*. New York: McGraw Hill House, 2012.

Referências Bibliográficas

BONIWELL, I. *Introduction to Positive Education*. In: DAVID, S. A., BONIWELL, I., & AYRES, A. C.. **The Oxford Handbook of Happiness**. Oxford: Oxford University Press, 2013, pp. 536-539.

BRAND, S., FELNER, R., SEITSINGER, A., & DUMAS, T. *Middle School improvement and reform*: development and validation of a school-level assessment of climate, cultural, pluralism and school safety. **Journal of Educational Psychology**, 95, 570-88, 2003.

BUTLER, J., & KERN, M. L. (2016). *The PERMA-Profiler*: A brief multidimensional measure of flourishing. **International Journal of Wellbeing**, 6(3), 1-48. DOI:10.5502/ijw.v6i3.526. Disponível em: <file:///C:/Users/Usu%C3%A1rio/Downloads/526-2749-2-PB%20(1).pdf>. Acesso em: 15 set 2018.

EADS, J. M. F. *Celebrating Strengths* - Building Strengths-based Schools. Coventry: CAPP Press, 2008.

KERN, M. L., BENSON, L., STEINBERG, E., & STEINBERG, L. (2014). **The EPOCH measure of adolescent well-being**. Unpublished manuscript.

KERN, M. l. *The Workplace PERMA Profiler*. University of Pennsylvania. 2014. Disponível em: <http://www.peggykern.org/uploads/5/6/6/7/56678211/workplace_perma_profiler_102 014.pdf>. Acesso em: 15 set 2018.

KERN, M. L., BENSON, L., STEINBERG, E. A., & STEINBERG, L. (2015, August 24). *The EPOCH Measure of Adolescent Well-Being*. Psychological Assessment. Advance online publication. http://dx.doi.org/10.1037/pas0000201 **American Psychology Association**. Disponível em: <http://www.peggykern.org/uploads/5/6/6/7/56678211/kern_et_al_2016_-_epoch_measure _of_adolescent_wellbeing.pdf>. Acesso em: 15 set 2018.

LERNER, J. V., PHELPS, E., FORMAN, Y., & BOWERS, E. P. (2009). *Positive youth development*. In: R. M. Lerner & L. Steinberg (Eds.), **Handbook of adolescent psychology:** Vol. 1. Individual bases of adolescent development (3. ed., pp. 524 –585). Hoboken, NJ: Wiley.

NIEMIEC, R. *Character Strengths Interventions*. A Field Guide for Practitioners. Boston: Hogrefe, 2017.

NOBLE, T., & McGRATH, H. *Well-being and resilience in education*. In: DAVID, Susan A., BONIWELL, I., AYRES, A. C. **The Oxford Handbook of Happiness**. Oxford: Oxford University Press, 2013, 563-579.

NORRISH, J., WILLIAMS, P., O'CONNOR, M., & ROBINSON, J. *An Applied framework for Positive Education*. **International Journal of Wellbeing**, 3(2), 147-161. doi:10.5502/ijw.v3i2.2, 2013.

NORRISH, J. *Positive Education*. The Geelong Grammar School Journey. Oxford: Oxford University Press, 2015.

OADES, L. G., ROBINSON, P., GREEN, S., & SPENCE, G. B. (2011). *Towards a positive university*. **Journal of Positive Psychology**, 6 (6), 432-439.

PETERSON, C. *A Primer in Positive Psychology*. New York: Oxford University Press, 2006.

PETERSON, C., & SELIGMAN, M. E. P. (2004) *Character strengths and virtues:* A handbook and classification. New York: Oxford University Press and Washington, DC: **American Psychological Association**. www.viacharacter.org

PUSKOTA, A. *The application of positive psychology in the practice of education* (2014) SpringerPlus 2014, 3:147. Disponível em: <https://www.ncbi.nlm.nih.gov/pmc/articles/PMC4002998/>. Acesso em: 17 set 2018.

PROCTOR, C., & EADES, J. F. *Strengths Gym* - Build and exercise your strengths! St. Peter Port: Positive Psychology Research Center, 2016.

RECKMEYER, M. *Strengths-Based Parenting*. New York: Gallup, 2016.

RWJF. *About*. Disponível em: <https://www.rwjf.org/en/about-rwjf.html>. Acesso em: 15 set 2018.

SCHWARTZ, H. A., EICHSTAEDT, J. C., DZIURZYNSKI, L., KEM M. L., SELIGMAN, E. P., UNGAR, L. H., BLANCO, E., KOSINSKI, M., & STILLWELL, D. *Toward Personality Insights from Language Exploration in Social Media*. In: **2013 AAAI Spring Symposium Series**. 2013.

SELIGMAN, M., ERNST, R. M.; GILLHAM, J., REIVICH, K., & LINKINS, M. *Positive education*: positive psychology and classroom interventions. Oxford Review of Education, v. 35, n. 3, 2009, pp. 293–311 ISSN 0305-4985 (print)/ISSN 1465-3915 (online)/09/030293–19 © 2009 Taylor & Francis DOI: 10.1080/03054980902934563

SHORT, R., & TALLEY, R. (1997). *Rethinking psychology and the schools*: Implications of recent national policy. **American Psychologist**, 52(3), 234-240. http://dx.doi.org/10.1037/0003-066X.52.3.234

WATERS, L. *The Strength Switch*. New York: Avery, 2017.

PARTE 2

CPP - CENTRE FOR POSITIVE PSYCHOLOGY. *Home*. Disponível em: <https://education.unimelb.edu.au/cpp.> Acesso em: 16 set 2018.

IPEN. INTERNATIONAL POSITIVE EDUCATION NETWORKING. *About Us*. (2018a) Disponível em: <http://ipen-network.com/about>. Acesso em: 16 set 2018.

CPP - CENTRE FOR POSITVE PSYCHOLOGY. *Engagement*. (2018b) Disponível em: <https://education.unimelb.edu.au/cpp#engagement>. Acesso em: 16 set 2018.

PESA – POSITIVE EDUCATION SCHOOLS ASSOCIATION. *CEO'S Welcome*. (2018a) Disponível em: <https://www.pesa.edu.au/ceos-welcome/> Acesso em: 16 set 2018.

PESA – POSITIVE EDUCATION SCHOOLS ASSOCIATION. *Home*. (2018b) Disponível em: <https://www.pesa.edu.au/ceos-welcome/> Acesso em: 16 set 2018.

PESA – POSITIVE EDUCATION SCHOOLS ASSOCIATION. *Pesa History*. (2018c) Disponível em: <https://www.pesa.edu.au/history/> Acesso em: 16 set 2018.

PESA – POSITIVE EDUCATION SCHOOLS ASSOCIATION. *Pesa Ambassador*. (2018d) Disponível em: <https://www.pesa.edu.au/ambassador/> Acesso em: 16 set 2018.

PESA – POSITIVE EDUCATION SCHOOLS ASSOCIATION. *Vision, Mission and Goals.* (2018e) Disponível em: <https://www.pesa.edu.au/mission-vision-goals/> Acesso em: 16 set 2018.

WGS – WORLD GOVERNMENT SUMMIT. *The State of Positive Education.* (2017) Disponível em: <https://www.worldgovernmentsummit.org/api/publications/document/8f647dc4-e97c-6578-b2f8-ff0000a7ddb6>. Acesso em: 16 set 2018.

Capítulo 4

CAMINHA, M. A., & CAMINHA, R. M. *Baralho das Emoções* – Acessando a criança no trabalho clínico. 4. ed. RS: Sinopys Editora, 2010.

GOLEMAN, D., & SENGE, P. *O Foco Triplo* – Uma nova abordagem para a Educação. (Leite, C. A., Trad.) Rio de Janeiro: Objetiva, 2015.

RODRIGUES, M. *Educação Emocional Positiva:* saber lidar com as emoções é uma importante lição. São Paulo: All Print Editora, 2015a.

RODRIGUES, M. *Baralho das Forças Pessoais:* a psicologia positiva aplicada às crianças. Novo Hamburgo: Sinopsys, 2015b.

PETERSON, C., & PARK, N. *Classifying and measuring strengths of character.* In: Lopez, S. J., & Snyder, C. R. (Eds.). **Oxford handbook of positive psychology**, 2. ed., pp. 25-33. New York: Oxford University Press. www.viame.org, 2009.

PETERSON C., & SELIGMAN, M. E. P. *Character strengths and virtues:* A handbook and classification. New York: Oxford University Press and Washington, DC: **American Psychological Association**. www.viame.org, 2004.

SELIGMAN, M. E. P. *Florescer:* uma nova abordagem sobre a natureza da felicidade e do bem-estar. (Lopes, C. P., Trad.). Rio de Janeiro: Objetiva, 2012, recurso digital.

SNYDER, C. R., & LOPEZ, S. J. *Psicologia Positiva:* uma abordagem científica e prática das qualidades humanas. (Costa, R. C., Trad.). Porto Alegre: Artmed, 2009.

Capítulo 5

ANASTASIOU, L. G., & ALVES, L. P. (Orgs.). *Processos de Ensinagem na universidade -* pressupostos para as estratégias de trabalho em aula. Joinville, SC: UNIVILLE, 2004.

BEHRENS, M. A. *Projetos de aprendizagem colaborativa com tecnologia interativa.* In: MORAN, J. M., MASETTO, M., & BEHRENS, M. A. **Novas tecnologias e mediação pedagógica**. Campinas: Papirus, 2013.

CHOTGUIS, J. *Andragogia*: arte e ciência na aprendizagem do adulto. Núcleo de Educação à distância da Universidade Federal do Paraná. Curitiba, Paraná, 2005.

FREIRE, P. *Pedagogia da Autonomia*: saberes necessários à prática educativa. São Paulo: Paz e Terra, 1996.

GIRAFFA, L. M. M. et al. *(Re)invenção pedagógica?* Reflexões acerca do uso de tecnologias digitais na educação. Porto Alegre: EdiPUCRS, 2012.

KAMEI, H. *Flow e Psicologia positiva*: estado de fluxo, motivação e alto desempenho. 2. ed. revisada. Goiânia: Editora IBC, 2016.

KNOWLES, M. *L'apprenat adulte*. Paris: Ed. d'organisation, 1976. In: OSORIO, R. O. **Educação permanente e educação de adultos**. Lisboa: Horizontes Pedagógicos. 2005.

MASETTO, M. T. *O Professor na hora da verdade*: a prática docente no ensino superior. São Paulo: AVERCAMP, 2010.

OSÓRIO, A. R. *Educação permanente e educação de adultos*. Lisboa: Instituto Piaget, 2003.

PETERSON, C., & SELIGMAN, M.E.P. (2004) *Character strengths and virtues*: A handbook and classification. New York: Oxford University Press and Washington, DC: **American Psychological Association**. www.viacharacter.org, 2004.

SNYDER, C. R., & LOPEZ, S. J. *Psicologia Positiva*. São Paulo: Artmed, 2009.

SELIGMAN, M. E. P. *Felicidade Autêntica*: Usando a nova psicologia positiva para a realização permanente. Rio de Janeiro: Objetiva, 2002.

_____. *Florescer*: uma nova compreensão sobre a natureza da felicidade e do bem-estar. Rio de Janeiro: Objetiva, 2011.

Capítulo 6

EMMONS, R. A. *Agradeça e seja feliz!:* como a ciência da gratidão pode mudar sua vida para melhor. Rio de Janeiro: Best Seller, 2009.

FREDRICKSON, B. L. *Positividade:* Descubra as forças das emoções positivas, supere a negatividade e viva plenamente. Rio de Janeiro: Rocco, 2009.

GRANT, A. M., & LEIGH, A. *A Ciência da Felicidade e como isso pode realmente funcionar para você*. São Paulo: Fundamento, 2013.

Gratidão. Definição disponível em: <http: www.contioutra.com/diferenca-entre-obrigado-e-gratidao/>. Acesso em: 21 jun 2017.

LYUBOMIRSKY, S. *A ciência da felicidade*: como atingir a felicidade real e duradoura. Rio de Janeiro: Elsevier, 2008.

SELIGMAN, M. E. P. *Florescer:* uma nova compreensão sobre a natureza da felicidade e do bem-estar. Rio de Janeiro: Objetiva, 2011.

SELIGMAN, M. E. P. *Felicidade autêntica.* Rio de Janeiro: Objetiva, 2009.

Three Goods Things in Life. Artigo disponível em: <http://psycnet.apa.org/fulltext/2005-08033-003.pdf>.

PARTE 3

ANDREATTA, M. *Ofensa a docentes em redes socais dá ensejo à indenização por danos morais?* (2018). Disponível em: <https://www.escoladireitoeducacional.com.br/ofensa-a-docente-em-redes-sociais/> Acesso em: 17 set 2018.

BLOOM, A. *A Third of teachers have suffered abuse from parents, study shows*. (2017) Disponível em: <https://www.tes.com/news/third-teachers-have-suffered-abuse-parents-study-shows>. Acesso em: 17 set 2018.

BRYANT, F. B.; & VEROFF, J. *Savoring*. A New Model of Positive Experience. Mahwah: Lawrence Erlbaum, 2007.

BUCKINGHAM, M. *Empenhe-se!* Ponha Seus Pontos Fortes para Trabalhar. Rio de Janeiro: Elsevier Editora, 2008.

CESE - CENTRE FOR EDUCATION STATISTICS AND EVALUATION (CESE). (2014). *School improvement frameworks*: The evidence base. Sydney: NSW Department of Education and Communities.

COLEMAN, J. (2009). *Wellbeing* in schools: Empirical measure, or politician's dream? Oxford Review of Education, 35(3), 281-292.

CSIKSZENTMIHALY, M., & SELIGMAN, M. E. P. *Positive Psychology* – An Introduction. In: **American Psychologist** – Special Issue on Happiness, Excellence, and Optimal Human Functioning. Washington, DC: American Psychological Association, p. 5-14, 2000.

EMMONS, R. A. *Gratitude Works*. A 21-Day program for Creating Emotional Prosperity. San Francisco: Jossey Bass, 2013.

EMMONS, R. A., & McCULLOUGH, M. E. *Counting blessings versus burdens*: An experimental investigation of gratitude and subjective well-being in daily life. **Journal of Personality and Social Psychology**, 84, 377-389, 2003.

Esp – Education Support Partnership. *Teacher Wellbeing Manifesto 2017-2022*. Disponível em: <https://www.educationsupportpartnership.org.uk/helping-us/campaigns/teacher-wellbeing-manifesto-2017-2022> Acesso em: 17 set 2018.

GEORGE, M. *One third of teachers 'suffer online abuse"*. (2017). Disponível em: <https://www.tes.com/news/one-third-teachers-suffer-online-abuse> Acesso em: 17 set 2018.

GPE - GLOBAL PARTNER EDUCATION. *Teaching and Learning*. Disponível em: <https://www.globalpartnership.org/focus-areas/teaching-and-learning> Acesso em: 16 set 2018.

GUIMARÃES, C. *O professor é o Fator que mais Influencia na Educação das Crianças* (2014). **Revista Época**. Disponível em: <http://epoca.globo.com/ideias/noticia/2014/11/o-bprofessorb-e-o-fator-que-mais-influencia-na-educacao-das-criancas.html> Acesso em: 16 set 2018.

KABAT-ZIN, J. *Mindfulness en la vida cotidiana*. Donde quiera que vayas, ahí está. Buenos Aires: Paidós, 2015.

KAUFFMAN, C., BONIWELL, I., & SILBERMAN, J. *The Positive Psychology Approach to Coaching*. Chapter to be Published in the Sage Handbook of Coaching. Eds.: COX, E.;

BACHKIROVA, T., & CLUTTERBUCK, D. Institute of Coaching. **Harvard Medical School McLean Hospital.** Disponível em: <http://bit.ly/1rIOZVO> Acesso em: 12 mar 2014.

KING, L. A. *The Health Benefits of Writing About Life Goals*. **Personality and Social Psychology Bulletin**, vol. 27, p. 798-807, 2001.

LAYOUS, K., NELSON, S. K., & LYUBOMIRSKY, S. *What is The Optimal Way to Deliver a Positive Activity Intervention?* The case of Writing About One's Best Possible Selves. **Journal of Happiness Studies**, 2012.

LIESVELD, R., & MILLER, J. A. *Teach With Your Strengths*. New York: Gallup Press, 2005.

McCALLUM, F., PRICE, D., GRAHAM, A., & MORRISON, A. *Teacher Wellbeing*. A review of the literature. University of Adelaide, 2017. Disponível em: <https://www.aisnsw.edu.au/EducationalResearch/Documents/Commissioned%20Research/Teacher%20wellbeing%20A%20review%20of%20the%20literature%20-%20%20Faye%20McCallum%20AISNSW%202017.pdf> Acesso em: 17 set 2018.

NORRISH, J. *Positive Education*. The Geelong Grammar School Journey. Oxford: Oxford University Press, 2015.

OTAKE, K., SHIMAI, S., TANAKA-MATSUMI, J., OTSUI, K., & FREDRICKSON, B. L. *Happy people become happier through kindness*: A counting kindnesses intervention. **Journal of Happiness Studies**, 7, 361-375, 2006.

SELIGMAN, M. E. P., STEEN, T. A., PARK, N., & PETERSON, C. *Positive psychology progress*: Empirical validation of interventions. **American Psychologist**, vol. 60, p. 410-421, 2005

SHELDON, K. M., KASSER, T., SMITH, K., & SHARE, T. *Personal goals and psychological growth*: testing an intervention to enhance goal attainment and personality integration. **Journal of Personality S2** - Character & Personality; A Quarterly for Psychodiagnostic & Allied Studies, vol. 70, p. 5–31, 2002.

SHELDON, K. M., & LYUBOMIRSKY, S. How to increase and sustain positive emotion: The effects of expressing gratitude and visualizing best possible selves. **Journal of Positive Psychology**, vol. 1, p. 73-82. http://bit.ly/1ULr83w, 2006.

SIN, N. L., & LYUBOMIRSKY, S. *Enhancing well-being and alleviating depressive symptoms with positive psychology interventions*: a practice-friendly meta-analysis. **Journal of Clinical Psychology**, vol. 65, p. 467–487, 2009.

SISASK, M., VÄRNIK, P., VÄRNIK, A., APTER, A., BALAZS, J., BALINT, M., BOBES, J., BRUNNER, R., CORCORAN, P., & COSMAN, D. (2014). *Teacher satisfaction with school and psychological wellbeing affects their readiness to help children with mental health problems*. **Health Education Journal**, 73(4), 382-393.

Capítulo 7

BANDURA, A. *Self-Efficacy*. In: RAMACHAUDRAN, V. S. **Encyclopedia of human behavior.** New York: Academic Press, 1994.

BEN-SHAHAR, T. *Choose the Life You Want*: The Mindful Way To Happiness. New York: Experiment, 2014.

BUCKINGHAM, M., & CLIFTON, D. O. *Descubra Seus Pontos Fortes*. Rio de Janeiro: Sextante, 2008.

CSIKSZENTMIHALYI, M. *Finding Flow*: The Psychology Engagement with Everyday Life. New York: Basic Books, 1997.

DIENER, E., EMMONS, R. A., LARSEN, R. J., & GRIFFIN, S. *The Satisfaction With Life Scale*. **Journal of Personality Assessment**, 49, p. 71-75, 1985.

FERREIRA, C. M. *Adoecimento Psíquico de Professores*. 2011. Disponível em: <http://www.fpl.edu.br/2013/media/pdfs/mestrado/dissertacoes_2011/dissertacao_cristiane_ferreira_magalhaes_2011.pdf>. Acesso em: fev 2016.

FREDRICKSON, B. *Emoções Positivas*. 2009. Disponível em: https://www.youtube.com/watch?v=I5T5RG-2WS8. Acesso em: ago 2017.

KING, L. *Ben's Interview with Laura A. King, Ph.D, 2013*. Disponível em: http://www.mentorcoach.com/king/. Acesso em: ago 2017.

LYUBOMIRSKY, S. *A ciência da Felicidade*. 2. ed. Rio de Janeiro, RJ: Campus/Elsevier, 2007.

ROSENBERG, M. B. *Comunicação Não-Violenta* – Técnicas para aprimorar relacionamentos pessoais e profissionais. 4. ed. São Paulo, SP: Ágora, 2003.

SELIGMAN, M. E. P. *Florescer:* Uma nova compreensão sobre a natureza da felicidade e do bem-estar. Rio de Janeiro: Editora Objetiva, 2011.

SELIGMAN, M. E. P. *Felicidade Autêntica*. 2002. Rio de Janeiro, RJ: Objetiva, 2004.

STEGER, M. *Laboratory for the Study of Meaning and Quality of Life*. 2017. Disponível em: <http://www.michaelfsteger.com>. Acesso em: set 2017.

WALDINGER, R. *Do que é feita uma vida boa? Lições do mais longo estudo sobre felicidade, 2016*. Disponível em https://www.youtube.com/watch?v=fM0wUW6nwhI&t=226s. Acesso em: ago 2017.

ZANON, C., BRADAGI, M., LAYOUS, K., & HUTZ, C. S. *Validation of Satisfaction with Life Scale*, 2013. In: HUTZ, S. **Avaliação em Psicologia Positiva**. Porto Alegre: Artmed, 2014.

Capítulo 8

BAJOREK, Z., GULLIFORD, J., & TASKILA, T. *Healthy teachers, higher marks?* Establishing a link between teacher health & wellbeing and student outcomes. London: The Work Foundation [online], 2014. Disponível em: <www.theworkfoundation.com/DownloadPublication/Report/369_TSN%20REPORT%20FINAL%20AUGUST%201%20 2014.pdf>.

BRICHENO, P., BROWN, S., & LUBANSKY, R. *Teacher well-being*: A review of the evidence. London: Teacher Support Network [online], 2009. Disponível em: <teachersupport.info/sites/default/files/downloads/TSN-teacher-wellbeing-research-of-

the-evidence-2009.pdf>.

CINTRA, C. L. *Educação Positiva*: Satisfação com o trabalho, forças de caráter e bem-estar psicológico de professores escolares. Dissertação de Mestrado, Programa de Pós-Graduação em Psicologia, Universidade Federal do Espírito Santo, Vitória, 2016.

CINTRA, C. L., & GUERRA, V. M. *Educação Positiva*: A aplicação da Psicologia Positiva a instituições educacionais. **Psicologia Escolar e Educacional**. No prelo.

CINTRA, C. L., & GUERRA, V. M. *Adaptação e validação do Questionário de Satisfação do Professor com o Trabalho para o contexto brasileiro*. Em preparação.

CINTRA, C. L., GUERRA, V. M., & BAPTISTA, G. T. *Bem-estar psicológico*: Adaptação e validação da Escala de Prosperidade Psicológica (CIT) para o contexto brasileiro. Em preparação.

GABLE, S. L., & HAIDT, J. *What (and why) is positive psychology?* **Review of General Psychology**, v. 9, n. 2, p. 103-110, 2005.

GOUVEIA, V. V., FONSÊCA, P. N. D., LINS, S. L. B., LIMA, A. V. D., & GOUVEIA, R. S. *Escala de bem-estar afetivo no trabalho (JAWS): evidências de validade fatorial e consistência interna*. **Psicologia: Reflexão e Crítica**, v. 21, n. 3, p. 464-473, 2008.

GREEN, S., OADES, L., & ROBINSON, P. *Positive education: Creating flourishing students, staff and schools*. In: **Psych** (April) [online], 2011. Disponível em: <www.psychology.org.au/publications/inpsych/2011/april/green>.

LESTER, P. *Development and factor analysis of the Teacher Job Satisfaction Questionnaire (TJSQ)*. **Educational and Psychological Measurement**, v. 47, n. 1, p. 223-233, 1987.

NOBLE, T., & MCGRATH, H. *The positive educational practices framework: A tool for facilitating the work of educational psychologists in promoting pupil wellbeing*. **Educational and Child Psychology**, v. 25, p. 119-134, 2008.

NORRISH, J. M. *Positive education:* The Geelong Grammar School journey. Oxford: Oxford University Press, 2015.

NORRISH, J. M., WILLIAMS, O., O'CONNOR, M., & ROBINSON, J. *An applied framework for positive education*. **International Journal of Wellbeing**, v. 3, n. 2, p. 147-161, 2013.

PINTO, F. C. F., GARCIA, V. C., & LETICHEVSKY, A. C. *Pesquisa Nacional Qualidade na Educação:* A escola pública na opinião dos pais. **Ensaio: Avaliação de Políticas Públicas em Educação**, v. 14, n. 53, p. 527-542, 2006.

POCINHO, M., & PERESTRELO, C. X. *Um ensaio sobre burnout, engagement e estratégias de coping na profissão docente*. **Educação e Pesquisa**, v. 37, n. 3, p. 513-528, 2011.

ROCHA, K. B., & SARRIERA, J. C. *Saúde percebida em professores universitários:* gênero, religião e condições de trabalho. **Psicologia Escolar e Educacional** [online], v. 10, n. 2, 2006.

SELIGMAN, M., & CSIKSZENTMIHALYI, M. *Positive psychology:* An introduction.

American Psychologist, v. 55, p. 5-14, 2000.

SELIGMAN, M. E., ERNST, R. M., GILLHAM, J., REIVICH, K., & LINKINS, M. *Positive education:* positive psychology and classroom interventions. **Oxford Review of Education,** v. 35, n. 3, p. 293-311, 2009.

SU, R., TAY, L., & DIENER, E. *The development and validation of the Comprehensive Inventory of Thriving (CIT) and the Brief Inventory of Thriving (BIT).* **Applied Psychology: Health and Well-Being,** p. 1-29, 2014. DOI: http://dx.doi.org/10.1111/aphw.12027.

SUN, J. *An analysis of the implementation of positive education at Geelong Grammar School.* 2013. Disponível em: <www.academia.edu/5231504/An_Analysis_of_the_ Implementation_of_Positive_Education_at_Geelong_Grammar_School_2013_>.

WATERS, L. *A review of school-based positive psychology interventions.* **The Australian Educational and Developmental Psychologist,** v. 28, n. 2, p. 75-90, 2011.

PARTE 4

ACHOR, S. *O Jeito Harvard de Ser Feliz.* São Paulo: Saraiva, 2012.

BATISTONI, S. S. T., ORDONEZ, T. O., SILVA, T. B. L., NASCIMENTO, P. P. P., KISSAKI, P. T., & CACHIONI, M. (2011). *Depressive symptoms in elderly participants of an open university for elderly.* **Dementia & Neuropsychologia,** 5 (2), 85-92.

FERREIRA, P. *Estudantes brasileiros estão entre os mais ansiosos do mundo.* (2017) **O Globo** – Educação. Disponível em: <https://oglobo.globo.com/sociedade/educacao/ estudantes-brasileiros-estao-entre-os-mais-ansiosos-do-mundo-21225685>. Acesso em: 17 set 2018.

GEWIN, V. (2012). *Under a Cloud* – Depression is rife among graduate students and postdocs. Universities are working to get them the help they need. **Nature,** Macmillan Publishers Limited; 490; pp.299 – 301.

KERN, M. L., BENSON, L., STEINBERG, E., & STEINBERG, L. (2014). *The EPOCH measure of adolescent well-being.* Unpublished manuscript.

LAMEU, J. do N.; SALAZAR, T. L. de; SOUZA, W. F. *Prevalência de sintomas de estresse entre graduandos de uma universidade pública.* (2016) Pepsic. Psicolog. Educ. n. 42 Versão online ISSN 21755-3520. Disponível em: <http://pepsic.bvsalud.org/scielo. php?script=sci_arttext&pid=S1414-697520160 00 100002> Acesso em: 17 set 2018.

MEIS, L. de, VELLOSO, L. de M., LANES, D., CARMO, M.S., & MEIS, C. de (2003). *The growing competition in Brazilian Science:* rites of passage, stress and burnout. **Brazilian Journal of Medical and Biological Research,** 36; pp.135-141.

OECD – The Organization for Economic Co-operation and Development. PISA 2015 Results (volume III) (2017) Disponível em: <http://www.oecd.org/education/pisa-2015-results-volume-iii-9789264273856-en.htm>. Acesso em: 17 set 2018.

PORTERO, C. F., & OLIVA, A. (2007) *Social Support, Psychological Well-being, and Health*

Among the Elderly. **Journal Education Gerontology**, vol. 3, 2007, Issue 12, p. 1053-1068.

ROSENBERG, D. *1 in 5 college students have anxiety or depression*. Here's why. (2018) The Conversation – Education. Disponível em: <https://theconversation.com/1-in-5-college-students-have-anxiety-or-depression-heres-why-90440> Acesso em: 17 set 2018.

SCHNEIDER, R. H., & IRIGARAY, T. Q. *O envelhecimento na atualidade: aspectos cronológicos, biológicos, psicológicos e sociais*. **Estud. psicol. *(Campinas)*** [online]. **2008, vol.25, n.4, pp.585-593. ISSN 0103-166X.** http://dx.doi.org/10.1590/S0103-166X2008000400013. Disponível em: <http://www.scielo.br/pdf/estpsi/v25n4/a13v25n4.pdf>. Acesso em: 17 set 2018.

SELIGMAN, M., ERNST, R. M., GILLHAM, J., REIVICH, K., & LINKINS, M. *Positive education*: positive psychology and classroom interventions. **Oxford Review of Education**, vol. 35, n. 3, 2009, pp. 293–311 ISSN 0305-4985 (print)/ISSN 1465-3915 (online)/09/030293–19 © 2009 Taylor & Francis DOI: 10.1080/03054980902934563

SHAHAR, T. B. *Seja Mais Feliiz*. São Paulo: Academia da Inteligência, 2008.

Capítulo 9

EMMONS, R. A. *Gratitude Works*: a twenty-one-day program for creating emotional prosperity. San Francisco: Jossey-Bass, 2013.

FREDRICKSON, B. L., & LOSADA, M. F. *Positive affect and the complex dynamic of human flourishing*. V. 60, n. 7. **American Psychologist**, 2005.

GIACOMONI, C. H. *Bem-estar subjetivo*: em busca da qualidade de vida. **Temas em Psicologia da SBP**, v. 12, n.1, 2004, p.43-50.

NERI, A. L., & CACHIONI, M. *Educação e velhice bem-sucedida no contexto das universidades da terceira idade*. Velhice bem-sucedida: aspectos afetivos e cognitivos. Campinas: Papirus, 2004.

OMS – Organização Mundial da Saúde. *Envelhecimento ativo*: uma política de saúde / World Health Organization. (Gontijo, S., Trad.). Brasília: Organização Pan-Americana da Saúde, 2005. 60 p.: il.

PASSARELI, P. M., & SILVA, J. A. *Psicologia positiva e o estudo do bem-estar subjetivo*. **Estudos de Psicologia**. Campinas, 24(4) p. 513-517, 2007.

SANTOS, A. T. , & SÁ, M. A. A. S. *De volta às aulas*: ensino e aprendizagem na terceira idade. In: NERI, A. L. **E por falar em boa velhice**. Campinas: Papirus, 2000.

SELIGMAN, M. *Florescer*: uma nova compreensão sobre a natureza da felicidade e do bem-estar. Rio de Janeiro: Objetiva, 2011.

SNYDER, C. R., & LOPEZ, S. J. *Psicologia Positiva*: uma abordagem científica e prática das qualidades humanas. Porto Alegre: Artmed, 2009.

Capítulo 10

DAVIS, M. *A multidimensional approach to individual differences in empathy*. **Catalogue of Selected Documents in Psychology**, 10, 85, 1980.

DUCKWORTH, A. L. *Garra:* O poder da paixão e da perseverança. Rio de Janeiro: Intrínseca, 2016.

DUCKWORTH, A. L., & QUINN, P. D. *Development and validation of the Short Grit Scale (Grit-S)*. **Journal of Personality Assessment**, 91, 166-174, 2009.

ELIAS, M., ZINS, J., & WEISSBERG, R. *Promoting Social and Emotional Learning:* Guidelines for Educators. Virginia: ASCD, 1997.

GOLEMAN, D. *Trabalhando com a Inteligência Emocional*. Rio de Janeiro: Objetiva, 1998.

JOLLIFFE, D., & FARRINGTON, D. P. *Development and validation of the Basic Empathy Scale*. **Journal of Adolescence**, 29(4), 589–611, 2006.

KAMEI, H. (2014). *Flow e Psicologia Positiva:* estado de fluxo, motivação e alto desempenho. Goiânia: IBC, 2014.

SELIGMAN, M. *Florescer*: Uma nova e visionária interpretação da felicidade e do bem-estar. Rio de Janeiro: Objetiva, 2011.

TAKISHIMA-LACASA, J. Y., HIGA-MCMILLAN, C. K., EBESUTANI, C., SMITH, R. L., & CHORPITA, B. F. *Self-consciousness and social anxiety in youth*: The Revised Self-Consciousness Scales for Children. **Psychological Assessment**, 26(4), 1292–1306, 2014.

Sites:

CASEL. *Whats is SEL?* Disponível em: <http://www.casel.org/>

IPEN. *Why positive education?* Disponível em <http://www.ipositive-education.net/>

PROGRAMA SEMENTE. *Os cinco domínios*. Disponível em <http://www.programasemente.com.br/dominios.php>

Roots of Empathy. *Research Overview*. Disponível em <http://www.rootsofempathy.org/research/>

Capítulo 11

ACHOR, S. *O Jeito Harvard de Ser Feliz*. São Paulo: Saraiva, 2012.

BUCKINGHAM, M., & CLIFTON, D. O. *Descubra Seus Pontos Fortes*. Rio de Janeiro: Sextante, 2008.

CORRÊA, A. P., & SILVA, A. *Positive Academician* - An Experience Based on Positive Psychology and Positive Education in the Postgraduate Program of the Institute of Radioprotection and Dosimetry - Ird In Brazil. Oral Presentation. **ETRAP 2017 - 6th International Conference on Education and Training in Radiological Protection. Integration of Social and Human Sciences in training and education in radioprotection**. Valencia, 2017.

CSIKSZENTMIHALY, M., & SELIGMAN, M. E. P. (2000) *Positive Psychology* – An Introduction. In: **American Psychologist – Special Issue on Happiness, Excellence, and Optimal Human Functioning**. Washington, DC. American Psychological Association.

DIENER, E. *The Science of Well-Being* -The Colllected Works of Ed Diener. Champain: Springer, 2009.

Em 13 anos, número de professores com doutrado em universidades federais cresce 189%. (n.d.) **Portal Brasil**. Disponível em: <http://www.brasil.gov.br/educacao/2016/05/em-13-anos-numero-de-professores-com-doutorado-em-universidades-federais-cresce-189>. Acesso em: 09 abr 2017.

FARIA, S. *"Número de pós-graduandos cresce no Brasil."* Disponível em: <http://portal.mec.gov.br/conselho-nacional-de-educacao/180-estudantes-108009469/pos-graduacao-500454045/2583-sp-2021081601>. Acesso em: 09 abr 2017.

FREDRICKSON, B. *Positividade* – Descubra a força das emoções positivas, supere a negatividade e viva plenamente. Rio de Janeiro: Rocco, 2009.

GEWIN, Virginia. (2012). *Under a Cloud* – Depression is rife among graduate students and postdocs. Universities are working to get them the help they need. **Nature**, Macmillan Publishers Limited; 490; pp.299 – 301.

JUNTA, C. (2017). *Estresse e Depressão na pós-graduação:* uma realidade que a academia insiste em não ver. Associação Nacional de Pós-Graduandos. Disponível em: <http://www.anpg.org.br/estresse-e-depressao-na-pos-graduacao-uma-realidade-que-a-academia-insiste-em-nao-ver/> Acesso em: 09 abr 2017.

MEIS, L. de; VELLOSO, L. de M.; LANES, D.; CARMO, M.S.. & MEIS, C. de (2003). *The growing competition in Brazilian Science:* rites of passage, stress and burnout. **Brazilian Journal of Medical and Biological Reasearch**, 36; pp.1135-141..

NORRISH, J. *Positive Education*. New York: Oxford University Press, 2015.

OADES, L.G.; ROBISON, P.; GREEN,S.; SPENCE, G. B. (2011) *Toward a Positive University*. **The Journal of Positive Psychology**, 6(6), pp. 432-439.

PETERSON, C., & PARK, N. (2009). *Classifying and measuring strengths of character*. In S.J. LOPEZ & C.R. SNYDER (Eds.), **Oxford handbook of positive psychology**, 2 ed. (pp.25-33). New York: Oxford University Press. www.viacharacter.org

PETERSON, C., & SELIGMAN, M.E.P. (2004) *Character strengths and virtues:* A handbook and classification. **New York: Oxford University Press and Washington, DC: American Psychological Association.** www.viacharacter.org

SELIGMAN, M. E. P. (2011) *Florescer*. Uma Nova Compreensão sobre a Natureza da Felicidade e do Bem-estar. Rio de Janeiro: Objetiva.

SELIGMAN. M. E. P.; ERNST, R. M.; GILLHAM, J.; REIVICH, Karen; & LINKINS, M. (2009) *Positive Education:* positive psychology and classroom interventions. **Oxford Review of Education**, 35(3), pp. 293-311.

SCHREINER, L. A. (2015) *Positive Psychology and Higher Education.* The Contribution of Positive Psychology to Student Success and Institutional Effectiveness. In: WADE, Jo. C.; MARKS, L. I.; HETZEL, R. D. **Positive Psychology on The College Campus**. Oxford University Press: New York, pp. 1-25.

PARTE 5

BOND, L.; BUTLER, H., THOMAS, L., CARLIN, J., GLOVER, S., BOWES, G., & PATTON, G. (2007). *Social and school connectedness in early secondary school as predictors of late teenage substance use, mental health, and academic outcomes*. **Journal of Adolescent Health**, 40(4), 357e9-357.e18.

BONIWELL, I., & AYRES, A. C. **The Oxford Handbook of Happiness**. Oxford: Oxford University Press, 2013, 563-579.

GREEN, S., Anthony, T., & RYNSAARDT, J. (2007). *Evidence-based life coaching for senior high school students*: Building hardiness and hope. **International Coaching Psychology Review**, 2, 24–32.

GREEN, S., OADES, L., & ROBINSON, P. (2011). *Positive education*: Creating flourishing students, staff and schools. **InPysch**, 16-17, April.

MEC – Ministério da Educação. *Base Nacional Comum Curricular*. (2017). Disponível em: <http://basenacionalcomum.mec.gov.br/wp-content/uploads/2018/02/bncc-20dez-site.pdf>. Acesso em: 17 set 2018.

NOBLE, T., & McGRATH, H. *Well-being and resilience in education*. In: DAVID, S. A., NORRISH, J., & VELLA-BRODRICK, D. (2009). *Positive psychology and adolescents*: Where are we now? Where to from here? **Australian Psychologist**, 44, 270–278.

ROZEMBERG, E. *Os Fatores Mais Procurados pelos pais na Hora da Matrícula*. (2018) Plataforma Educacional. Disponível em: <https://www.somospar.com.br/7-criterios--que-os-pais-analisam-para-definir-matricula-escolar/> Acesso em: 17 set 2018.

SELIGMAN, M., Ernst, R., GILLHAM, J., REIVICH, K., & LINKIN, M. (2009). *Positive education*: Positive psychology and classroom interventions. **Oxford Review of Education**, 35, 293–311.

SHORT, R., & TALLEY, R. (1997). *Rethinking psychology and the schools*: Implications of recent national policy. **American Psychologist**, 52(3), 234-240. http://dx.doi.org/10.1037/0003-066X.52.3.234

SIN, N. L., & LYUBOMIRSKY, S. (2009). *Enhancing well-being and alleviating depressive symptoms with positive psychology interventions*: A practice-friendly meta-analysis. **Journal of Clinical Psychology**, 65, 467-487. DOI:10.1002/jclp.20593

Capítulo 12

ANASTASIOU, L. G. C. *Ensinar, Aprender, Apreender e Processos de Ensinagem*. In: ANASTASIOU, L. G. C.; ALVES, L. P. (orgs.) **Processos de Ensinagem na Universidade**.

Joinville: Univille, 2003, p. 12-38.

AUSUBEL, D. P., NOVAK, J. D., & HANESIAN, H. *Educational psychology*. 2. ed. Nova York: Holt, Rinehart, 1978.

CSIKSZENTMIHALYI, M. *A descoberta do fluxo: a psicologia do envolvimento com a vida cotidiana*. (Ribeiro P., Trad.). Rio de Janeiro: Rocco. 1999.

CORREA, A. P. *Introdução à Psicologia Positiva*. In: CORREA, A. P. (org.) **Psicologia Positiva**: Teoria e Prática. São Paulo: Leader, 2016, p. 34-63.

GARDNER, H. *Multiple Intelligences*: The Theory in Practice. Nova York: Basic Books, 1993.

KAMEI, H. *Flow e Psicologia Positiva* - Estado de fluxo, motivação e alto desempenho. Goiânia: IBC, 2016.

KNOWLES, M., III HOLTON, E., & SWANSON, R. A. *Aprendizagem de Resultados* **[recurso eletrônico]: uma abordagem prática para aumentar a efetividade da educação coorporativa.** (Holler, S. A., Trad.). Rio de Janeiro: Elsevier, 2011.

KNOWLES, M. *The Modern Practice of Adult Education*: Andragogy versus Pedagogy. New York: Association Press, 1970.

LEFRANCOIS, G. R . *Teorias da Aprendizagem*. Editora: Cengage Learning, 2008.

MOREIRA, M. A. *A Teoria da Aprendizagem Significativa* – e sua implementação em sala de aula. Brasília: Editora Universidade de Brasília, 2006.

Capítulo 13

ABENAVOLI, R. M., JENNINGS, P. A., GREENBERG, M. T., HARRIS, A. R., & Katz, D. A. (2013). *The protective effects of mindfulness against burnout among educators*. **The Pyschology of Education Review**, *37*(2), 57–69.

BROWN, K. W., RYAN, R. M., & CRESWELL, J. D. (2007). *Mindfulness*: Theoretical Foundations and Evidence for Salutary Effects. **Psychological Inquiry**, *18*(4), 211–237. https://doi.org/10.1080/10478400701598298

CRESWELL, J. D. (2017). *Mindfulness Interventions*. **Annual Review of Psychology**, (September), 1–26. https://doi.org/10.1146/annurev-psych-042716-051139

KABAT-ZINN, J. (1994). *Wherever you go, there you are:* mindfulness meditation in everyday life (1. ed.). New York: Hyperion.

OSTAFIN, B. D., & KASSMAN, K. T. (2012). *Stepping out of history*: Mindfulness improves insight problem solving. **Consciousness and Cognition**, *21*(2), 1031–1036. https://doi.org/10.1016/j.concog.2012.02.014

ROESER, R. W., SCHONERT-REICHL, K. A., JHA, A., CULLEN, M., WALLACE, L., WILENSKY, R., ... HARRISON, J. (2013). *Mindfulness training and reductions in teacher stress and burnout*: Results from two randomized, waitlist-control field trials. **Journal of Educational Psychology**, *105*(3), 787–804. https://doi.org/10.1037/a0032093

RUEDY, N. E., & SCHWEITZER, M. E. (2010). *In the Moment*: The Effect of Mindfulness on Ethical Decision Making. **Journal of Business Ethics**, *95*(SUPPL. 1), 73–87. https://doi.org/10.1007/s10551-011-0796-y

SHAPIRO, S. L., BROWN, K. W., & ASTIN, J. a. (2011). *Toward the Integration of Meditation into Higher Education*: A Review of Research Evidence. **Teachers College Record**, *113*(3), 493–528.

SHAPIRO, S. L., CARLSON, L. E., ASTIN, J. A., & FREEDMAN, B. (2006). *Mechanisms of mindfulness*. **Journal of Clinical Psychology**, *62*(3), 373–386. https://doi.org/10.1002/jclp.20237

SIEGEL, R. D., GERMER, C. K., & OLENDZKI, A. (2009). *Mindfulness*: What is it? Where Does It Come From? In: F. Didonna (Ed.), **Clinical Handbook of Mindfulness** (pp. 17–35). New York, NY, US: Springer Science. https://doi.org/10.1007/978-0-387-09593-6_210.1080/14639947.2011.564813

TATTON-RAMOS, T. P., SIMÕES, R. A. G., NIQUICE, F. L. A., BIZARRO, L., & RUSSELL, T. A. (2016). *Mindfulness em ambientes escolares*: adaptações e protocolos emergentes. **Temas em Psicologia**, *24*(4), 1375–1388. https://doi.org/10.9788/TP2016.4-10

Capítulo 14

DELORS, J. (presidente). *Um tesouro a descobrir*: relatório para a UNESCO da Comissão Internacional sobre Educação para o século XXI. 2010 (original de 1996): Disponível em: http://unesdoc.unesco.org/images/0010/001095/109590por.pdf>. Acesso em: 27 ago 2017.

GERMER, C. K. *Mindfulness*: O que é? Qual é a sua importância? In: GERMER, C. K. et al. **Mindfulness e psicoterapia**. Porto Alegre: Artmed, 2015.

GRECO, L. A., BAER, R. A., & SMITH, G. T. *Assessing mindfulness in children and adolescents*: Development and validation of the Child and Adolescent Mindfulness Measure (CAMM). **Psychological Assessment**, v. 23(3), set. 2011, 606-614.

HEDGES, D. W., & WOON, F. L. *Early-life stress and cognitive outcome*. **Psychopharmacology**. Mar 2011, v. 214, Issue 1, pp. 121–130.

LOPEZ, S., & SNYDER, C. R. *The Oxford Handbook of Positive Psychology*, 2009.

MATHEW, A., & MURRAY, A. S. *Evidence-based approaches in positive education*: Implementing a strategic framework for well-being in schools, 2015.

MEIKLEJOHN, J., PHILLIPS, C., FREEDMAN, M. L. *et al. Mindfulness*. Integrating Mindfulness Training into K-12 Education: Fostering the Resilience of Teachers and Students. (2012) 3: 291.

NORRISH, J. M., WILLIAMS, P., O'CONNOR, M., & ROBINSON, J. *An applied framework for positive education*. **International Journal of Wellbeing**, 3(2), (2013) 147-161. DOI:10.5502/ijw.v3i2.2

OADES, L. G. ROBINSON, P., GREEN, S., & SPENCE, G. B. Towards a positive university.

The Journal of Positive Psychology, 2011, 6:6, 432-439.

OMS. *Depression and other common mental disorders*: global health estimates. **World Health Organization**, p. 1-24, 2017. Disponível em: http://apps.who.int/iris/bitstream/10665/254610/1/WHO-MSD-MER-2017.2-eng.pdf?ua=1. Acesso em: 28 ago 2017.

PETERSON, C. *A primer in positive psychology*. New York, NY: Oxford University Press, 2006.

SALTZMAN, A. *A still quiet place*: a mindfulness program for teaching – children and adolescents to ease stress and difficult emotions. Oakland: New Harbinger Publications, 2014.

SCHONERT-REICHL, K. A., & LAWLOR, M. S. *The Effects of a Mindfulness-Based Education Program on Pre- and Early Adolescents' Well-Being and Social and Emotional Competence Mindfulness*, set., 2010. DOI: 10.1007/s12671-010-0011-8

SELIGMAN, M. E. P. *Florescer* - uma nova e visionária interpretação da felicidade e do bem-estar. Rio de Janeiro: Objetiva, 2011.

SNYDER, C. R., & LOPEZ, S. J. *Psicologia positiva*: uma abordagem científica e prática das qualidades humanas. Porto Alegre: Artmed, 2009.

Capítulo 15

ARCHOR, S. *O jeito Harvard de ser feliz*. São Paulo: Saraiva, 2012.

CAMPBELL, J. *O herói de mil faces*. (Sobral, A. U., Trad.). São Paulo: Pensamento, 2007.

GALVÃO, J. *Super-histórias no universo corporativo*. São Paulo: Panda Books, 2015.

JUNG, C. G. *O homem e seus símbolos*. (Pinho, M. L., Trad.). Rio de Janeiro: Nova Fronteira, 2008.

MCKEE, R. *Story*: substância, estrutura, estilo e os princípios da escrita de roteiro. (Marés, C., Trad.) Curitiba: Arte & Letra, 2006.

SELIGMAN, M. E. P. *Florescer*: uma nova compreensão sobre a natureza da felicidade e do bem-estar. (Paixão, C. Trad.). Rio de Janeiro: Objetiva, 2011.

XAVIER, A. *Storytelling* – histórias que deixam marcas. Rio de Janeiro: Best Business, 2015.

PARTE 6
Capítulo 16

BARBOSA, G. S. *Resiliência em professores do ensino fundamental de 5ª a 8ª série*: Validação e aplicação do "Questionário do índice de resiliência: adultos Reivich - Shatté / Barbosa". Tese (Doutorado em Psicologia Clínica) Pontifícia Universidade Católica de São Paulo. São Paulo, 2006. Disponível em: <www.dominiopublico.gov.br/pesquisa/DetalheObraForm.do?select_action=&co_obra=29754>. Acesso em: 16 fev 2017.

_____. *Resiliência? O que é isso*. Desdobramentos no conceito. Site Administradores.com, 2010. Disponível em: **Erro! A referência de hiperlink não é válida.** Acesso em: 24 maio 2016.

BOAKARI, F. M. *Pedagogia do diferente*: o poder transformador da educação – social e escolar. **Resenhas educativas**: uma revista de resenhas de livros, Fevereiro 26, 2007. Disponível em: <http://edrev.asu.edu/ reviews/revp52index.html>. Acesso em: 07 out 2016.

BOMFIM, M. do C. A. do, & BOAKARI, F. M. (Org.); GOMES, A. B. S. (Org.); ARAUJO, J. E. N. (Org.). *Educação, Diversidade e Políticas de Inclusão*. Teresina: EDUFPI, 2013. v. 1. 236p.

FREIRE, P. *Pedagogia do oprimido*. Rio de Janeiro: Paz e Terra, 1987.

GOMES, A. B. S. *Cultura negra e educação*. **Revista brasileira de educação**, São Paulo, n. 23, p. 75-85, 2003.

MARTINS, L. L. P. Afrorresilientes: a resiliência de mulheres afrodescendentes de sucesso educacional. 2013. Dissertação (Mestrado em Educação) - Programa de Pós-Graduação em Educação da Universidade Federal do Piauí, Teresina, 2013.

MELILLO, A., SUÁREZ OJEDA, E. N. *et al*. (Org.). *Resiliência*: descobrindo as próprias fortalezas. São Paulo: Artmed, 2005.

MUNANGA, K. *Políticas de ação afirmativa em benefício da população negra no Brasil*: um ponto de vista em defesa de cotas. In: SILVA, P. B. G., & SILVÉRIO, V. R. (Org.). Educação e ações afirmativas: entre a injustiça simbólica e a injustiça econômica. Brasília: **Instituto Nacional de Estudos e Pesquisas Educacionais Anísio Teixeira**, 2003. p. 115-128.

REIVICH, K., & SHATTÉ, A. *The Resilience Factor*: 7 essencial skills for overcoming life's inevitable obstacles. New York-USA: Broadway Books – Random House, 2002.

SNYDER, C. R., & LOPEZ, S. J. *Psicologia positiva*: Uma abordagem científica e prática das qualidades humanas. Porto Alegre: Artmed, 2009.

TEIXEIRA, M. de P. *Negros na universidade*: identidade e trajetórias de ascensão social no Rio de Janeiro. Rio de Janeiro: Pallas, 2003.

VARGAS, C. P. (2009). *O desenvolvimento da resiliência pelas adversidades da escola*. **Revista Espaço Acadêmico**, *101*, 109-115.

YUNES, M. A. M. *A Questão triplamente controvertida da resiliência em famílias de baixa renda*. Tese (Doutorado em Psicologia da Educação), Programa de Pós-Graduação em Psicologia. Pontifícia Universidade Católica de São Paulo. São Paulo, 2001.

Capítulo 17

BUCKINGHAM, M., & CLIFTON, D. O. *Descubra Seus Pontos Fortes*. Rio de Janeiro: Sextante, 2006.

CONFORTO, Consultoria. *Projeto de Educação Continuada para Líderes*: Capital Psicológico Positivo. Rio de Janeiro: 2015.

GOLEMAN, D., BOYATZIS, R., & McKEE, A. *O Poder da Inteligência Emocional*: A Experiência de Liderar com Sensibilidade e Eficácia. Rio de Janeiro: Campus, 2002.

KNOWLES, M. *Aprendizagem de Resultados*: Uma Abordagem Prática Para Aumentar a Efetividade Da Educação Corporativa. Rio de Janeiro: Campus, 1970.

KNOWLES, M., HOLTON III, E. F., & SWANSON, R. A. *Aprendizagem de Resultados*: Uma Abordagem Prática Para Aumentar a Efetividade da Educação Corporativa. 2. ed. **Coleção LAB SSJ**. Rio de Janeiro: Campus, 2009.

LUTHANS, F., YOUSSEF, C., & AVOLIO, B. *Psychological Capital*: Developing the Human Competitive Edge. New York: Oxford University Press, 2007.

MARSTON, W. M. *Emoções das Pessoas Normais*. São Paulo: Success For You Editora, 2014.

MINTZBERG, H. *Managers not MBAs*: A Hard Look at the Soft Practice of Managing and Management Development. São Francisco: Berret-Kocheler Publishers, 2004.

WHITMORE, J. *Coaching para Performance*: Aprimorando Pessoas, Desempenhos e Resultados. 3. ed. Rio de Janeiro: Qualitymark, 2006.

Documentos Eletrônicos

ABTD. Relatório Pesquisa Panorama do Treinamento no Brasil. 2016, pp. 7, 9,10. Disponível em: <www.integração.com.br> Acesso em: 30 mai 2017.

GALLUP. *Ciência dos Pontos Fortes*. 2001. Disponível em: <www.gallupstrengthscenter.com/Home/pt-BR/About> Acesso em: 01 ago 2017.

GREAT PLACE TO WORK®. 12ª lista anual das Melhores Empresas da América Latina: Relatório Poder das Pessoas. Disponível em: <**Erro! A referência de hiperlink não é válida.**> Acesso em: 30 maio 2017.

LUTHANS, F., LUTHANS, K. W., & LUTHANS, B. C. *Positive Psychological Capital*: Beyond Human and Social Capital. Business Horizons. Indiana: v. 47, Issue 1, pp. 45-50, Janeiro/fevereiro de 2004. Disponível em: <www.sciencedirect.com/science/article/pii/S0007681303001113>. Acesso em: 15 maio 2017.

Capítulo 18

BRESSAN, R. A., & ESTANISLAU, G. M. *Saúde mental na escola* - o que os educadores devem saber. Porto Alegre: Artmed, 2014.

FREDRICKSON, B. L. *Positividade* - descubra a força das emoções positivas, supere a negatividade e viva plenamente. Rio de Janeiro: Rocco, 2009.

PETERSON, C., & SELIGMAN, M. E. P. *Character strengths and virtues*: A handbook and classification. New York: Oxford University Press and Washington, DC: American Psychological Association, 2004.

RODRIGUES, M. *Educação emocional positiva* - saber lidar com as emoções é uma importante lição. São Paulo: All Print, 2013.

RODRIGUES, M. *Baralho das forças pessoais* - psicologia positiva aplicada às crianças. Novo Hamburgo: Sinopsys, 2015.

WORLD HEALTH ORGANIZATION. *Promoting mental health*: concepts, emerging evidence and practice. Genebra: WHO, 2005.

http://simec.mec.gov.br/educriativa/mapa_questionario.php

www.viacharacter.org

http://teenmentalhealth.org/

Capítulo 19

BANDURA, A. *Self-Efficacy*. In: RAMACHAUDRAN, V. S. **Encyclopedia of Human Behavior**, v. 4, p. 71-81. New York: Academic Press, 1994.

BENCH, M. **Career Coaching: a insider's guide.** 2. ed. Wilsonville: High Fligth Press, 2008.

BISWAS-DIENER, R., & DEAN, B. *Positive Psychology Coaching:* putting the science of happiness to work for your clients. Hoboken, New Jersey: John Wiley & Sons Inc, 2007.

BLUSTEIN, D. L., DEVENIS, L. E. & KIDNEY, B. *Relationships Between the Identity Formation Process and Career Development*. **Journal of Counseling Psychology**, n. 36, p. 4196-202, 1989.

CAMPOS, B. P., & COIMBRA, J. L. *Consulta psicológica e exploração do investimento vocacional*. **Cadernos de Consulta Psicológica**, 7, p. 11-19, 1991.

COIMBRA, J. L., PARADA, F., & IMAGINÁRIO, L. *Formação ao Longo da Vida e Gestão de Carreira*. Lisboa: Direção-Geral do Emprego e Formação Profissional, 2001.

COHEN, C.R., CHARTRAND, J.M., & JOWDY, D. P. *Relationships Between Career Indecision Subtypes and Ego Identity development*. **Journal of Counseling Psychology**, n. 42, v. 4, p. 440-447, 1995.

COUTINHO, M. C. *Subjetividade e Trabalho*. In: LUCCHIARI, D. H. P. S. *Pensando e vivendo a orientação profissional*. p. 117-122. São Paulo: Summus, 1993.

FREDRICKSON, B. *Positividade*: descubra a força das emoções positivas, supere a negatividade e viva plenamente. Rio de Janeiro: Rocco, 2009.

GREELONG GRAMAR SCHOOL. *What is Positive Education*. Disponível em https://www.ggs.vic.edu.au/School/Positive-Education/What-is-Positive-Education. Acesso em: 01 maio 2017.

HAIDT, J. *Uma vida que vale a pena:* encontrando a felicidade nas verdades atuais e na eterna sabedoria dos grandes pesquisadores. Rio de Janeiro: Elsevier, 2006.

JENSCHKE, B. *Educação profissional em escolas em uma perspectiva internacional*. In:

KOSINE, N.R., STEGER, M.F., & DUNCAN, S. Purpose-centered Career Development:

a strengths-based approach to finding meaning and purpose in careers. **Professional School Counseling,** v. 12, n. 2, p. 133-136. Dez, 2008.

LEVENFUS, R. S., & SOARES, D. H. P. (Orgs.), **Orientação Vocacional Ocupacional: novos achados teóricos, técnicos e instrumentos para a clínica, escola e a empresa.** Porto Alegre: Artmed, 2002.

LUKÄCS, G. *As Bases Ontológicas do Pensamento e da Atividade do Homem*. **Temas de Ciências Humanas**, v. 4, pp. 1-18. 1978.

MARTINS, C. R. *Psicologia do Comportamento Vocacional*: contribuição para o estudo da psicologia do comportamento vocacional. São Paulo: EPU, 1978.

MEIRA, L. *O que é Educação*. Disponível em: https://www.ipog.edu.br/ipog-blog/educacao/o-que-e-educacao/. Acesso em: 28/04/2017.

NAKAMURA, J., & CSIKSZENTMIHALYI, M. *The Construction of Meaning Through Vital Engagement*. In: KEYES, C., & HAIDT, J. (Eds.), **Flourishing**: positive psychology and the life well-lived. Washington, DC: American Psychological Association Books, pp. 83-104. 2002.

PORTAL BRASIL. **MEC Defende Reformas para Reduzir Evasão em Faculdades**. Disponível em: http://www.brasil.gov.br/educacao/2016/10/mec-defende-reformas-para-reduzir-evasao-em-faculdades, Portal Brasil, 2016. Acesso em: 01 mai 2017.

SAMPAIO, M. *Orientação e Coaching Vocacional*: uma nova estratégia para ajudar os jovens em suas escolhas profissionais. São Paulo: Editora MS, 2004.

SARDI, S., & SAGATIO, S. **Orientação Profissional**: limites e possibilidades para uma prática possível na escola. Disponível em: http://www.diaadiaeducacao.pr.gov.br/portals/pde/arquivos/1426-8.pdf. Acesso em: 28 abr 2017.

SAVICKAS, M. L. *Career Adaptability*: an integrative construct for life-span, life-space theory. **The Career Development Quarterly**, *45*, 247-259, 1997.

SELIGMAN, M. E. P. *Learned Optimism*. New York: Knopf, 1990.

SELIGMAN, M. E. P. *Felicidade Autêntica*: Usando a Psicologia para a realização permanente. Rio de Janeiro: Objetiva, 2009.

SELIGMAN, M. E. P. *Florescer*: Uma nova compreensão sobre a natureza da felicidade e do bem-estar. Rio de Janeiro: Objetiva, 2011.

SELIGMAN, M., RANDAL, E., GILLHAM, R., & LINKINS, M. *Positive Education*: positive psychology and classroom interventions. **Oxford Review of Education, v**. 35, n. 3, p. 293-311, 2009.

SNYDER, C. R. *The Psychology of Hope*. New York: The Free Press, 1994.

SVERKO, B., & VIZER-VIDOVIC, V. (1995). *Studies of the meaning of work*: approaches, models and some of findings. In: SUPER, D. E., & SVERKO, B. *Life Roles, Values and Careers*: international findings of the work importance study. San Francisco: Jossey-Bass Publishers, p. 3-21. 1995.

VALLIANT, G.E., & VALLIANT, C. O. *Natural History of male Psychological Health, X*: work as predictor of positive mental health. **The Journal of Psychiatry,** 138, p. 1433-1440, 1981.

Vocação. In: Dicionário Houaiss da Língua Portuguesa. Disponível em <http://houaiss.uol.com.br>. Acesso em: 24 fev 2015.

WEHING, R. S., BARTLETT, W. S., & HOWARD, G. S. *Career Indecision and Identity Development.* **Journal of Psychology and Christianity,** n. 3, v. 1, p. 74-78, 1984.

WEIR, K. *More than Job Satisfaction.* **Monitor on Psychology,** v. 44, n. 11, p. 39. 2013.

Capítulo 20

ARIÉS, P. *História Social da Criança e da Família.* 2. ed. (Tradução de Flaksman, D.). Rio de Janeiro: Zahar (Original publicado em 1975), 1981.

ARTECHE, A. X., & BANDEIRA, D. R. *Bem-estar subjetivo: um estudo com adolescentes trabalhadores.* **Psico-USF,** 8(2), 193-201, 2003.

ASSUMPÇÃO JR., F. B., KUCZYNSKI, E., SPROVIERI, M. H., & ARANHA, E. M. G. *Escala de avaliação de qualidade de vida*: (AUQEI - Autoquestionnaire Qualité de Vie Enfant Imagé) validade e confiabilidade de uma escala para qualidade de vida em crianças de 4 a 12 anos. **Arquivos de Neuro-Psiquiatria,** 58(1), 119-127, 2000.

BORSTELMANN, L. *Children before psychology*: ideas about children from antiquity to the late 1800s. In: MUSSEN, P. H. (Ed. Series) & KESSEN, W. (Ed. Vol.), **Handbook of Child Psychology**: vol. 1, 4. ed. (pp. 1-40). New York: John Wiley/Sons, 1983.

CAMARGO, S. P. H., ABAID, J. L. W., & GIACOMONI, C. H. *Do que eles precisam para serem felizes?* A felicidade na visão de adolescentes. **Revista Semestral da Associação Brasileira de Psicologia Escolar e Educacional,** v. 15(2), 241-250, 2011.

CHAPLIN, L. N. *Please may I have a bike? Better yet, may I have a hug?* An examination of children's and adolescents' happiness. **Journal of Happiness Studies,** 10, 541-562, 2009.

DELL'AGLIO, D., KOLLER, S. H., & YUNES, M. A. M. (Orgs.) *Resiliência e psicologia positiva: interfaces do risco à proteção.* São Paulo: Casa do Psicólogo, 2006.

DIENER, E. *Subjective well-being.* **Psychological Bulletin,** 95, 542-575, 1984.

DIENER, E., SUH, E., & OISHI, S. *Recent findings on subjective well-being.* **Indian Journal of Clinical Psychology,** 24, 25-41, 1997.

DIENER, E., & LUCAS, R. E. *Explaining differences in societal levels of happiness:* relative standards need fulfillment, culture, and evaluation theory. **Journal of Happiness Studies,** 1, 41-78, 2000.

DEW, T., & HUEBNER, E. S. *Adolescents' perceived quality of life*: an exploratory investigation. **Journal of School Psychology,** 32, 185-199, 1994.

FATTORE, T., MASON, J., & WATSON, E. *When children are asked about their well-being*: towards a framework for guiding policy. **Child Indicators Research**, 2, 57-77, 2009.

GIACOMONI, C. H. *Desempenho Escolar, Controle Percebido e Eventos de Vida como Preditores de Bem-Estar Subjetivo em Crianças*. Dissertação de Mestrado não publicada. Curso de Pós-Graduação em Psicologia do Desenvolvimento, Universidade Federal do Rio Grande do Sul. Porto Alegre, RS, 1998.

GIACOMONI, C. H. *Bem-estar subjetivo infantil*: conceito de felicidade e construção de instrumentos para avaliação. Tese de Doutorado, Universidade Federal do Rio Grande do Sul, Porto Alegre, Rio Grande do Sul, 2002.

GIACOMONI, C., & HUTZ, C. *Escala de Afeto Positivo e Negativo para Crianças*: estudos de construção e validação. **Psicologia Escolar e Educacional**, 10(2), 235-245, 2006.

GIACOMONI, C. H., & HUTZ, C. S. *Escala multidimensional de satisfação de vida para crianças*: estudos de construção e validação. **Estudos de Psicologia**, 25(1), 25-35, 2008.

GIACOMONI, C., SOUZA, L. K. DE, & HUTZ, C. *A visão das crianças sobre a felicidade*. **Psicologia Escolar e Educacional**, 18(1), 143-150, 2014a.

GIACOMONI, C., SOUZA, L. K. DE, & HUTZ, C. *O conceito de felicidade em crianças*. **Psico-USF**, 19(1), 143-153, 2014b.

GIACOMONI, C. H., SOUZA, L. K. DE, & HUTZ, C. S. *Eventos de vida positivos e negativos em crianças*. **Trends in Psychology** (Temas em Psicologia), v. 24(4), 1421-1435, 2016a.

GIACOMONI, C. H., SOUZA, L. K. DE, & HUTZ, C. S. *Você é feliz?* A autopercepção da felicidade em crianças. **Psicologia da Educação**, 43(2), 13-22, 2016b.

GIACOMONI, C., SOUZA, L. K. de, & HUTZ, C. *Indicadores de Bem-estar Subjetivo Infantil*: o que dizem as crianças. (p. 103-124) In: HUTZ, C. S. (org.). *Avaliação em Psicologia Positiva*: Técnicas e Medidas. São Paulo: Hogrefe CETEPP, 2016c.

GLANCY, M., WILLITS, F. K., & FARRELL, P. *Adolescent activities and adult success and happiness*. **Sociology and Social Research**, 70, 242-70, 1986.

HINKLE, P. E., WIERSMA, W., & JURS, S. G. *Applied statistics for the behavioral sciences* (2. ed.). Boston: Hougthon Miffin, 1988.

HUEBNER, E. S. *Initial development of the student's life satisfaction scale*. **School Psychology International**, 12, 229-238, 1991a.

HUEBNER, E. S. *Correlates of life satisfaction in children*. **School Psychology Quarterly**, 6, 103-111, 1991b.

HUEBNER, E. S., & ALDERMAN, G. L. *Convergent and discriminant validation of a children's life satisfaction scale*: Its relationship to self-and teacher-reported psychological problems and school functioning. **Social Indicators Research**, 30, 71-82, 1993.

HUEBNER, E. S., & GILMAN, R. *An introduction to the multidimensional student's life satisfaction scale*. **Social Indicators Research**, 60, 115-122, 2002.

HUEBNER, E. S. *Preliminary development and validation of a multidimensional life satisfaction scale for children.* **Psychological Assessment**, 6, 149-158, 1994.

HUEBNER, E. S., DRANE, W., & VALOIS, R. F. *Levels and demographic correlates of adolescent life satisfaction reports.* **School Psychology International**, 21, 281-292, 2000.

PARK, N., HUEBNER, E. S., LAUGHLIN, J., VALOIS, R., & GILMAN, R. *A cross-cultural comparison of the dimensions of child and adolescent life satisfaction reports.* **Social Indicators Research**, 66, 61-79, 2004.

TERRY, T., & HUEBNER, E. S. *The relationship between selfconcept and life satisfaction in children.* **Social Indicators Research**, 35, 39-52, 1995.

THE CHILDREN'S SOCIETY. *The good childhood report 2012:* A summary of our findings. Disponível em <www.childrenssociety.org.uk> 2012.

THOILLIEZ, B. *How to grow up happy*: An exploratory study on the meaning of happiness from children's voices. **Child Indicators Research**, 4, 323-351, 2011.

UUSITALO-MALMIVAARA, L. *Global and school-related happiness in Finnish children.* **Journal of Happiness Studies**, 13, 601-619, 2012.